A **SÉRIE BRASIL – Ensino Médio** oferece conteúdo completo em todos os sentidos e integra objetos digitais aos materiais impressos. Acesse o portal exclusivo da coleção e aproveite o que a Editora do Brasil preparou para você.

Portal exclusivo da coleção:
www.seriebrasilensinomedio.com.br

Radu Bercan/Shutterstock.com
Imagem meramente ilustrativa.

Instruções para acesso aos conteúdos digitais

Acesse o portal exclusivo da coleção (www.seriebrasilensinomedio.com.br) e digite seu *e-mail* e senha. Caso ainda não os tenha, faça o cadastro. Digite o código abaixo para liberar o acesso:

CB035540

5602769A1517408

Esse código libera o acesso dos conteúdos digitais relativos à matéria e ao ano deste livro. Informamos que esse código é pessoal e intransferível. Guarde-o com cuidado, pois é a única forma de acesso ao conteúdo restrito do portal.

ENSINO MÉDIO

ARTE

Percursos, linguagens e cultura

volume único

Francione Oliveira Carvalho

Doutor e mestre em Educação, Arte e História da Cultura pela Universidade Presbiteriana Mackenzie, bacharel em Artes Cênicas pela Faculdade de Artes do Paraná, licenciado em Educação Artística pela Belas Artes de São Paulo. Pós-Doutorado em História pela Universidade de São Paulo, onde atua como pesquisador e professor colaborador do Programa de Pós-Graduação em Humanidades, Direitos e Outras Legitimidades do Diversitas/USP e nas licenciaturas de Pedagogia e História do Centro Universitário Estácio Radial.

2ª edição
São Paulo – 2016

COMPONENTE CURRICULAR
ARTE

VOLUME ÚNICO
ENSINO MÉDIO

Direção geral: Vicente Tortamano Avanso
Direção adjunta: Maria Lúcia Kerr Cavalcante Queiroz

Direção editorial: Cibele Mendes Curto Santos
Gerência editorial: Felipe Ramos Poletti
Supervisão editorial: Erika Caldin
Supervisão de arte, editoração e produção digital: Adelaide Carolina Cerutti
Supervisão de direitos autorais: Marilisa Bertolone Mendes
Supervisão de controle de processos editoriais: Marta Dias Portero
Supervisão de revisão: Dora Helena Feres
Consultoria de iconografia: Tempo Composto Col. de Dados Ltda.
Licenciamentos de textos: Cinthya Utiyama, Jennifer Xavier, Paula Harue Tozaki, Renata Garbellini
Coordenação de produção CPE: Leila P. Jungstedt

Dados Internacionais de Catalogação na Publicação (CIP)
(Câmara Brasileira do Livro, SP, Brasil)

Carvalho, Francione Oliveira
Arte : percursos, linguagens e cultura, volume único : ensino médio / Francione Oliveira Carvalho. – 2. ed. – São Paulo : Editora do Brasil, 2016. – (Série Brasil : ensino médio)

Componente curricular: Arte
ISBN 978-85-10-06126-1 (aluno)
ISBN 978-85-10-06127-8 (professor)

1. Arte (Ensino médio) I. Título. II. Série.

16-05815 CDD-700

Índice para catálogo sistemático:
1. Arte : Ensino médio 700

2016
Impresso no Brasil

2ª edição / 1ª impressão, 2016

Impressão e acabamento: Intergraf Ind. Gráfica Eireli.

Rua Conselheiro Nébias, 887 – São Paulo/SP – CEP 01203-001
Tel.: (11) 3226-0211 – Fax: (11) 3222-5583
www.editoradobrasil.com.br

Concepção, desenvolvimento e produção: Triolet Editorial e Mídias Digitais
Diretora executiva: Angélica Pizzutto Pozzani
Diretor de operações: João Gameiro
Gerente editorial: Denise Pizzutto
Editor de texto: Frank de Oliveira, Marcia Leme, Paulo Verano
Assistentes editoriais: Tatiana Gregório
Preparação e revisão: Amanda Andrade, Carol Gama, Érika Finati, Flávia Venezio, Flávio Frasqueti, Gabriela Damico, Juliana Simões, Leandra Trindade, Mayra Terin, Patrícia Rocco, Regina Elisabete Barbosa, Sirlei Pinochia
Projeto gráfico: Ana Onofri, Beatriz Marassi
Editor de arte: Ana Onofri, Beatriz Marassi
Assistentes de arte: Beatriz Landiosi (estag.), Lucas Boniceli (estag.)
Ilustradores: Reinaldo Martins Portella, Suryara Bernardi, Valter Ferrari, Vicente Mendonça
Cartografia: Julio Dian
Iconografia: Pamela Rosa (coord.), Clarice França, Priscila Ferraz, Odete Ernestina Pereira
Fonografia: Marcos Pantaleoni
Tratamento de imagens: Triolet Editorial
Capa: Beatriz Marassi
Imagem de capa: Jane Hobson/ZUMA Press/DIOMEDIA

Imagem de capa:
Como el musguito en la piedra, ay si, si, si... (*Like moss on a stone*) do Tanztheater Wuppertal Pina Bausch, Teatro Sadler's Wells, Londres, 10/02/2016.

Suryara Bernardi

APRESENTAÇÃO

Ao longo da vida, percorremos muitos caminhos que nos levam à arte e à cultura. Museus, galerias, teatros, centros culturais e casas de espetáculos são alguns dos espaços onde encontramos obras artísticas e manifestações culturais. Entretanto, a arte e a cultura expandem territórios e podem ser encontradas ou produzidas em diferentes situações. Desde um artista de rua que, ao tocar um instrumento, dançar ou realizar uma *performance*, espera alcançar a atenção de quem passa pelas ruas e com isso criar um diálogo sensível, até as imagens e os sons que nos invadem no decorrer de um dia de estudo ou de trabalho.

Podemos recorrer à metáfora do arquipélago para pensarmos as linguagens da arte. O teatro, a música, a dança e as artes visuais seriam ilhas com território, vegetação e características próprias. Entretanto, elas não são ilhas isoladas, estanques e incomunicáveis entre si. Afinal, um arquipélago é formado por ilhas que se encontram próximas umas das outras e possuem a mesma estrutura geológica. Assim, por mais diferentes que possam ser, sempre haverá pontos em comum entre as diversas ilhas de um arquipélago.

Continuando o paralelo entre ilhas e linguagens artísticas, podemos dizer que a expressão e a comunicação sensível fundamentada na arte seria a origem das diversas linguagens. Com o uso de códigos específicos, elas expressam desejos, frustrações, medos, sentimentos e emoções que visam ampliar a experiência das pessoas, despertando um novo olhar à nossa volta.

Este livro pretende estimular diálogos, trocas, criações e modos de perceber a arte e a cultura por meio de múltiplos olhares. Esperamos que ele se torne um material de mediação cultural que ajude você a ter experiências significativas com o universo da arte e da cultura, estimulando uma aprendizagem inventiva, na qual a invenção, a reflexão e o diálogo estejam sempre presentes.

O autor

Conheça o livro

Abertura de Tema

Principais objetivos do tema e imagem que dá início à reflexão.

Conversas na sala de aula

Questões para iniciar ou dar continuidade aos diálogos com os alunos em sala de aula.

Percursos de criação

Atividades práticas e investigativas que exploram habilidades ou conceitos trabalhados. Propostas individuais e coletivas.

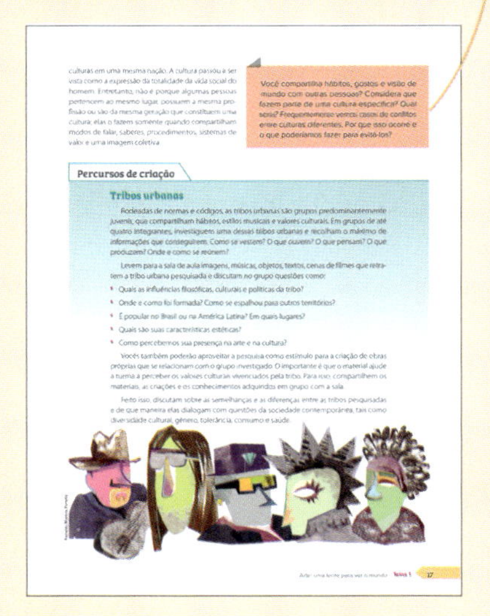

Investigação

Orientação para que sejam desenvolvidos, de modo autônomo, pesquisas e projetos que extrapolam ou aprofundam questões discutidas sobre o tema.

Trajetórias

Ao término de cada tema, um convite para refletir sobre o que foi visto e registrar o modo como o aluno se relacionar com as discussões e obras desenvolvidas.

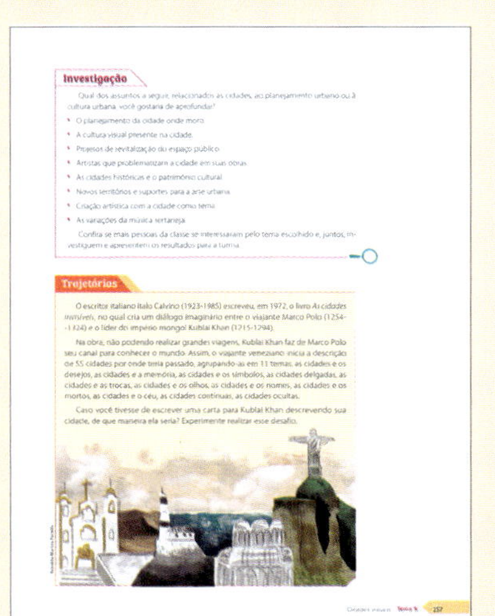

Glossário

Verbetes destacados no texto principal.

Ícone de CD de música

Este ícone indica o uso do CD de música, para que o áudio complemente o texto.

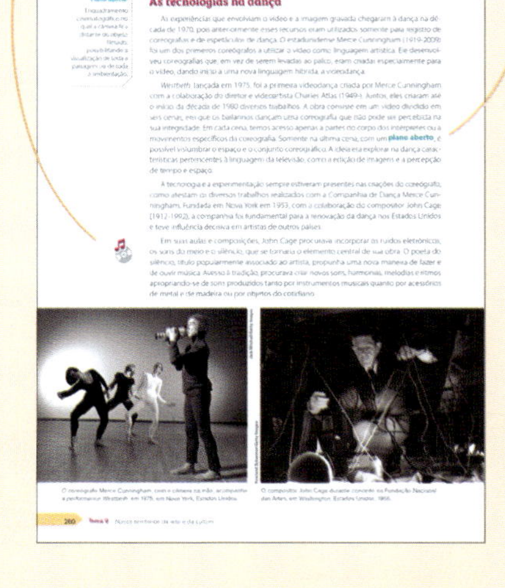

Virou notícia

Textos de circulação social revelam como conteúdos de arte e cultura abordados nos temas surgem no cotidiano das pessoas. São propostas questões de compreensão e de reflexão que fortalecem o trabalho para o desenvolvimento de habilidades e competências.

Imagens e pensamento

Predominantemente visual, a seção propõe a leitura de imagens como um exercício para o desenvolvimento estético e a compreensão da arte.

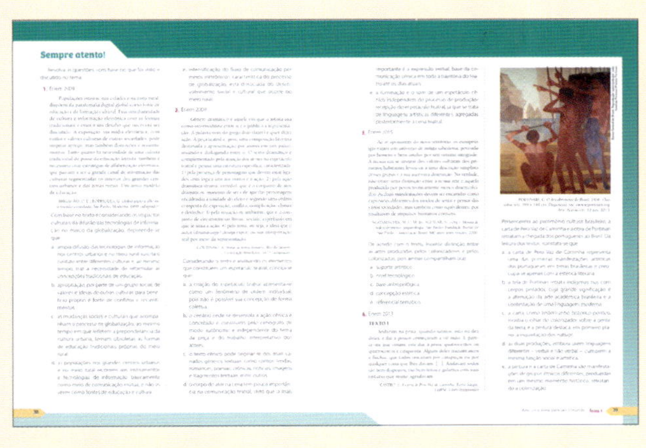

Sempre atento!

Questões retiradas do Enem e de vestibulares que ajudam a perceber como os temas da arte e da cultura estruturam diferentes formas de conhecimento e experiências.

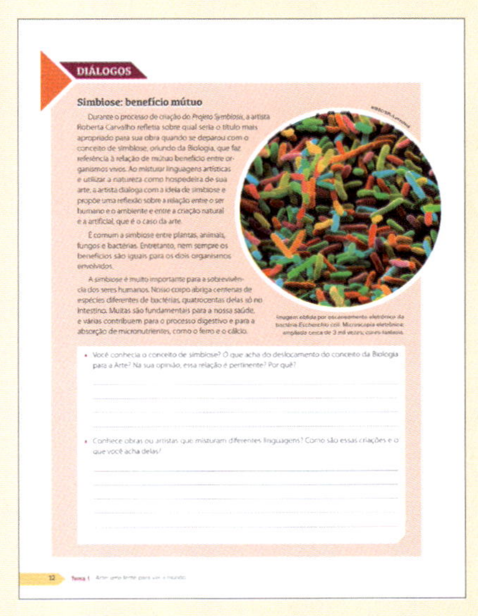

Diálogos

Enfatiza a relação interdisciplinar entre a arte e algum outro componente curricular.

Formação e informação

Seções de referência e aprofundamento dos temas.

Para aprofundar os temas

Indicações de livros, *sites* e filmes sobre os temas abordados.

Visita virtual

Trajeto de visita virtual a instituições ou projetos culturais relacionados aos temas propostos.

Para conferir

Referências de *sites*, livros, filmes e discos para as ideias discutidas nos textos.

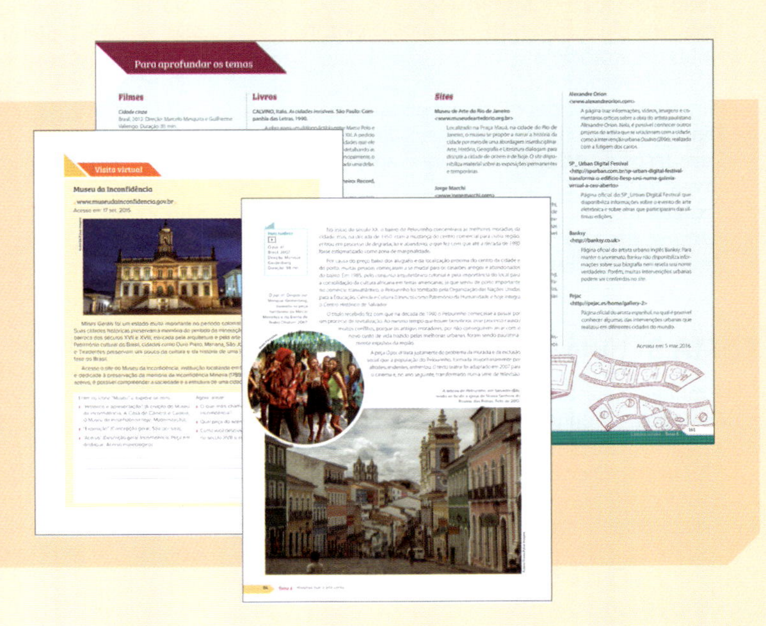

Sumário

TEMA 6 Deslocamentos e percursos na arte

TEMA 7 Memórias para contar

TEMA 8 A criação coletiva na arte

TEMA 9 Novos territórios da arte e da cultura

TEMA 1

ARTE: UMA LENTE PARA VER O MUNDO

Neste tema, você irá:

- Refletir sobre a criação artística e a arte como conhecimento.
- Compreender a arte como saber cultural e estético.
- Perceber que os critérios estéticos não são únicos e se transformam ao longo das épocas e das culturas.
- Avivar a percepção e o raciocínio sobre as poéticas artísticas.
- Compreender que os artistas das diversas linguagens artísticas utilizam códigos e suportes específicos para dar materialidade às suas ideias.
- Identificar o vocabulário expressivo das artes visuais, do teatro, da música e da dança.
- Exercitar o trabalho em grupo e a discussão de ideias.
- Reconhecer as criações artísticas como produção de diferentes culturas e experiências, valorizando a diversidade cultural.
- Estimular a pesquisa e a construção de pensamentos.
- Experimentar processos de criação próprios.

Desvio Coletivo, *Cegos*. Intervenção urbana realizada em Porto Alegre (RS), como parte do Festival de Teatro Palco Giratório, em 2014.

Cau Guebo/Futura Press

Poucos instantes depois já não a olhavam mais. O bonde se sacudiu nos trilhos e o cego mascando goma ficara atrás para sempre. Mas o mal estava feito.

Clarice Lispector.
Amor. In: *Laços de família*.
Rio de Janeiro: Rocco, 2009.

Mário Angelo/Sigmapress/Folhapress

Desvio Coletivo, *Cegos*. *Performance* realizada no centro da capital paulista, em 2014.

Imagine que você está indo para a escola quando se depara com uma cena inesperada: um grupo de homens e mulheres vestidos como executivos, caminhando lentamente rumo ao trabalho, cobertos de argila e com os olhos vendados. Como você reagiria diante dessa cena? Ficaria olhando e tentando entender o que estava acontecendo? Teria vontade de interagir com as pessoas e participar da situação? Ou apenas ficaria curioso e surpreso?

Se você viesse a ter uma dessas reações, não importa qual fosse, o objetivo do grupo que a realizou teria sido alcançado: alterar, de forma poética, o cotidiano das pessoas e provocar reflexões sobre sua relação com o espaço urbano, utilizando diversas linguagens da arte, como o teatro, a dança, a *performance* e as artes visuais. O que se vê na foto acima é uma intervenção urbana, uma *performance* chamada *Cegos*, que o Desvio Coletivo, um grupo de artistas de São Paulo, criou e apresenta em diversas cidades brasileiras.

Na sua opinião, *Cegos* é uma obra artística? Por quê? Que mensagem você acha que o grupo quer transmitir com ela?

Como percebemos a arte?

Há pensamentos e sentimentos que não encontram eco nas palavras ou nas ações do cotidiano, mas conseguem ser expressos e materializados por meio de uma criação artística. Uma imagem pintada, fotografada, grafitada ou manipulada no computador, uma coreografia, uma música, um filme, uma peça teatral são criações humanas com valores estéticos que sintetizam emoções, experiências, histórias e cultura.

Os grafites criados por Eveline Gomes, a Sinhá (primeira foto abaixo, à direita), alteram a paisagem urbana ao preencher com cores e significados os muros das cidades. Ao passar por eles, somos levados à contemplação e tomados por sentimentos e inquietações. Por que a mulher está sozinha? Por que foi pintada de roxo ou grafitada nesse lugar? Sua obra amplia a percepção do território onde vivemos. Nascida em 1982, na cidade de Natal (RN), e atualmente morando na cidade de São Paulo (SP), Sinhá é também poeta e compositora, pois, para ela, as maneiras de se comunicar pela arte são múltiplas.

Ao percorrer as ruas das cidades, ainda podemos entrar em contato com espetáculos teatrais e outras manifestações artísticas. O Grupo Galpão, de Belo Horizonte (MG), levou a peça *Romeu e Julieta* (1591-1594), de William Shakespeare (1564-1616), a diversas praças brasileiras, possibilitando a muitas pessoas terem acesso à experiência do teatro.

A artista paraense Roberta Carvalho expandiu as fronteiras dos museus e das galerias com o *Projeto Symbiosis* (2008). Misturando diversas linguagens da arte, como a intervenção urbana, a fotografia e o *video mapping* – técnica de projeção que transforma superfícies como copas de árvores em tela de vídeo –, a artista questiona o ser humano e a natureza, lembrando-nos da necessidade da relação harmônica entre os seres vivos para a preservação de todas as espécies.

Sinhá

Grafite de Eveline Gomes, em São Paulo (SP), 2013.

Guto Muniz/Foto in Cena

William Shakespeare. *Romeu e Julieta*, em montagem do Grupo Galpão, na cidade de Belo Horizonte (MG), em 2012.

Roberta Carvalho

Roberta Carvalho. *Projeto Symbiosis*, em Belém (PA), 2008.

DIÁLOGOS

Simbiose: benefício mútuo

Durante o processo de criação do *Projeto Symbiosis*, a artista Roberta Carvalho refletia sobre qual seria o título mais apropriado para sua obra quando se deparou com o conceito de simbiose, oriundo da Biologia, que faz referência à relação de mútuo benefício entre organismos vivos. Ao misturar linguagens artísticas e utilizar a natureza como hospedeira de sua arte, a artista dialoga com a ideia de simbiose e propõe uma reflexão sobre a relação entre o ser humano e o ambiente e entre a criação natural e a artificial, que é o caso da arte.

É comum a simbiose entre plantas, animais, fungos e bactérias. Entretanto, nem sempre os benefícios são iguais para os dois organismos envolvidos.

A simbiose é muito importante para a sobrevivência dos seres humanos. Nosso corpo abriga centenas de espécies diferentes de bactérias, quatrocentas delas só no intestino. Muitas são fundamentais para a nossa saúde, e várias contribuem para o processo digestivo e para a absorção de micronutrientes, como o ferro e o cálcio.

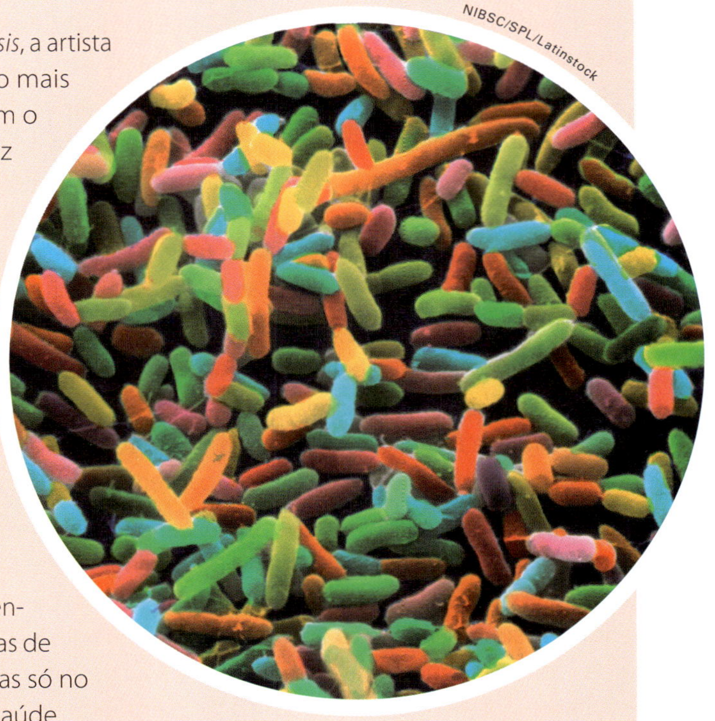

NIBSC/SPL/Latinstock

Imagem obtida por escaneamento eletrônico da bactéria *Escherichia coli*. Microscopia eletrônica; ampliada cerca de 3 mil vezes; cores-fantasia.

- Você conhecia o conceito de simbiose? O que acha do deslocamento do conceito da Biologia para a Arte? Na sua opinião, essa relação é pertinente? Por quê?

____

____

____

____

- Conhece obras ou artistas que misturam diferentes linguagens? Como são essas criações e o que você acha delas?

____

____

____

____

____

Arte é perceber o mundo pelos sentidos

Nós percebemos o mundo por meio dos sentidos. Ao escutar uma canção, nossa audição identifica os atributos físicos do som, a melodia e o ritmo. Ao observarmos uma tela, uma *performance* ou uma cena teatral, nossa percepção é afetada pelos estímulos visuais. Ao tocarmos uma escultura ou alguma obra de arte em três dimensões, deixamos que a textura impressione o nosso tato.

Na peça *Arte* (2012), da dramaturga francesa Yasmina Reza (1959-), já encenada no Brasil, a percepção visual é um elemento central da dramaturgia. A amizade de Marcos, Ivan e Sérgio é colocada em xeque pela discussão que eles estabelecem por causa de um quadro monocromático comprado por este último. Os amigos veem e analisam a obra sob diferentes perspectivas, enquanto o comprador defende sua aquisição, destacando o fundo branco sobre linhas transversais também brancas como algo tocante. Marcos se irrita por não captar os elementos destacados nem compreender as razões de o amigo ter comprado um quadro branco por um valor tão alto. Já Ivan defende a aquisição pelo prazer que a tela proporciona a Sérgio e pelo investimento feito por este. Afinal, o quadro é de um artista importante.

Cena do filme *O sorriso de Mona Lisa*, de 2003. Direção de Mike Newell.

Columbia/Revolution Studios/The Kobal Collection/AFP

A confusão que se vê na peça é parecida com aquela vivida na turma retratada em *O sorriso de Mona Lisa* (2003). O filme se passa nos Estados Unidos durante a década de 1950. Sufocadas pelo conservadorismo da época, as alunas da Wellesley College estavam sendo preparadas apenas para exercer a função de boas esposas e mães. Estimuladas pelas imagens e reflexões propostas pela professora de História da Arte Katherine Watson, interpretada por Julia Roberts, acabam percebendo que a vida delas também poderia incluir outras experiências.

Nil Caniné

Cena da peça *Arte*, 2012, de Yasmina Reza. Montagem brasileira dirigida por Emílio de Mello.

Na história, o objetivo da professora não era mudar a personalidade ou o desejo de suas alunas, mas fazer com que tivessem a compreensão de que suas escolhas, fossem quais fossem, deveriam ser tomadas por elas e não a elas impostas. A professora explorou a capacidade que a arte tem de nos desestabilizar, de nos tirar do lugar-comum e corriqueiro, estimulando nossos sentidos e nossa inteligência para ver o mundo com outros olhos.

Tanto na peça *Arte* (2012) quanto no filme *O sorriso de Mona Lisa* (2003), os personagens se baseiam em suas percepções para tentar compreender quais seriam os critérios da arte. E surge daí uma importante questão: há critérios definitivos para a arte e a apreciação artística?

Muitas pessoas ainda julgam as criações artísticas com base nos critérios pensados na Grécia antiga. Para os filósofos gregos, a pintura, a escultura, a música e a poesia seriam artes miméticas, que teriam por essência a imitação da realidade. No texto *Arte poética,* o filósofo Aristóteles valoriza a verossimilhança na obra de arte, ou seja, a capacidade de se aproximar do real. Entretanto, isso não significava que cabia ao artista copiar fielmente a realidade, mas, sim, se apoiar nela para recriar o mundo.

Na representação artística, a natureza podia ser aperfeiçoada. Os artistas gregos não imitavam as coisas tal como elas eram, mas como gostariam que fossem. A arte tinha a função de aperfeiçoar a vida, por isso as esculturas gregas valorizavam tanto a perfeição física e retratavam os personagens de forma idealizada. A arte da Grécia Antiga tinha entre seus motivos a mitologia grega, conjunto de narrativas que procurava explicar o mundo e o comportamento humano. Figuras de heróis e divindades, como Poseidon, o deus dos mares, surgem na produção artística do período.

A arte como aperfeiçoamento da vida também era uma ideia explorada no teatro. A ética constituía um conceito central das tragédias gregas. Nelas, o público acompanhava os percalços vividos pelos personagens e aprendia com suas falhas, como podemos ver em *Édipo rei*. Escrita em 427 a.C. pelo dramaturgo grego Sófocles, com base em poemas antigos, a peça narra a tentativa de Édipo de fugir de uma profecia segundo a qual ele estaria fadado a matar o pai e a se casar com a mãe.

Criado pelo rei de Corinto após ser encontrado ainda bebê no monte Citerão, Édipo cresceu acreditando ter nascido na cidade e ser filho legítimo do rei. Tentando invalidar a profecia, fugiu da cidade, abandonou a família e partiu rumo a Tebas. Porém, sem saber de seu passado, ele ia ao encontro de seu destino, já que Tebas era a cidade onde ele de fato nascera, filho dos reis do lugar.

Museu Arqueológico Nacional, Atenas/ Foto: Leemage/Diomedia

Estátua de Poseidon, c. 130 a.C. Mármore, 235 cm. Autoria desconhecida.

Murillo Meirelles

Édipo rei. Montagem de 2012 dirigida por Eduardo Wotzik. Em cena, Eliane Giardini e Gustavo Gasparani.

No meio do caminho, Édipo entrou em conflito com um viajante e, sem saber que se tratava de Laio, o rei de Tebas, acabou matando-o, assim como liquidou quase todos os membros de sua comitiva. Ao chegar a Tebas, foi desafiado pela Esfinge, criatura híbrida que espalhava o terror na cidade. Ao decifrar o enigma proposto pela Esfinge e salvar Tebas da destruição, Édipo ganhou de recompensa o título de rei e a mão da rainha Jocasta. Mas, depois de um curto período de paz, a cidade foi tomada pela peste. Na tentativa de livrá-la desse mal, Creonte, irmão de Jocasta, resolveu consultar o oráculo de Delfos, pelo qual foi informado de que a cidade só venceria a peste quando encontrasse e punisse o assassino do rei Laio.

Entrementes, um mensageiro chegou de Tebas e comunicou a Édipo que o rei de Corinto havia confessado, antes de morrer, que não era seu verdadeiro pai. Ao mesmo tempo, Édipo descobriu que Laio havia mandado matar seu filho por causa da profecia de que seria morto por ele. Ao ser apontado como o assassino de Laio pelo único homem que escapara com vida da comitiva real, Édipo constatou que a profecia tinha sido cumprida.

A arrogância em não aceitar a vontade divina é a falha do herói e a causa de sua ruína. Na Grécia Antiga, a tragédia tinha uma importante função social: a de levar o público a questionar sua conduta moral e sua ética, ao ver o sofrimento e os dramas dos personagens.

Da Grécia Antiga até os dias de hoje, muitas transformações ocorreram na percepção sobre o que é arte. Se até o final do século XIX podíamos contar com parâmetros para analisar as criações artísticas, ainda influenciados pela verossimilhança grega, na contemporaneidade os critérios se esfacelaram.

Para conferir

Aristóteles. *Arte poética.* Disponível em: <www.dominiopublico.gov.br/download/texto/cv000005.pdf>. Acesso em: 17 ago. 2015.

O sorriso de Mona Lisa, 2003, Estados Unidos. Direção: Mike Newell. 125 min.

Copyright Yayoi Kusama/Foto: Karin Sahib/AFP

Yayoi Kusama. *Sala de espelhos infinitos*, 2011. Instalação artística montada na Victoria Miro Gallery, em Londres, Inglaterra.

Atualmente, não há definições fixas sobre a atividade artística, o que faz com que muitas pessoas fiquem angustiadas ao se deparar com a arte contemporânea. A inexistência de regras exige que a reflexão sobre a arte passe por uma discussão que muitas vezes extrapola o universo da própria arte.

Os significados e os sentidos são construídos com base na relação com o público, a cultura e a sociedade em que as obras estão inseridas.

Novos materiais e novas linguagens artísticas possibilitam novas experiências com a arte, como é o caso daquelas propostas pela artista japonesa Yayoi Kusama (1929-). Ela possui uma produção diversificada, que explora as diversas possibilidades da arte contemporânea, como a instalação artística. Surgida na década de 1960, a instalação caracteriza-se por ser uma obra de arte construída num espaço determinado, com o uso de materiais variados, geralmente estimulando a participação do público. Ela é feita para ser vivida, percorrida, manipulada, compartilhada, como vemos em *Sala de espelhos infinitos*, em que luzes de LED se multiplicam refletidas nos espelhos do teto e das paredes, criando novas composições cromáticas.

Para conferir

Teixeira Coelho. *A cultura e seu contrário*: cultura, arte e política pós-2001. São Paulo: Iluminuras/ Itaú Cultural, 2008. Disponível em: <http://d3nv1jy4u7zmsc.cloudfront.net/wp-content/uploads/itau_pdf/001054.pdf>. Acesso em: 17 ago. 2015.

Arte e cultura

Muitas pessoas defendem que arte e cultura são a mesma coisa, porém é possível identificar diferenças entre os dois conceitos. O pesquisador Teixeira Coelho (1944-) compreende que a arte é uma dimensão da cultura, mas que ambas não podem ser vistas como uma coisa só, porque operam de modos diferentes.

A cultura é construída em grupo e se dirige a uma coletividade. As pessoas que fazem parte de uma cultura compartilham hábitos e tradições comuns. A arte pode ser criada em grupo ou de forma individual, mas, diferentemente do que ocorre na cultura, expressa visões de mundo e emoções nem sempre compartilhadas por todo o grupo, constituindo reflexos de quem a criou.

Com suas criações, os artistas nos fazem perceber novas ideias e experimentar sentimentos que podem ser diversos para cada pessoa. Ao contrário da cultura, que se dirige a uma coletividade, a obra de arte volta-se mais para o indivíduo do que para a comunidade, mais para a pessoa do que para as instituições.

Ao longo do século XIX, com a criação da **Sociologia** e da **Antropologia** como disciplinas científicas, os intelectuais se interessaram não em dizer o que devia ser a cultura, mas em descrever o que ela era, tal como aparecia nas sociedades humanas.

A partir dessa época, o termo "cultura" assumiu significados mais diversos e amplos. Começou-se a falar de culturas de diferentes nações e períodos, assim como de diferentes

Sociologia

Área das Ciências Humanas que estuda a sociedade e as relações entre as instituições e os indivíduos.

Antropologia

Área das Ciências Humanas que estuda o ser humano como ser biológico, social e cultural.

culturas em uma mesma nação. A cultura passou a ser vista como a expressão da totalidade da vida social do homem. Entretanto, não é porque algumas pessoas pertencem ao mesmo lugar, possuem a mesma profissão ou são da mesma geração que constituem uma cultura; elas o fazem somente quando compartilham modos de falar, saberes, procedimentos, sistemas de valor e uma imagem coletiva.

Você compartilha hábitos, gostos e visão de mundo com outras pessoas? Considera que fazem parte de uma cultura específica? Qual seria? Frequentemente vemos casos de conflitos entre culturas diferentes. Por que isso ocorre e o que poderíamos fazer para evitá-los?

Percursos de criação

Tribos urbanas

Rodeadas de normas e códigos, as tribos urbanas são grupos predominantemente juvenis, que compartilham hábitos, estilos musicais e valores culturais. Em grupos de até quatro integrantes, investiguem uma dessas tribos urbanas e recolham o máximo de informações que conseguirem. Como se vestem? O que ouvem? O que pensam? O que produzem? Onde e como se reúnem?

Levem para a sala de aula imagens, músicas, objetos, textos, cenas de filmes que retratem a tribo urbana pesquisada e discutam no grupo questões como:

- Quais as influências filosóficas, culturais e políticas da tribo?
- Onde e como foi formada? Como se espalhou para outros territórios?
- É popular no Brasil ou na América Latina? Em quais lugares?
- Quais são suas características estéticas?
- Como percebemos sua presença na arte e na cultura?

Vocês também poderão aproveitar a pesquisa como estímulo para a criação de obras próprias que se relacionam com o grupo investigado. O importante é que o material ajude a turma a perceber os valores culturais vivenciados pela tribo. Para isso, compartilhem os materiais, as criações e os conhecimentos adquiridos em grupo com a sala.

Feito isso, discutam sobre as semelhanças e as diferenças entre as tribos pesquisadas e de que maneira elas dialogam com questões da sociedade contemporânea, tais como diversidade cultural, gênero, tolerância, consumo e saúde.

Reinaldo Martins Portella

Virou notícia

Leia atentamente o texto a seguir sobre hábitos culturais.

Pesquisa inédita revela hábitos culturais do brasileiro

Levantamento do Sesc, em parceria com a Fundação Perseu Abramo, alerta que mais da metade dos brasileiros não pratica atividade cultural. Índice chega a 85% nos dias úteis

Abril de 2014 – O brasileiro não tem entre seus hábitos a frequência aos espetáculos culturais, como dança, música e teatro. É o que aponta a pesquisa "Públicos de Cultura: hábitos e demandas", realizada pelo Sesc, em parceria com a Fundação Perseu Abramo. Das 2 400 pessoas entrevistadas em setembro de 2013, em 25 estados, mais da metade (61%) nunca havia assistido a uma peça teatral. O índice chega a 89% quando se trata de concertos de ópera ou música clássica; 75% em dança; e 71% em exposições de pintura e escultura em museus.

O objetivo da pesquisa foi mapear os hábitos e práticas artístico-culturais dos brasileiros. "A produção e o tratamento de informações no campo da cultura nos últimos anos vêm passando por uma enorme transformação, mas ainda carecemos de uma base de dados de caráter nacional para guiar a produção de cultura. Nesse contexto, há um descompasso entre a oferta crescente de políticas culturais face à baixa frequência de públicos. Por isso, investimos na pesquisa de públicos de cultura, por sua importância central na construção de um patrimônio para os agentes envolvidos, sejam eles produtores, gestores e demais implicados nas manifestações culturais", explica Claudia Marcia Barros, gerente de Estudos e Pesquisas do Departamento Nacional do Sesc.

A partir dos resultados, serão realizados seminários em todas as regiões do Brasil, com objetivo de apresentação da pesquisa e debate sobre os dados regionais. O primeiro seminário acontecerá no Sesc Pinheiros, em São Paulo, no dia 9 de abril. Em seguida, recebem o evento os estados do Amazonas (5 de maio), Mato Grosso (7 de maio), Pernambuco (12 de maio), Minas Gerais (14 de maio) e Santa Catarina (3 de junho).

O levantamento nacional mostra que de segunda a sexta, 58% dos entrevistados gasta o tempo livre com atividades em casa. Nos fins de semana, 34% das pessoas alegam realizar atividades em casa, 34% buscam atividades de lazer e 9% costumam dedicar-se às práticas religiosas. No que diz respeito às produções culturais, a pesquisa revela que apenas 15% dos entrevistados afirmam que cantam em grupo ou individualmente, 13% praticam alguma dança e 10% tocam instrumentos. As atividades menos produzidas são teatro e expressão corporal, cada uma soma apenas 1% dos entrevistados.

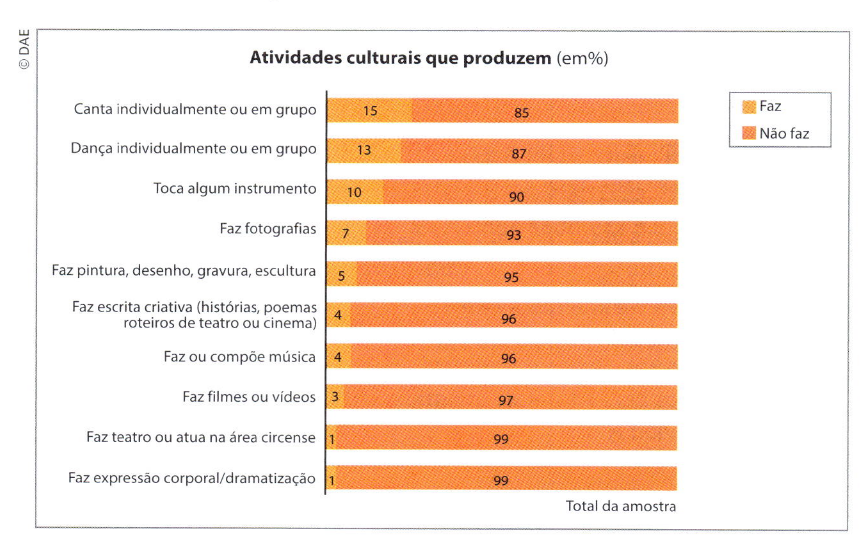

Fonte: Sesc/Fundação Perseu Abramo. Disponível em: <www.sesc-se.com.br/noticias/752-pesquisa-inedita-revela-habitos-culturais-do-brasileiro>. Acesso em: 18 mar. 2016.

"Os dados reforçam a necessidade de aprofundarmos as discussões sobre o fazer e a fruição artística no país. Com a realização dos seminários, poderemos não só divulgar estas informações, como também fomentar o debate, estimular a construção de políticas, articulando os diversos atores envolvidos e considerando as diferentes realidades de cada região", afirma Marcia Costa Rodrigues, gerente de Cultura do Departamento Nacional do Sesc.

[...]

Disponível em: <www.sesc-se.com.br/noticias/752-pesquisa-inedita-revela-habitos-culturais-do-brasileiro>. Acesso em: 17 ago. 2015.

Cesar Diniz/Pulsar Imagens

Apresentação da dança do cavalo-marinho pela Cia. Mundu Rodá de Teatro Físico e Dança, em São Luís do Paraitinga (SP), em 2015.

Com base no texto, reflita e responda às questões a seguir.

1. Há palavras ou conceitos que você não conhece? Quais seriam? Circule no texto essas palavras, em seguida investigue seus significados e anote abaixo o que encontrou.

____

____

2. Qual é a ideia central do texto? Na sua opinião, o tema discutido é importante? Por quê?

____

____

3. Observe o quadro que aponta as atividades culturais que as pessoas produzem. Quais delas você realiza? Seus resultados refletem os dados disponibilizados na pesquisa? O que eles revelam da maneira como você se relaciona com a arte e a cultura e desfruta dela?

____

____

4. Segundo o texto, há um descompasso entre a oferta crescente de políticas culturais que incentivam o acesso à cultura em relação à baixa frequência de públicos. Por que você acredita que isso ocorre e quais estratégias poderiam ser criadas para modificar esse quadro?

____

____

Para conferir

SILVA, Dilma de Melo; CALAÇA, Maria Cecília Felix. *Arte africana e afro-brasileira.* São Paulo: Terceira Margem, 2006.

ARNHEIM, Rudolf. *Arte e percepção visual*: uma psicologia da visão criadora. Trad. Ivonne Terezinha de Faria. São Paulo: Thomson Learning, 2006.

Arte é conhecimento

Para analisarmos uma obra artística, é preciso levar em conta o tempo, o espaço e a sociedade na qual ela está inserida e perceber como os artistas manipulam matérias, técnicas e conceitos. Ao nos depararmos com uma máscara africana tradicional, é preciso entender que ela é resultado dos valores e da cultura compartilhada por um grupo e que o artista que a criava tinha como base outros referenciais. Os artistas tradicionais não as produziam com a finalidade de criar uma "obra de arte", mas na intenção de dar origem a objetos que fossem belos e cumprissem sua função ritual na comunidade.

O Geledé, grupo feminino de caráter religioso existente nas sociedades **iorubas** do sudoeste da Nigéria e do Benin, celebra um festival em homenagem à sabedoria das mães anciãs e das mulheres durante a época da seca, entre março e maio. As máscaras, a dança e a música são parte integrante da cerimônia e expressam o poder feminino da natureza.

Ioruba
Idioma da família linguística Níger-Congo falada no oeste do continente africano. O termo também é utilizado para se referir a um dos mais importantes grupos étnicos da África.

As obras artísticas estão baseadas na experiência humana, que é múltipla e diversa, e compartilham uma forma sensível de perceber o mundo. Quando esses aspectos não são observados pelo espectador, este tende a não compreender o que está sendo visto. O psicólogo Rudolf Arnheim (1904-2007) afirma que "toda percepção é também pensamento, todo raciocínio é também intuição, toda observação é também invenção". Ninguém fica passivo ao entrar em contato com a arte. Ela mobiliza uma série de reflexões e inquietações, muitas vezes provocando em nós desconforto ao questionar nosso olhar sobre o mundo e nossa percepção sobre o que seria arte.

As criações artísticas nos revelam que há mais de uma maneira de perceber e sentir o mundo. Entre o que o artista criou e o que o público percebeu existe um universo de fatores que determinam a relação a ser estabelecida com a arte. Nossas histórias, experiências, gostos, repertórios e sentimentos influem decisivamente na maneira como percebemos a arte e somos tocados por ela.

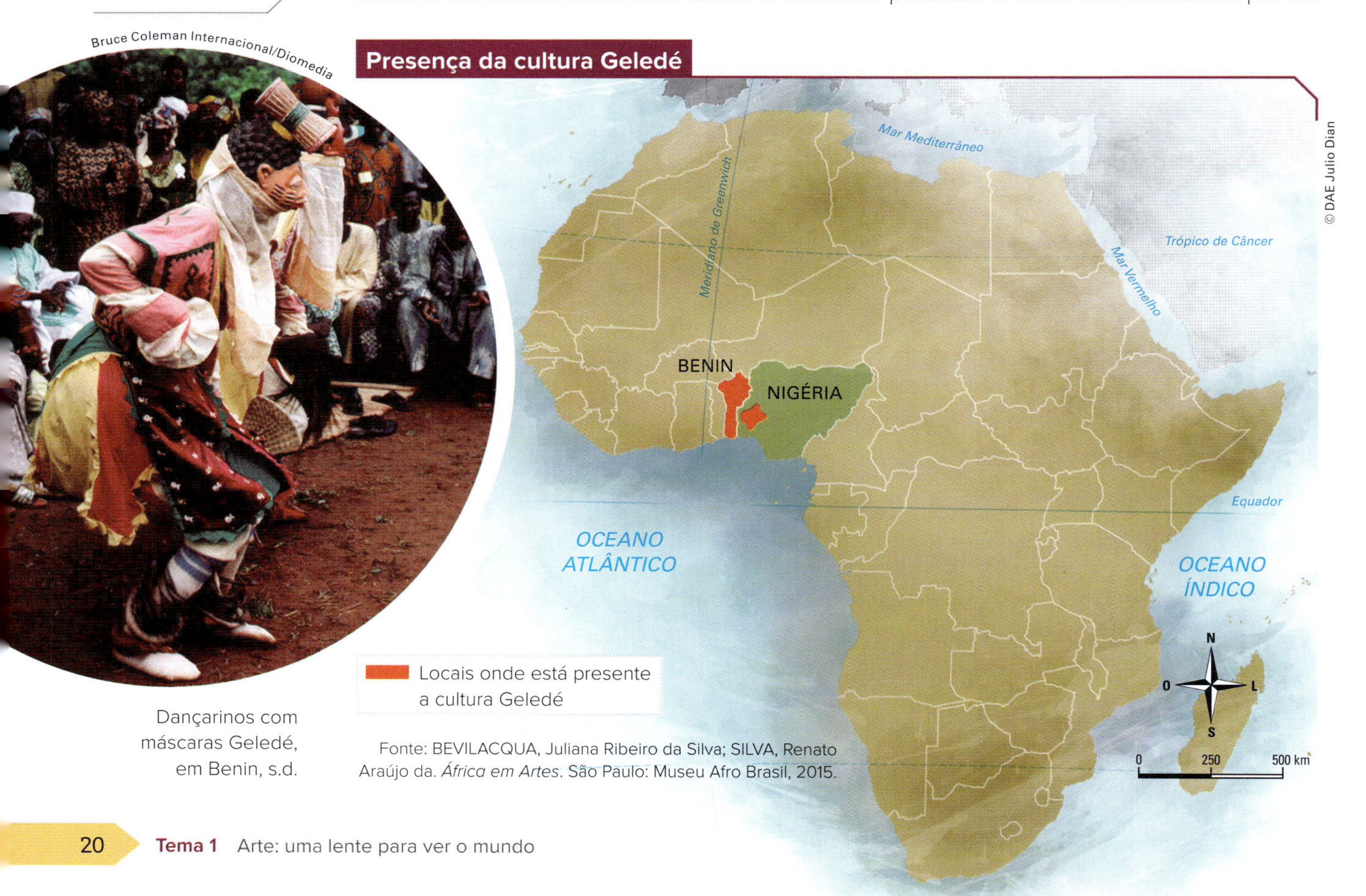

Dançarinos com máscaras Geledé, em Benin, s.d.

Fonte: BEVILACQUA, Juliana Ribeiro da Silva; SILVA, Renato Araújo da. *África em Artes*. São Paulo: Museu Afro Brasil, 2015.

Arte é criatividade

A criatividade é a capacidade de ver o mundo com outros olhos, dando novos sentidos à experiência e aos elementos existentes na natureza. O poeta Manoel de Barros (1916-2014) era um especialista em recriar o que via. Veja um trecho do poema "Matéria de poesia" (1970):

> Todas as coisas cujos valores podem ser
> Disputados no cuspe à distância
> Servem para poesia
>
> O homem que possui um pente
> E uma árvore
> Serve para poesia
>
> Terreno de 10 x 20, sujo de mato – os que
> Nele gorjeiam: detritos semoventes, latas
> Servem para poesia
>
> Um chevrolé gosmento
> Coleção de besouros abstêmios
> O bule de Braque sem boca
> São bons para poesia
>
> As coisas que não levam a nada
> Têm grande importância
> [...]

Matéria de Poesia. In: *Meu Quintal é Maior do que o Mundo*, de Manoel de Barros, Alfaguara, Rio de Janeiro © by herdeiros de Manoel de Barros.

Jonne Roriz/Estadão Conteúdo

O poeta mato-grossense Manoel de Barros, em sua residência em Campo Grande (MS), em 2008.

Manoel de Barros cria novas imagens tendo como referência o que a natureza oferece. Os gregos chamavam de *póiesis* o ato de criar uma realidade nova com base na criatividade e na sensibilidade, que é a percepção apoiada nos sentidos. Por meio do ato poético e da técnica, o artista transforma a matéria em arte. O poeta cria imagens e sensações usando a palavra, da mesma forma como o bailarino faz com o corpo.

O encontro do homem com o mundo é fundamental para o ato criador. Aberto às sensações e aos estímulos, ele consegue perceber com mais propriedade e sensibilidade as cores, os sons e as imagens presentes na natureza. Essa é a razão de tantos artistas afirmarem a necessidade de ver o mundo com os olhos de uma criança curiosa que está sempre explorando a vida.

A criatividade necessária à criação é uma conquista e um produto do pensamento, e resulta de esforço e exercício. Ela não nasce de uma experiência única, mas de experiências diversas. Ao entrarmos em contato com as obras, somos apresentados a formas diferenciadas de pensar o mundo, o que aguça nossos sentidos e nossa inteligência.

Para conferir

BARROS, Manoel. *Poesia completa*. São Paulo: LeYa, 2013.

MOSQUERA, Juan. *Psicologia da arte*. Porto Alegre: Sulina, 1976.

Para sermos criativos, é preciso estabelecer novas matrizes de pensamento. E a arte pode nos ajudar a ver o mundo com outros referenciais. Os artistas cultivam as competências que estimulam a criatividade, como a observação atenta, o raciocínio, a sensibilidade e o domínio dos códigos da linguagem a que se dedicam.

Você concorda com a ideia de que a criatividade é algo cultivado ou acredita que ela é um dom que nasce com a pessoa? Em grupos de quatro alunos, discutam o tema e depois apresentem as conclusões para a classe.

Percursos de criação

Nas trilhas da memória

Qual foi a experiência mais marcante que você já teve na vida, algo que ficou gravado durante muito tempo na sua memória? Feche os olhos e relembre a situação.

Agora, anote algumas impressões sobre essa memória:

- uma cor: ______
- um cheiro: ______
- uma sensação: ______
- um gesto: ______
- um som: ______
- uma palavra: ______
- uma imagem: ______

Se pudesse criar uma obra artística que expressasse essa experiência, como seria essa obra? Descreva-a e dê um título a ela.

______

______

Reinaldo Martins Portella

Arte é linguagem

Bienal de arte
Evento que, como o nome diz, ocorre a cada dois anos e reúne uma grande mostra da produção artística contemporânea. No Brasil, há duas importantes bienais, a de São Paulo e a do Mercosul, que ocorre em Porto Alegre (RS).

A arte é uma expressão humana presente em todos os continentes e em todos os períodos da história. Os vestígios rupestres, as ruínas gregas e romanas, a arquitetura africana, a tecelagem árabe, as catedrais góticas e as instalações artísticas das últimas **bienais de arte** são registros de que a dimensão criadora acompanha o homem.

A arte possui vocabulário próprio, códigos que, ao serem manipulados, criam sentidos e comunicam ideias. Conhecer sua linguagem é fundamental para a construção e a expressão. Muitas são as linguagens artísticas: artes visuais, música, dança, teatro, artes híbridas, cinema, vídeo, intervenções, entre outras. Cada uma com uma linguagem, uma materialidade e uma técnica que, se adequadamente usadas, propiciam o ato criador.

DIÁLOGOS

Em busca do passado

Os estudos antropológicos são utilizados na história da Arte para a compreensão de diferentes culturas e civilizações. Com base na cultura material, de que são exemplos estatuetas, pinturas e objetos do cotidiano, é possível aprofundar o conhecimento do passado.

André Dib/Pulsar Imagens

Detalhe de pinturas rupestres no Parque Nacional Serra da Capivara, em São Raimundo Nonato (PI). Foto de 2013.

Graças à Antropologia, é possível sabermos que os primeiros registros artísticos da humanidade foram os produzidos no Paleolítico Superior. A arte rupestre, como foi batizada pelos pesquisadores, é composta de pinturas, gravuras, objetos e esculturas produzidas pelos homens que viveram no período anterior à escrita. Eles manipulavam técnicas e elementos naturais, carvão, pedras, ossos carbonizados e vegetais, misturados a sangue e gordura, para produzir tinta. Utilizavam cavernas e rochas como suporte artístico, registrando nelas cenas do cotidiano, animais que provocavam admiração ou medo e formas geométricas variadas.

O Brasil possui a maior concentração de sítios pré-históricos das Américas, o Parque Nacional Serra da Capivara. Localizado no interior do Piauí, ele tem cerca de 214 quilômetros de perímetro. Ali, imagens nas rochas e objetos revelam o imaginário das pessoas que habitavam o território. Novos vestígios encontrados em 2014 por arqueólogos da Fundação Museu do Homem Americano que trabalham na região apontam que os primeiros humanos das Américas teriam vivido no Piauí.

A Antropologia reúne diversas disciplinas, como a Arte, a História, a Biologia e a Química. Muitas técnicas são utilizadas para datar a vida de um achado arqueológico, sendo a mais famosa a do carbono-14, usada para especificar a idade de artefatos de origem biológica com até 50 mil anos. O carbono-14 é formado pela colisão entre raios cósmicos e o nitrogênio-14, encontrado na atmosfera terrestre. É absorvido pelas plantas, que, ao serem ingeridas, chegam aos animais e seres humanos.

Com base no tempo de meia-vida do carbono-14, que é de 5 730 anos, os pesquisadores conseguem determinar a idade aproximada do fóssil encontrado. Quanto menor for a presença do carbono-14 no organismo, mais antiga é a datação.

- Ao longo do Ensino Fundamental e agora no Ensino Médio você já estudou diversas culturas antigas ou povos que deixaram importantes contribuições para a humanidade. Você já havia pensado como a Antropologia, a Arte ou a Biologia contribuem para o estudo do passado? De quais manifestações artísticas ou vestígios arqueológicos de civilizações antigas você se recorda? Como a Arte pode nos ajudar a entendê-los? Anote abaixo suas respostas.

____

____

____

Imagens e pensamento

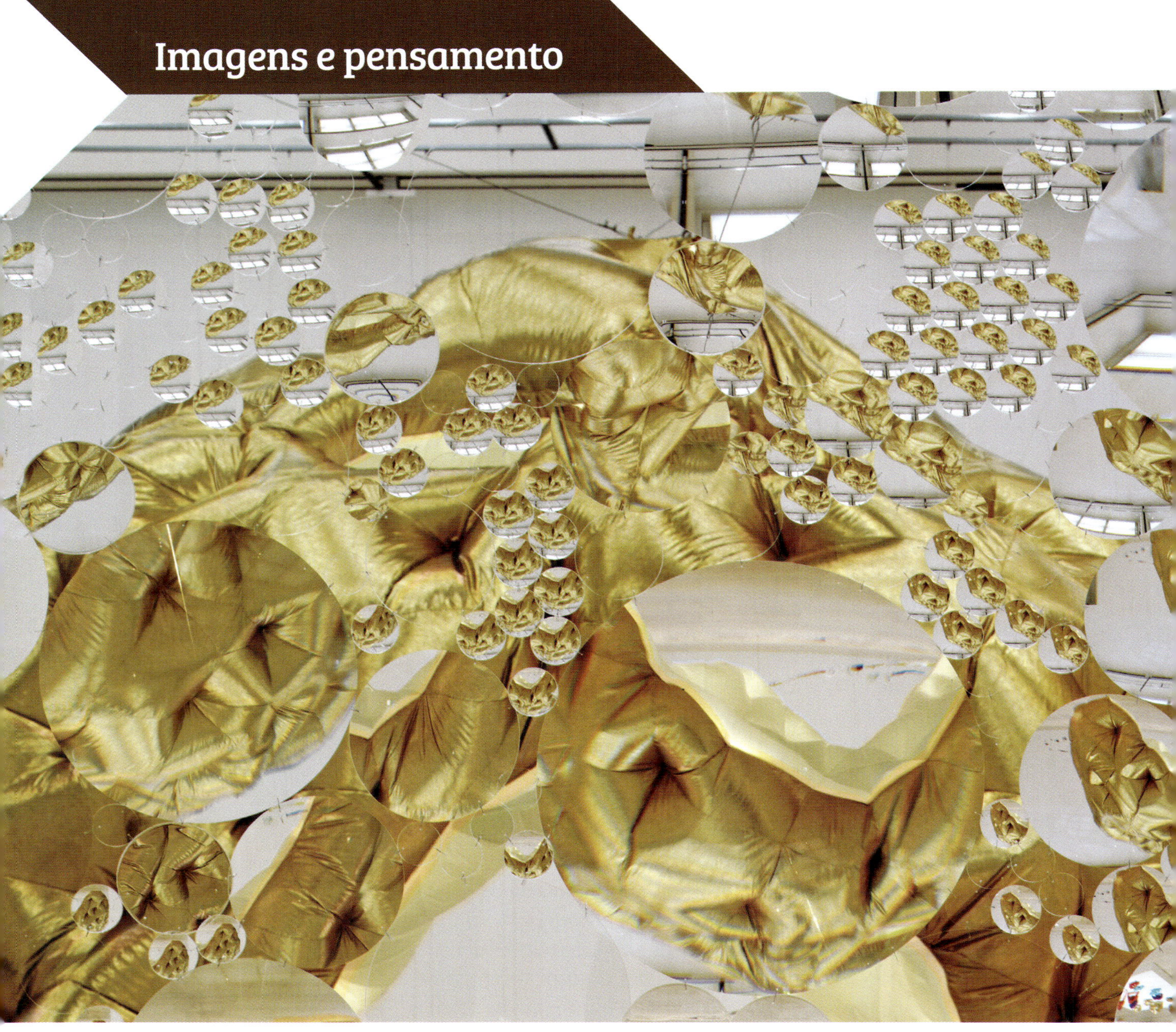

Haruka Kojin. *Lentes de contato*, 2011. Instalação artística montada no Museu de Arte Contemporânea de Tóquio (MOT), Japão.

Reflita sobre o que viu e anote as reflexões.

- O que o título sugere sobre a obra? Explique.

____

____

____

- Como você descreveria a instalação de Haruka Kojin?

____

____

____

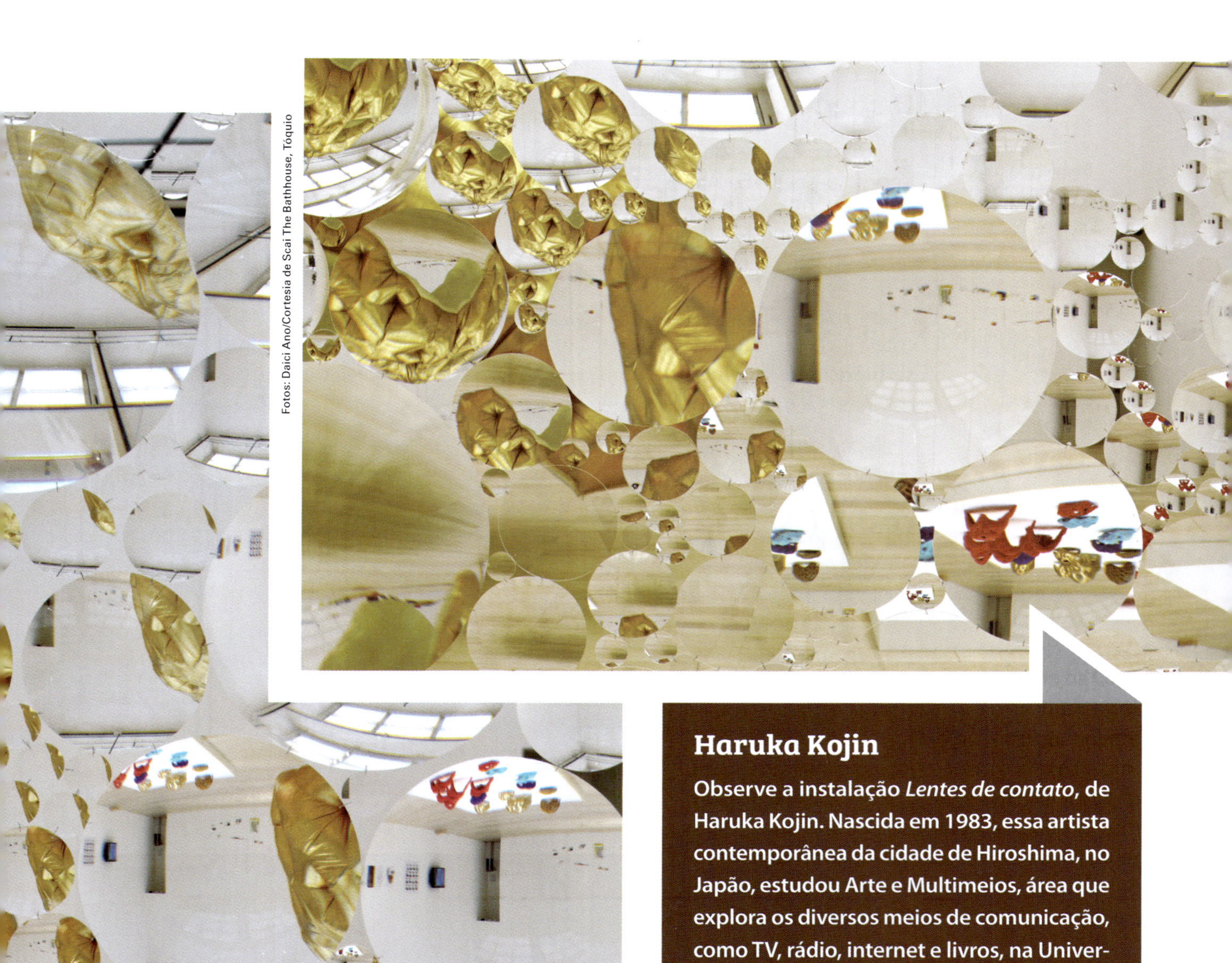
Fotos: Daici Ano/Cortesia de Scai The Bathhouse, Tóquio

Haruka Kojin

Observe a instalação *Lentes de contato*, de Haruka Kojin. Nascida em 1983, essa artista contemporânea da cidade de Hiroshima, no Japão, estudou Arte e Multimeios, área que explora os diversos meios de comunicação, como TV, rádio, internet e livros, na Universidade de Artes de Tóquio. Suas obras dialogam com as múltiplas formas de expressão e de ocupação do espaço expositivo.

- Quais relações você estabeleceria entre a obra e o que foi discutido sobre percepção?

O corpo e o movimento como arte

Sequência de movimentos

É a ordem em que os movimentos surgem na coreografia. Os movimentos são criados com base na ideia coreográfica e na mistura de elementos fundamentais para a dança, como o espaço, o tempo, o ritmo, o peso e o fluxo. A combinação desses elementos confere dinamismo e expressividade à sequência de movimentos.

Virtualidade

Termo que diz respeito à comunicação mediada por equipamentos e tecnologias de comunicação.

A dança é a arte de combinar movimentos para comunicar emoções e pensamentos. Nela, o corpo dos bailarinos dá materialidade às ideias do coreógrafo, profissional que cria a coreografia, ou seja, a sequência de passos e gestos que compõe o espetáculo. Hoje em dia, interpretação e criação não são ações isoladas, e muitos coreógrafos estimulam os bailarinos a se tornarem criadores dos movimentos da coreografia, dividindo com eles a autoria das peças.

No espetáculo *No singular* (2012), da Quasar Cia. de Dança, com sede em Goiânia, o coreógrafo Henrique Rodovalho incitou os bailarinos da companhia a improvisar cenas e **sequência de movimentos** com base no tema da coreografia: o excesso e a velocidade das informações no mundo contemporâneo.

A partir da segunda metade do século XX, com o desenvolvimento da tecnologia e do mundo digital, a sociedade sofreu intensas transformações num pequeno espaço de tempo. A internet alterou significativamente a maneira como lidamos com todas as dimensões da vida. Nossos relacionamentos, o mundo do trabalho, o acesso à informação, a construção do conhecimento, a relação com o espaço e com o tempo foram transformados pela tecnologia e pela **virtualidade**.

O sociólogo polonês Zygmunt Bauman (1925-) afirma que vivemos numa *modernidade líquida*, uma época em que a incerteza e as mu-

O que você acha do tema escolhido pela Quasar Cia. de Dança para o espetáculo *No singular*? Como imagina que seria possível traduzir isso numa coreografia? Discuta com um colega e compartilhe com a turma.

Espetáculo *No singular*/Quasar Cia. de Dança/Fotógrafo: Rubens Cerqueira

No singular (2012), Quasar Cia. de Dança. Teatro Rio Vermelho, Goiânia (GO).

danças bruscas estimulam uma vida superficial, as pessoas deixam de estabelecer vínculos sólidos entre si e são estimuladas a consumir, a usufruir dos prazeres passageiros, valorizando apenas o momento presente. A expressão vem do fato de os líquidos se moldarem ao recipiente no qual estão contidos, diferentemente dos sólidos, que são rígidos.

O espetáculo *No singular* explora essas questões numa coreografia que valoriza movimentos rápidos e transitórios, mudanças bruscas de direção no espaço e sequências coreográficas em grandes e pequenos grupos. Na mesma cena, há tanto bailarinos se movimentando vertiginosamente como outros que permanecem parados, já que nem todos acompanham as transformações do mesmo jeito, e, por mais que às vezes a sociedade procure homogeneizar as pessoas, elas ainda permanecem singulares. Para transmitir a velocidade das informações, o coreógrafo estruturou a coreografia em vinte cenas, com músicas e luzes diferentes simulando uma navegação pelo universo da dança.

O diálogo com outras linguagens artísticas é explorado no espetáculo: os bailarinos dançam, mas também cantam e atuam. O corpo deles se expressa de diversas maneiras, inclusive criando sons que servem como condutores da dança. A relação entre artista e público também é questionada. O coreógrafo disponibiliza previamente um *link* que leva a uma página na qual é possível aprender uma sequência coreográfica da peça, e, ao final, o público é convidado a participar do espetáculo.

Fundada em 1988 por Vera Bicalho e Henrique Rodovalho, a Quasar é uma companhia contemporânea que explora as múltiplas possibilidades da linguagem da dança. Para conseguir expressar toda a potência de suas coreografias, os bailarinos desenvolvem um rígido trabalho corporal. A técnica está a serviço da inventividade e da arte.

Para conferir

BAUMAN, Zygmunt. *Modernidade*. Trad. Plínio Dentzien. Rio de Janeiro: Jorge Zahar, 2003.

Espetáculo *No singular*/Quasar Cia. de Dança/Fotógrafo: Rubens Cerqueira

No singular (2012), espetáculo da Quasar Cia. de Dança. Criação e direção coreográfica de Henrique Rodovalho. Teatro Rio Vermelho, Goiânia (GO).

Uma música tomou conta da minha cabeça

A música talvez seja a linguagem artística mais presente no cotidiano das pessoas. Inúmeros estímulos sonoros nos chegam a todo momento, mas isso não significa que sejam músicas, pois geralmente estas são formadas pela junção de muitos elementos, como o ritmo, a melodia, a harmonia, o timbre e a dinâmica. O ritmo é o movimento marcado pela sucessão regular ou irregular de sons fortes e fracos. A melodia é a sucessão de sons de diferentes alturas (as notas musicais) e durações.

Para o público, a melodia é muitas vezes o elemento mais característico da música. Sem perceber, estamos assoviando a melodia de uma canção de que gostamos ou que ficou registrada em nosso cérebro.

Em 2011, o grupo chamado A Banda Mais Bonita da Cidade ficou conhecido em todo o país por causa do videoclipe da música "Oração", composta por Leo Fressato. No videoclipe, gravado em **plano-sequência**, o vocalista passeia com um gravador nas mãos pelos cômodos de uma casa, acompanhado por músicos que tocam instrumentos de corda, sopro, percussão e eletrônicos. A melodia contagia as pessoas que participam do videoclipe e ao longo da música vozes de vários timbres assumem o lugar do vocalista. O ritmo inicialmente suave se intensifica à medida que a música vai agregando pessoas e sendo cantada em coro.

Plano-sequência
Técnica cinematográfica pela qual a cena é gravada numa ação contínua e sem cortes.

Viral
Vídeo que alcança muitas visualizações na internet.

Muitos fatores contribuíram para que o videoclipe da banda se tornasse um **viral** nas redes sociais. Entre eles estão a qualidade musical, a criatividade da proposta, a empatia que os integrantes estabelecem com o público, principalmente com os jovens, assim como a letra simples e singela da canção, composta de quatro estrofes, reproduzida a seguir. Vale lembrar que letra e melodia são elementos muito valorizados na música brasileira.

Meu amor essa é a última oração
Pra salvar seu coração
Coração não é tão simples quanto pensa
Nele cabe o que não cabe na despensa

Cabe o meu amor!
Cabem três vidas inteiras
Cabe uma penteadeira
Cabe nós dois

Cabe até o meu amor
Essa é a última oração pra salvar seu coração
Coração não é tão simples quanto pensa
Nele cabe o que não cabe na despensa

Cabe o meu amor!
Cabem três vidas inteiras
Cabe uma penteadeira
Cabe nós dois

Leo Fressato. Oração. In: *A Banda mais bonita da cidade*, 2011. Faixa 11.
Disponível em: <www.abandamiasbonitadacidade.art.br>. Acesso em: 2 fev. 2016.

A Banda Mais Bonita da Cidade surgiu em 2009, em Curitiba (PR), pela reunião de jovens músicos que desejavam explorar composições próprias e com sonoridade contemporânea. Mas foi com o sucesso do videoclipe da canção "Oração" que conseguiram gravar seu primeiro disco com financiamento coletivo.

Rosano Mauro Jr.

Imagem do clipe *Oração* (2011), gravado pelo grupo A Banda Mais Bonita da Cidade.

Para conferir

O videoclipe da música está disponível no endereço: <http://abandamaisbonitadacidade.art.br/video/oracao/>. Acesso em: 2 fev. 2016.

Esse sistema consiste em plataformas virtuais que arrecadam colaboração financeira de pessoas interessadas em que a iniciativa ou o produto oferecido ganhem vida. Hoje, muitos livros, filmes, espetáculos e CDs chegam ao público por meio do financiamento coletivo. Em troca da colaboração, as pessoas recebem, além do produto ou serviço em questão, bônus como produtos autografados ou ingressos para eventos especiais. O financiamento coletivo modifica o acesso e o sistema de distribuição dos produtos culturais. Com ele, não é mais o mercado que determina o que poderá ser veiculado, mas é o público que determina o que irá para o mercado.

Teatro, a arte da presença

Três elementos são fundamentais para que exista teatro: o intérprete, o texto e o público. É necessário, ainda, que uma história seja contada ou ao menos uma ideia sirva como estímulo para a comunicação entre atores e plateia. Ao longo do tempo, muitos **textos dramáticos** foram escritos e encenados, mas também vários espetáculos contaram histórias sem o apoio das palavras, usando apenas os movimentos dos atores e outros elementos do teatro, como iluminação, cenário, figurino, adereços e sonoplastia. Assim, quando se aponta o texto como um elemento crucial da linguagem teatral, temos de levar em consideração que ele diz respeito ao argumento ou ao enredo que sustentará o que será visto em cena, e não obrigatoriamente ao registro escrito do que será dito pelos intérpretes.

Texto dramático
Texto escrito para ser encenado, com as falas e as ações de cada personagem.

Até ser encenada, uma peça teatral é apenas um texto escrito. Já em outros casos, há textos que não nascem inicialmente para o teatro, mas recebem adaptações para que sejam levados à cena. Foi o caso de *Vau da Sarapalha* (1992), do grupo Piollin, de João Pessoa (PB).

A peça foi baseada em "Sarapalha", um dos contos que compõem o livro *Sagarana* (1946), do escritor João Guimarães Rosa (1908-1967). A história se passa no sertão mineiro, onde Ribeiro e Argemiro, dois primos doentes de malária, deliram e esperam a morte sentados um ao lado do outro, acompanhados de Ceição, empregada da casa, e de Jiló, o cachorro de estimação. Antes que a morte chegue, Argemiro confessa a Ribeiro o amor platônico que sentia por Luiza, a ex-esposa do primo, que fugira com outro homem.

Dramaturgia
Arte de transpor um texto para o teatro. Há também uma dramaturgia não composta de palavras, mas de ações, chamada dramaturgia física, que se assemelha a uma partitura, na qual são anotados os gestos e os movimentos que os intérpretes executarão em determinada cena ou espetáculo.

O conto é narrado em terceira pessoa, mas na adaptação teatral tudo é mostrado por meio do diálogo entre os personagens e pelo trabalho físico dos intérpretes. Seus corpos compõem uma **dramaturgia** de gestos, ações, rugidos e sons que muitas vezes substituem a palavra e criam diferentes atmosferas emocionais.

O Grupo Piollin foi fundado em 1977 na cidade de João Pessoa, na Paraíba, e, desde o início, duas características marcam sua trajetória: a pesquisa teatral e o diálogo com a cultura popular brasileira. O processo de criação de *Vau da Sarapalha* levou mais de uma década, período em que o grupo, motivado pelo diretor Luiz Carlos Vasconcelos, desenvolveu um intenso e rico trabalho de investigação sobre a obra de Guimarães Rosa e a dramaturgia que sustentaria o espetáculo.

O trabalho meticuloso e criativo desenvolvido pelo grupo fez com que a peça se tornasse um marco do teatro contemporâneo brasileiro. Entretanto, a diversidade da cena brasileira permite que, ao lado de *Vau da Sarapalha*, estejam espetáculos que exploram outras alternativas da linguagem teatral, possibilitando ao público o acesso a diferentes experiências com o teatro.

Quais são as suas vivências com a linguagem teatral? A que peças você assistiu? Você participou de algum espetáculo teatral? Gostaria de participar?

Fotos: Adalberto Lima

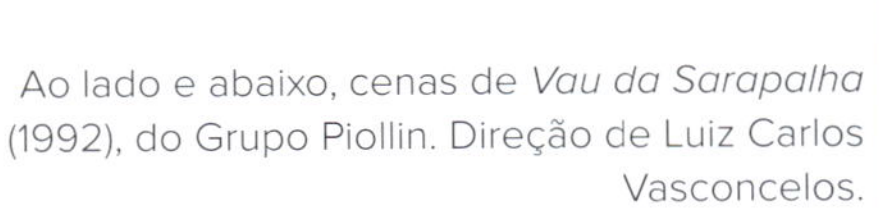

Ao lado e abaixo, cenas de *Vau da Sarapalha* (1992), do Grupo Piollin. Direção de Luiz Carlos Vasconcelos.

Para conferir

GUIMARÃES ROSA, João. *Sagarana*. Rio de Janeiro: Nova Fronteira, 2015.

DIÁLOGOS

Guimarães Rosa e o teatro

João Guimarães Rosa (1908-1967) não escreveu textos dramáticos, mas isso não impediu que fosse levado aos palcos brasileiros por meio de inúmeras adaptações teatrais. Já o Grupo Redimunho de Investigação Teatral, de São Paulo, criou um espetáculo baseado em diversas obras de Guimarães Rosa para discutir a situação da mulher brasileira. O espetáculo *Tareias* (2015) percorria as ruas da cidade numa procissão de música, ritmo e poesia.

Considerado um dos escritores mais inventivos da língua portuguesa, João Guimarães Rosa criou uma obra literária que valoriza o diálogo entre a cultura erudita e a popular e a inovação da linguagem. Explorou a semântica, dando novos significados para as palavras, e a sintaxe, ao alterar a ordem das palavras e das frases no discurso. A riqueza da oralidade e dos elementos linguísticos presentes no texto do escritor foram explorados nos espetáculos destacados.

Além do teatro, os contos "A terceira margem do rio", "Nada e a nossa condição" e "O espelho", que fazem parte da obra *Primeiras estórias* (1962), serviram de base para o espetáculo de dança *O crivo* (2015), dirigido por João Paulo Gross e interpretado pelos bailarinos Daniel Calvet e Andrey Alves. Os artistas procuraram criar movimentos e gestos que comunicassem o universo literário de Guimarães Rosa.

O Crivo/Coreografia: João Paulo Gross/Foto: Lu Barcelos

O crivo (2015), concepção e direção de João Paulo Gross, Teatro do Sesc Centro, Goiânia.

Kátia Kuwabara

Espetáculo *Tareias* (2015), Grupo Redimunho de Investigação Teatral, São Paulo (SP).

- A adaptação teatral de textos que não foram pensados inicialmente para a cena exige que muitos fatores sejam levados em consideração pois os códigos da prosa e da literatura dramática possuem especificidades. Na sua opinião, quais as diferenças entre esses dois gêneros literários? Escreva a respeito.

____

____

____

____

Imagens (do) no mundo

Há muitas possibilidades de criação nas artes visuais que permitem aos artistas se expressar com o emprego de uma infinidade de técnicas e materialidades. O ferro, o mármore ou a tinta, quando utilizados na criação, deixam de ser simples materiais para se tornarem objetos simbólicos que dão a consistência física da obra artística. Um pintor pode usar um objeto, uma placa de papelão ou uma parede para materializar sua obra e expressar sua **poética**.

Poética
Conceito da obra. Ideia que sustenta a criação artística. Originária da filosofia grega, a poética é compreendida como método que visa compreender os conceitos e os discursos que sustentam uma obra literária. Também pode se referir ao processo de criação das diversas linguagens artísticas.

Ao entrarmos num museu ou numa exposição de arte contemporânea, percebemos que cada artista possui uma poética própria e apropria-se de uma das modalidades artísticas para comunicar suas ideias. Numa mesma sala, podemos ver um tema em comum sendo explorado de diferentes maneiras, por meio de uma imagem fotográfica, uma instalação artística, um vídeo, uma escultura ou uma tela.

Entretanto, a diversidade não está restrita aos espaços convencionais de arte. Se olharmos com atenção o espaço urbano, vamos constatar que ele apresenta muitas manifestações artísticas.

O artista Éder Oliveira (1983-) usa os muros da cidade de Belém do Pará para tirar as pessoas do automatismo e discutir a discriminação social. Suas intervenções urbanas têm como base imagens que ele seleciona em páginas policiais de jornais locais. As imagens muitas vezes expõem os presos de maneira vexatória e sensacionalista, objetivando vender mais jornais, e nem sempre levam a sério as investigações a respeito do envolvimento ou não desses indivíduos nos atos a eles imputados.

Os retratos revelam indivíduos pobres com traços caboclos, negros e indígenas. O artista afirma que tanto a mídia quanto a polícia acabam

Éder Oliveira

Pintura de Éder Oliveira, sem título, na cidade de Belém (PA), 2013.

Éder Oliveira. Sem título, 2014. Pintura mural apresentada na 31ª Bienal de São Paulo, em São Paulo (SP).

reforçando **estereótipos** ao não tratar igualitariamente as pessoas, classificando-as com base em sua ascendência étnica ou social, e que esse tipo de exposição acaba reforçando a violência ao incitar a hostilidade da população em relação a essas pessoas. Ao observar todo o conteúdo dos jornais, ele constatou que o perfil que revela em sua obra não está presente nas outras seções do jornal, como a de eventos sociais ou culturais. A marginalização acaba marcando negativamente as pessoas.

Você já prestou atenção na arte que não está no museu? Como você se relaciona com ela? Cite exemplos de monumentos, prédios e manifestações de arte que acontecem na rua.

O processo de criação do artista tem início com a seleção das imagens que serão ampliadas nos muros e com a definição das cores a serem utilizadas nos retratos. Éder Oliveira descobriu-se **daltônico** durante o período em que cursava Artes Plásticas na Universidade Federal do Pará, o que o levou a trabalhar com uma paleta reduzida de cores. A variação cromática do marrom – as chamadas "cores terrosas" – remete à mestiçagem, enquanto o tom vibrante das roupas ajuda a romper com o cinza característico das cidades.

Éder Oliveira nasceu em Timboteua, interior do Pará, mas atualmente trabalha e vive na capital do estado. Desenvolve uma pesquisa artística ligada às questões da violência e da exclusão, que dialoga tanto com o território da Amazônia quanto com o universo das grandes cidades. Com obras espalhadas por diversas instituições brasileiras, foi um dos destaques da 31ª Bienal de São Paulo, que ocorreu em 2014.

Estereótipo
Diz respeito a ideias e imagens consolidadas com base no senso comum, que não passam pelo crivo crítico. O estereótipo frequentemente exagera alguns traços da realidade e omite outros, criando compreensões falseadas do real.

Daltônico
Pessoa que sofre de daltonismo, deficiência visual hereditária que altera a percepção visual de algumas cores, principalmente o verde, o vermelho e o azul.

Filipe Berndt

Visita virtual

31ª Bienal de São Paulo

<www.31bienal.org.br/pt>
Acesso em: 17 ago. 2015.

Tendo Charles Esche como **curador**, a 31ª Bienal de São Paulo, intitulada *Como falar de coisas que não existem*, propôs uma discussão sobre como a arte reflete os conflitos, as mudanças e os valores da sociedade contemporânea. No guia impresso da mostra, o presidente da Fundação Bienal, Luis Terepins, questiona "como viver em um mundo em transformação permanente, onde as velhas formas – de trabalho, de comportamento, de arte – já não cabem e as novas formas ainda não estão claramente delineadas".

Para compreender como a 31ª Bienal de São Paulo refletiu sobre essas questões e conhecer trabalhos que fizeram parte da exposição, acesse o *site* da instituição e siga as orientações a seguir. Quando necessário, faça anotações no espaço indicado.

Curador
Profissional que cria a ideia da exposição, seleciona as obras que serão expostas, organiza e dirige todos os processos necessários para sua concretização.

Fundação Bienal de São Paulo

Cartaz da 31ª Bienal de São Paulo, criado por Prabhakar Pachpute.

- Acesse o ícone "Exposição" e leia o texto "Introdução". Ele discute o título da 31ª Bienal de São Paulo e a proposta curatorial.
- Em seguida, acesse "Projetos e Participantes", onde é possível conferir algumas obras presentes na exposição.
- Confira a obra de Éder de Oliveira.
- Conheça as outras propostas artísticas disponibilizadas.
- Selecione duas obras e anote no caderno informações sobre elas (título, autor, materiais utilizados, proposta do artista). Em seguida, explique a razão de tê-las escolhido e de que maneira elas dialogam com a proposta da exposição.
- Acesse o título "Arquitetura" e conheça o Pavilhão Ciccillo Matarazzo, local onde acontece a Bienal de São Paulo.
- Acesse "Identidade Visual" e reflita sobre a ideia que sustenta a imagem do cartaz da exposição criada por Prabhakar Pachpute.

Para conferir

31ª Bienal de São Paulo. *Como falar de coisas que não existem*. Guia. 2014. Disponível em: <www.31bienal.org.br/pt>. Acesso em: 17 ago. 2015.

Percursos de criação

Entre o conceito e a matéria

Retorne às anotações feitas na página 22 sobre a experiência mais marcante que já teve na vida e a proposta de criação baseada nela. Agora, você deverá materializar sua ideia. Para isso, observe os seguintes questionamentos:

- A ideia pode ser materializada exatamente como foi pensada ou terá de ser adaptada? Como você fará isso?
- Quais materiais serão necessários? Eles estão disponíveis na escola? Se não estiverem, será possível consegui-los?
- Para criar sua obra, você precisará da ajuda de outras pessoas? Em caso afirmativo, peça ajuda ao professor ou aos colegas.
- Quanto tempo precisará para finalizá-la?

Faça um planejamento e um esboço da obra a ser criada, depois apresente sua ideia e discuta-a com a sala. Caso for preciso, utilize o espaço abaixo para anotações.

Após apresentar sua proposta e pensar nas considerações feitas pelos colegas e pelo professor, execute a obra. Ao finalizá-la, mostre o resultado à sala.

Reinaldo Martins Portella

Investigação

A seguir, estão listadas as obras vistas no tema. Talvez algumas obras e artistas tenham suscitado dúvidas, questionamentos ou o desejo de obter mais informações. Com um ou dois colegas, escolha uma delas para investigar e ampliar seu conhecimento. Vocês poderão aprofundar a análise sobre a obra especificada (o tema, a história, a técnica utilizada), pesquisar outras obras do artista/grupo ou estudar seu processo de criação. Depois, compartilhem os resultados em um seminário ou por meio de cartazes ou vídeo.

- *O sorriso de Mona Lisa* (2003), filme dirigido por Mike Newell.
- Máscaras da sociedade feminina Geledé, Nigéria.
- Intervenção urbana *Cegos*, Desvio Coletivo (SP).
- Espetáculo *Arte* (2012), de Yasmina Reza. Direção de Emílio de Mello.
- Instalação artística *Sala de espelhos infinitos* (2011), de Yayoi Kusama.
- Instalação artística *Lentes de contato* (2011), de Haruka Kojin.
- *Matéria de poesia* (1970), poema de Manoel de Barros.
- Arte rupestre na Toca da Extrema II. Parque Nacional Serra da Capivara (PI).
- Espetáculo *No singular* (2012), Quasar Cia. de Dança. Criação e direção coreográfica de Henrique Rodovalho.
- "Oração" (Leo Fressato). Música do CD *A Banda Mais Bonita da Cidade* (2011).
- Espetáculo *Vau da Sarapalha* (1992), do Grupo Piollin. Direção de Luiz Carlos Vasconcelos.
- *Sagarana* (1946), livro de João Guimarães Rosa.
- Murais de Éder Oliveira nas ruas de Belém do Pará e na 31ª Bienal de São Paulo.
- A obra de Prabhakar Pachpute.

Trajetórias

Chamamos trajetória o percurso realizado por um corpo no espaço. Há muitas possibilidades diferentes de percorrer um mesmo caminho. No universo da arte e da cultura, cada pessoa é tocada de uma maneira e cria suas próprias trajetórias. Neste tema, alguns conceitos, obras e artistas nos ajudaram a dialogar sobre arte e cultura. Pensando nisso, quais pontos observados você destacaria? O que lhe chamou mais atenção?

Utilize a página ao lado para fazer seu registro. Você poderá criar desenhos, gráficos, textos, fotografias, diários, HQs, músicas, desde que expressem seu olhar sobre o que foi visto no tema.

Reinaldo Martins Portella

Sempre atento!

Resolva as questões, com base no que foi visto e discutido no tema.

1. Enem 2009

Populações inteiras, nas cidades e na zona rural, dispõem da parafernália digital global como fonte de educação e de formação cultural. Essa simultaneidade de cultura e informação eletrônica com as formas tradicionais e orais é um desafio que necessita ser discutido. A exposição, via mídia eletrônica, com estilos e valores culturais de outras sociedades, pode inspirar apreço, mas também distorções e ressentimentos. Tanto quanto há necessidade de uma cultura tradicional de posse da educação letrada, também é necessário criar estratégias de alfabetização eletrônica, que passam a ser o grande canal de informação das culturas segmentadas no interior dos grandes centros urbanos e das zonas rurais. Um novo modelo de educação.

BRIGAGÃO, C. E.; RODRIGUES, G. *Globalização a olho nu*: o mundo conectado. São Paulo: Moderna, 1998 (adaptado).

Com base no texto e considerando os impactos culturais da difusão das tecnologias de informação no marco da globalização, depreende-se que

a. ampla difusão das tecnologias de informação nos centros urbanos e no meio rural suscita o contato entre diferentes culturas e, ao mesmo tempo, traz a necessidade de reformular as concepções tradicionais de educação.

b. apropriação, por parte de um grupo social, de valores e ideias de outras culturas para benefício próprio é fonte de conflitos e ressentimentos.

c. as mudanças sociais e culturais que acompanham o processo de globalização, ao mesmo tempo em que refletem a preponderância da cultura urbana, tornam obsoletas as formas de educação tradicionais próprias do meio rural.

d. as populações nos grandes centros urbanos e no meio rural recorrem aos instrumentos e tecnologias de informação basicamente como meio de comunicação mútua, e não os veem como fontes de educação e cultura.

e. intensificação do fluxo de comunicação por meios eletrônicos, característica do processo de globalização, está dissociada do desenvolvimento social e cultural que ocorre no meio rural.

2. Enem 2009

Gênero dramático é aquele em que o artista usa como intermediária entre si e o público a representação. A palavra vem do grego *drao* (fazer) e quer dizer ação. A peça teatral é, pois, uma composição literária destinada à apresentação por atores em um palco, atuando e dialogando entre si. O texto dramático é complementado pela atuação dos atores no espetáculo teatral e possui uma estrutura específica, caracterizada: 1) pela presença de personagens que devem estar ligados com lógica uns aos outros e à ação; 2) pela ação dramática (trama, enredo), que é o conjunto de atos dramáticos, maneiras de ser e de agir das personagens encadeadas à unidade do efeito e segundo uma ordem composta de exposição, conflito, complicação, clímax e desfecho; 3) pela situação ou ambiente, que é o conjunto de circunstâncias físicas, sociais, espirituais em que se situa a ação; 4) pelo tema, ou seja, a ideia que o autor (dramaturgo) deseja expor, ou sua interpretação real por meio da representação.

COUTINHO, A. *Notas de teoria literária*. Rio de Janeiro: Civilização Brasileira, 1973 (adaptado).

Considerando o texto e analisando os elementos que constituem um espetáculo teatral, conclui-se que

a. a criação do espetáculo teatral apresenta-se como um fenômeno de ordem individual, pois não é possível sua concepção de forma coletiva.

b. o cenário onde se desenrola a ação cênica é concebido e construído pelo cenógrafo de modo autônomo e independente do tema da peça e do trabalho interpretativo dos atores.

c. o texto cênico pode originar-se dos mais variados gêneros textuais, como contos, lendas, romances, poesias, crônicas, notícias, imagens e fragmentos textuais, entre outros.

d. o corpo do ator na cena tem pouca importância na comunicação teatral, visto que o mais importante é a expressão verbal, base da comunicação cênica em toda a trajetória do teatro até os dias atuais.

e. a iluminação e o som de um espetáculo cênico independem do processo de produção/recepção do espetáculo teatral, já que se trata de linguagens artísticas diferentes, agregadas posteriormente à cena teatral.

3. Enem 2015

Ao se apossarem do novo território, os europeus ignoraram um universo de antiga sabedoria, povoado por homens e bens unidos por um sistema integrado. A recusa em se inteirar dos valores culturais dos primeiros habitantes levou-os a uma descrição simplista desses grupos e à sua sucessiva destruição. Na verdade, não existe uma distinção entre a nossa arte e aquela produzida por povos tecnicamente menos desenvolvidos. As duas manifestações devem ser encaradas como expressões diferentes dos modos de sentir e pensar das várias sociedades, mas também como equivalentes, por resultarem de impulsos humanos comuns.

SCATAMACHIA, M. C. M. In: AGUILAR, N. (Org.). *Mostra do redescobrimento*: arqueologia. São Paulo: Fundação Bienal de São Paulo – Associação Brasil 500 anos artes visuais, 2000.

De acordo com o texto, inexiste distinção entre as artes produzidas pelos colonizadores e pelos colonizados, pois ambas compartilham o(a)

a. suporte artístico.
b. nível tecnológico.
c. base antropológica.
d. concepção estética.
e. referencial temático.

4. Enem 2013

TEXTO I

Andaram na praia, quando saímos, oito ou dez deles; e daí a pouco começaram a vir mais. E parece-me que viriam, este dia, à praia, quatrocentos ou quatrocentos e cinquenta. Alguns deles traziam arcos e flechas, que todos trocaram por carapuças ou por qualquer coisa que lhes davam. [...] Andavam todos tão bem-dispostos, tão bem-feitos e galantes com suas tinturas que muito agradavam.

CASTRO, S. *A carta de Pero Vaz de Caminha*. Porto Alegre: L&PM, 1996 (fragmento)

PORTINARI, C. *O descobrimento do Brasil*. 1956. Óleo sobre tela, 199 × 169 cm. Disponível em: <www.portinari.org.br>. Acesso em: 12 jun. 2013.

Pertencentes ao patrimônio cultural brasileiro, a carta de Pero Vaz de Caminha e a obra de Portinari retratam a chegada dos portugueses ao Brasil. Da leitura dos textos, constata-se que:

a. a carta de Pero Vaz de Caminha representa uma das primeiras manifestações artísticas dos portugueses em terras brasileiras e preocupa-se apenas com a estética literária.
b. a tela de Portinari retrata indígenas nus com corpos pintados, cuja grande significação é a afirmação da arte acadêmica brasileira e a contestação de uma linguagem moderna.
c. a carta, como testemunho histórico-político, mostra o olhar do colonizador sobre a gente da terra, e a pintura destaca, em primeiro plano, a inquietação dos nativos.
d. as duas produções, embora usem linguagens diferentes – verbal e não verbal –, cumprem a mesma função social e artística.
e. a pintura e a carta de Caminha são manifestações de grupos étnicos diferentes, produzidas em um mesmo momento histórico, retratando a colonização.

Para aprofundar os temas

Filme

Caverna dos sonhos esquecidos
França, Estados Unidos, Inglaterra, Canadá, Alemanha, 2010. Direção: Werner Herzog. Duração: 90 min.

Werner Herzog, cineasta alemão, nos conduz pelas impressionantes imagens rupestres da caverna de Chauvet, no interior da França. Filmado em 3D, o documentário mostra em detalhe o interior da caverna, só descoberta em 1994: pinturas pertencentes a períodos variados, ossos e ferramentas que nos ajudam a compreender a vida do homem pré-histórico.

Livros

BOSI, Alfredo. *Reflexões sobre a arte*. São Paulo: Ática, 1986.

Importante crítico e historiador da literatura brasileira, o autor propõe uma reflexão sobre a estética e a prática artística. No livro, a arte é analisada sob o ponto de vista da criação, do conhecimento e da expressão.

COLI, Jorge. *O que é arte*. São Paulo: Brasiliense, 1995. (Coleção Primeiros Passos.)

Historiador e crítico de arte, Coli discorre a respeito das transformações históricas da percepção do objeto artístico, discutindo a arte contemporânea, a produção dos artistas e a recepção do público.

EAGLETON, Terry. *A ideia de cultura*. Trad. Sandra Castello Branco. São Paulo: Ed. da Unesp, 2005.

Terry Eagleton, professor de Literatura da Universidade de Oxford, Inglaterra, debate a construção da ideia de cultura estabelecendo um diálogo com pensadores de diversas áreas para discutir os impasses da cultura no mundo contemporâneo, como as questões da diversidade e da política.

GOMPERTZ, Will. *Isso é arte?*: 150 anos de arte moderna do Impressionismo até hoje. Trad. Maria Luiza X. de A. Borges. Rio de Janeiro: Jorge Zahar, 2013.

O editor de artes da rede BBC, de Londres, conduz o leitor num percurso que vai da arte impressionista do século XIX até a produção contemporânea, na tentativa de compreender a definição e as transformações da arte. Com texto leve e muitas vezes irônico, o autor aponta fatos, traz curiosidades e desperta o interesse pela história da arte ocidental.

SANTOS, José Luiz dos. *O que é cultura*. São Paulo: Brasiliense, 2006. (Coleção Primeiros Passos.)

A coleção Primeiros Passos aborda temas complexos de maneira acessível, sem se tornar superficial. Direciona-se especialmente a quem inicia uma discussão sobre o tema analisado. O autor aponta questões sobre a importância da cultura como construção social e histórica.

SÓFOCLES. *Édipo rei*.

Disponível em: <www.dominiopublico.gov.br/download/texto/cv000024.pdf>. Acesso em: 17 ago. 2015.

Suryara Bernardi

Sites

Desvio Coletivo
<www.desviocoletivo.com>

Apresenta a agenda da rede de criadores Desvio Coletivo e disponibiliza imagens e vídeos de suas intervenções artísticas, assim como textos reflexivos sobre os trabalhos.

Roberta Carvalho
<www.robertacarvalho.carbonmade.com>

Página oficial da artista Roberta Carvalho. Oferece informações, vídeos e imagens sobre a obra da artista.

Piollin Grupo de Teatro
<www.piollingrupodeteatro.com>

Disponibiliza imagens e críticas teatrais sobre os espetáculos, ao mesmo tempo que possibilita acesso ao *blog* do grupo. Entretanto, a página não é atualizada com regularidade, o que impede um acompanhamento sistemático das ações da companhia.

Grupo Galpão
<www.grupogalpao.com.br>

Página oficial do grupo teatral radicado em Belo Horizonte, o *site* oferece informações sobre o trabalho desenvolvido pela companhia, com imagens e vídeos de suas montagens.

Yayoi Kusama
<www.yayoi-kusama.jp>

Página oficial da artista japonesa Yayoi Kusama. Embora esteja em inglês e japonês, disponibiliza imagens e animações sobre sua vida e obra que podem ser compreendidas sem a necessidade do domínio desses idiomas.

Museu Afro Brasil
<www.museuafrobrasil.org.br>

Site oficial do Museu Afro Brasil, localizado em São Paulo, com informações, vídeos e imagens sobre o acervo e as exposições temporárias da instituição.

Museu Afro-Brasileiro
<www.mafro.ceao.ufba.br>

Mantido pela Universidade Federal da Bahia, o Museu Afro-Brasileiro, instalado em Salvador, disponibiliza em sua página oficial informações e imagens de peças africanas e afro-brasileiras de sua coleção.

Fundação Museu do Homem Americano
<www.fumdham.org.br/parque.asp>

Criado em 1979, o Parque Nacional Serra da Capivara, no estado do Piauí, possui o mais importante conjunto de sítios arqueológicos do continente americano. Para protegê-lo, assim como para promover o desenvolvimento econômico e social da região, foi criada a Fundação Museu do Homem Americano. Na página virtual, são disponibilizadas informações, imagens e textos sobre o trabalho arqueológico desenvolvido pelos pesquisadores ao longo de muitos anos.

Financiamento coletivo
<www.catarse.me/pt/projects>

Plataforma brasileira de financiamento coletivo que administra projetos sociais, artísticos e culturais. Disponibiliza uma série de produtos e serviços abertos ao financiamento e orienta pessoas interessadas em submeter projetos para captação financeira.

Acessos em: 5 mar. 2016.

TEMA 2

AS RUPTURAS DA MODERNIDADE

Neste tema, você irá:

- Compreender os conceitos de moderno e modernidade na arte e na cultura.
- Conhecer diferentes propostas estéticas e filosóficas que ajudaram a construir a modernidade.
- Observar produções estéticas de diferentes linguagens artísticas e refletir sobre elas.
- Identificar o movimento impressionista como reflexo de mudanças sociais e artísticas do século XIX.
- Explorar as cores complementares e refletir sobre o efeito das cores na percepção humana.
- Identificar a obra de Pablo Picasso como marco da arte moderna.
- Compreender as diferenças entre a tradição das danças clássica e moderna.
- Exercitar a leitura dramática com o texto *Ubu rei*, de Alfred Jarry.
- Identificar as diferenças entre música tonal e atonal.
- Investigar e aprofundar questões estéticas vinculadas à arte moderna.

Constantin Guys. *A equipe* (sem data). Lápis, pena e aguada marrom, aquarela, 10,5 × 15,9 cm.

The Phillips Collection, Washington

A modernidade é o transitório, o fugidio, o contingente, a metade da arte, cuja outra metade é o eterno e imutável.

Charles Baudelaire.
O pintor da vida moderna.
Belo Horizonte: Autêntica, 2010.

The Phillips Collection, Washington

Constantin Guys. *Feira de vaidades*, 1875-1885. Lápis, pena e aguada marrom, aquarela, 39,4 × 47,6 cm.

De que maneira você identifica algo como moderno? Segundo o dicionário, moderno é algo relativo aos nossos dias, que é recente e pertence à nossa época. Em contraponto ao antigo, diz respeito à qualidade do que é atual. Entretanto, quando falamos em modernidade, estamos nos referindo a uma ideia surgida no século XIX, com base em transformações vivenciadas na sociedade da época. Mas quais mudanças seriam essas?

O poeta francês Charles Baudelaire (1821-1867) quis compreender esse momento histórico. Para isso, escreveu um ensaio chamado "O pintor da vida moderna", publicado em 1863 no jornal *Le Figaro*, de Paris. No texto, Baudelaire apresenta a obra de Constantin Guys (1802-1892), tratado por ele como Sr. G., o artista da multidão. Para esse escritor, Guys seria aquele que melhor captou as imagens e as transformações da vida de seu tempo.

Suas imagens tentavam retratar o movimento e a agilidade da metrópole. Por isso, criava esboços em traços rápidos das cenas que via, registrando acontecimentos e pessoas, mas sem detalhar e finalizar a composição. Baudelaire via nesse procedimento do artista uma contestação da arte acadêmica e cheia de regras do período, um sopro de liberdade e criatividade que dialogava com suas ideias sobre a modernidade.

Observando as imagens de Constantin Guys, é possível identificar temas em comum? O que você acha que ele quis destacar da sociedade daquela época? Na sua opinião, essas imagens continuam modernas? Por quê?

O que é o moderno?

Moderno, do latim *modernus*, era uma palavra utilizada em Roma na era cristã para se referir à concepção de novo – novos costumes e novas práticas que se contrapunham aos antigos –, ideia que prevaleceria até hoje. Já modernidade é um conceito que se consagrou no século XIX graças às transformações da época. A ascensão do capitalismo e o desenvolvimento industrial geraram profundas transformações na economia, no mundo do trabalho e nas relações sociais de grande parte dos países ocidentais. As cidades cresceram, modernizaram-se e receberam cada vez mais pessoas que deixavam os campos em busca de novas oportunidades.

Para conferir

BAUDELAIRE, Charles. *O pintor da vida moderna*. Trad. Tomaz Tadeu. Belo Horizonte: Autêntica, 2010.

A vida urbana consolidou-se e consagrou a figura do burguês, aquele que enriquecia graças ao progresso trazido pela industrialização e pelos novos meios de produção. Esse cenário que, segundo Baudelaire, Constantin Guys registrou em sua obra seria a imagem da modernidade. O escritor francês aponta as "lindas equipagens, os cavalos imponentes, o asseio impressionante dos cavalariços, a destreza dos pajens, o meneio do andar das mulheres, as belas crianças, felizes para a vida e pelas boas roupas; em uma palavra, com a vida universal".

Entretanto, sabemos que essa visão encantadora da modernidade descrita pelo poeta e representada em grande parte na pintura do século XIX não correspondia à realidade da maior parte da população da época, que vivia à margem dos benefícios trazidos pela industrialização.

O individualismo, a preocupação em construir uma imagem pública de destaque, o espírito empreendedor e a fugacidade das relações são marcas do mundo moderno que persistem na contemporaneidade. Na arte, um traço será marcante para a definição da modernidade: a ruptura com a tradição. Segundo Baudelaire, toda época antiga possuiu "uma modernidade", expressa por artistas que romperam com as regras impostas e definidoras do que seria arte. Mas o que vemos a partir do final do século XIX é que as rupturas são cada vez mais radicais e rápidas, transformando a maneira de criar e de perceber a arte.

Hoje, qual seria o retrato da nossa modernidade? Escolha algumas imagens que, na sua opinião, refletem nossa época e compartilhe-as com a turma.

Fogg Art Museum, Harvard Art Museums, USA. Fotografia: The Bridgeman/Keystone Brasil

Claude Monet. *A estação São Lázaro*, 1877. Óleo sobre tela, 75,5 × 104 cm.

Uma nova impressão sobre o mundo

Hoje, é possível vermos exposições de arte em diversos lugares, e mesmo assim às vezes falta espaço para todos os artistas. Mas você sabia que até o século XIX a situação era outra? Para expor suas obras, os artistas tinham de passar por uma rigorosa seleção. No caso da França, o Salão de Paris era a única exposição pública de arte no país.

Criado em 1667 pela Academia Real de Pintura e Escultura, o Salão de Paris privilegiava obras criadas com base nos critérios da arte acadêmica, estilo consagrado nas academias artísticas. Estas eram muito populares na Europa desde o século XVI e ofereciam aos artistas uma orientação padronizada e humanista, que priorizava a formação prática apoiada no desenho de observação, na cópia e no estudo das obras clássicas.

Os temas históricos e mitológicos, estabelecidos como obrigatórios pelas academias, passaram a ser vistos pelos artistas da segunda metade do século XIX como algo ultrapassado. Diante desse questionamento e da recusa dos jurados do Salão de Paris em aceitar obras que não seguiam as convenções, surgiu o grupo dos impressionistas.

O Impressionismo foi um movimento artístico nascido na França em 1874, com uma exposição coletiva no estúdio do fotógrafo Félix Nadar (1820-1910), que durou até 1886, quando houve a última exposição do grupo, formado por Claude Monet (1840-1926), Pierre-Auguste Renoir (1841-1919), Paul Cézanne (1839-1906), Camille Pissarro (1830-1903), Edgar Degas (1834-1917), Alfred Sisley (1839-1889) e Berthe Morisot (1841-1895), única mulher a integrar o conjunto.

Claude Monet. *Impressão: Sol nascente*, 1872-1873. Óleo sobre tela, 48 × 63 cm.

Museu Marmottan, Paris

A origem do nome do movimento tem a ver com a obra *Impressão: Sol nascente* (1872-1873), de Claude Monet, e com a afirmação hostil do crítico Louis Leroy (1812-1885), num texto jornalístico da época, de que a pintura preconizada pelo grupo não passava de impressões incompletas da realidade. A pintura impressionista procurava registrar por meio da cor e da luz as sensações visuais captadas num breve instante. Alguns artistas pintavam diversas vezes as mesmas cenas para perceber em detalhes as mudanças da luminosidade do sol sobre a paisagem.

The Metropolitan Museum of Art, Nova York

Edgar Degas. *Bailarinas, rosa e verde*, 1890. Óleo sobre tela, 82,2 × 75,6 cm.

Ainda que o Impressionismo não tenha sido um movimento homogêneo – pois cada artista tinha seus interesses próprios dentro das possibilidades expressivas da pintura –, podemos afirmar que há características comuns em suas obras. Você conseguiria identificá-las?

A pintura impressionista não era baseada na representação fiel da realidade, mas nas percepções e impressões que o real provocava nos artistas. Das primeiras experiências com a técnica fotográfica realizadas em 1826 por Joseph-Nicéphore Niépce (1765-1833) até o aperfeiçoamento do daguerreótipo criado por Louis-Jacques-Mandé Daguerre (1789-1851), a fotografia foi aos poucos ocupando o lugar antes dedicado à pintura como registro da realidade, abrindo espaço para o surgimento de uma nova visualidade.

A observação e a captação das sensações provocadas pela natureza em pinturas ao ar livre, o uso de pinceladas rápidas, o emprego de cores complementares para dar luminosidade às telas e a suspensão dos contornos das figuras são elementos que marcaram as obras de muitos pintores impressionistas.

National Gallery, Londres

Berthe Morisot. *Dia de verão*, 1879. Óleo sobre tela, 45,7 × 75,2 cm.

Observe a tela *O baile no Moulin de la Galette*, de Pierre-Auguste Renoir. É possível perceber os elementos da modernidade apontados por Charles Baudelaire?

Museu d'Orsay, Paris

Pierre-Auguste Renoir. *O baile no Moulin de la Galette*, 1876. Óleo sobre tela, 131 × 175 cm.

Percursos de criação

Explorando as cores complementares

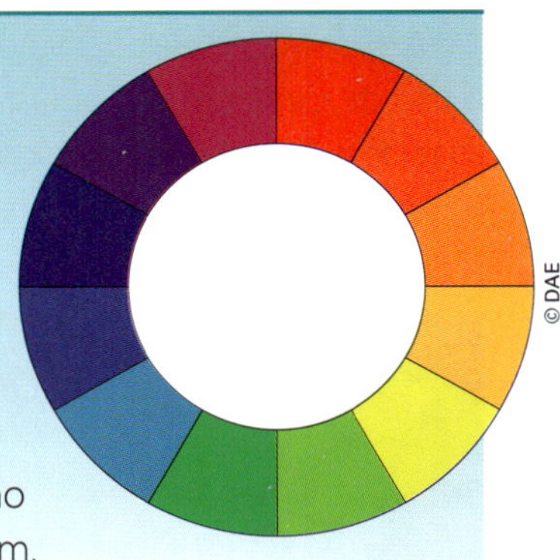
© DAE

O Impressionismo, como vimos, foi um movimento artístico que rompeu com as tradições e permitiu que os pintores se libertassem das regras acadêmicas. A luz e a cor eram elementos visuais fundamentais nas obras impressionistas, e, para conseguir o efeito luminoso e dinâmico em suas telas, os pintores faziam uso das cores complementares. Na tela *Impressão: Sol nascente* (1872-1873), Monet explorou os reflexos da cor quente do sol no azul frio do mar, criando um interessante movimento na imagem.

As cores complementares são aquelas que se opõem espacialmente no disco das cores, também conhecido como disco de Newton, em referência ao físico e matemático inglês Isaac Newton (1642-1727). Ele descobriu que a luz branca é composta pelas sete cores do arco-íris e, para provar isso, criou um disco que, ao ser girado, sobrepõe as cores em nossa retina, dando a impressão de branco ou cinza, dependendo da velocidade do movimento.

Ao longo dos anos, apareceram muitas variações do disco de Newton, mas a mais comum é a roda com 12 cores que contempla as gradações entre as cores.

Utilize canetas hidrográficas, recortes coloridos, tintas diversas ou recursos gráficos para elaborar uma imagem que explore as cores complementares. Você poderá aproveitar os temas vistos na pintura impressionista ou escolher outro **tema figurativo** ou **abstrato** para sua criação.

Tema figurativo
Refere-se à imagem reconhecível baseada na figura humana, na natureza ou em qualquer outro elemento que se relacione com o mundo real, independentemente da fidelidade à realidade.

Tema abstrato
Refere-se a imagens que não são baseadas no mundo real e em figuras reconhecíveis, muitas vezes formadas por linhas, formas geométricas e cores.

Visita virtual

Google Art Project

<www.google.com/culturalinstitute/project/art-project?hl=pt-BR>
Acesso em: 21 ago. 2015.

Parceria do Google com diversos museus e instituições mundiais, o Google Art Project oferece a possibilidade de visita aos acervos artísticos mais importantes do mundo, em passeios virtuais que disponibilizam imagens em alta resolução. Recursos permitem que as obras sejam vistas em detalhe por meio da ampliação das imagens.

Vamos conhecer um pouco mais da obra de Claude Monet numa visita virtual ao Museu d'Orsay, de Paris?

Siga as orientações abaixo.

- Acesse o *site* indicado. No local de pesquisa sinalizado por uma lupa, digite "Claude Monet".
- No resultado, aparecerão diversas instituições que possuem obras do artista. Clique em "Musée d'Orsay, Paris".
- Observe em detalhes as obras apresentadas. Para destacá-las, clique na imagem.

Agora, anote:

- Uma obra em que Claude Monet explora as cores complementares. Assinale o título, o ano e as cores que se destacam na tela.
- Uma tela em que é possível perceber as transformações trazidas pela modernidade. Anote o título, o ano e as razões da escolha da obra.
- Escolha outra obra, amplie a imagem e veja se o recurso altera sua percepção sobre a pintura. Depois, descreva a tela vista (tema, uso de cores, traços, sensações que provoca).
- Discuta suas escolhas com um colega.

Virou notícia

Ciência desvenda mistério do vestido que "muda de cor"

27 fev. 2015

Como nossos olhos podem estar errados? Quando vemos algo claramente, falamos sobre o que vimos com certeza absoluta. Mas às vezes cometemos erros.

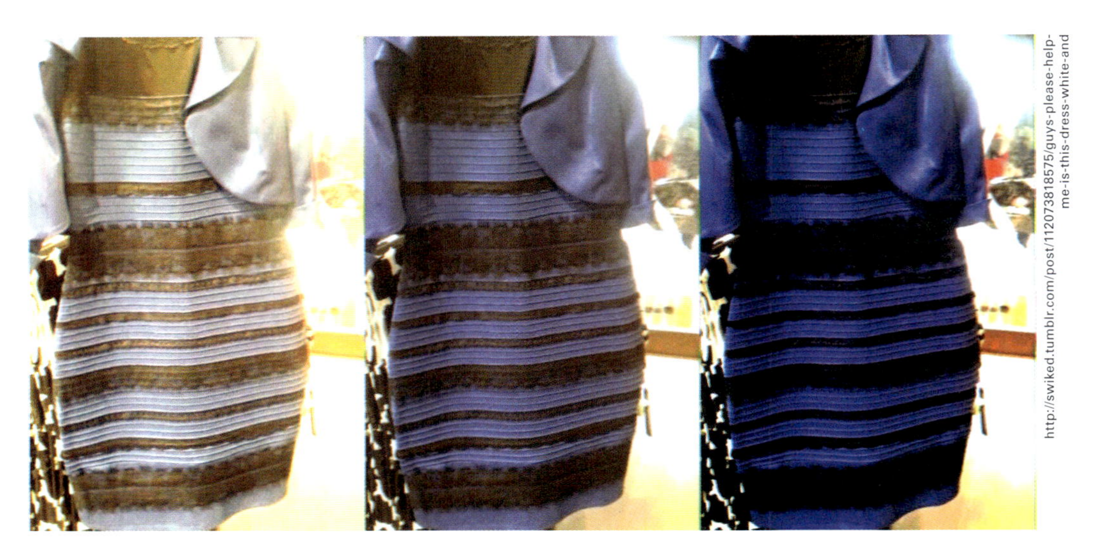

http://swiked.tumblr.com/post/112073818575/guys-please-help-me-is-this-dress-white-and

Azul e preto ou branco e dourado? É o *frisson* que vem causando a foto do vestido acima. A discussão virou um dos temas mais compartilhados nas redes sociais, em especial no Twitter, onde alcançou *status* de *trending topic*, ou assunto entre os mais comentados, no Brasil e no mundo.

"Qual é a cor desse vestido? Vejo branco e dourado. Kanye vê preto e azul, quem é o daltônico?", escreveu Kim Kardashian na rede.

Também no *microblog*, a ganhadora do Oscar Julianne Moore disse que via branco e dourado, mas Taylor Swift e Justin Bieber viram azul e preto.

O que diz a tecnologia

Se você enxerga o vestido branco e dourado, está simplesmente equivocado.

Pedimos à editora de fotografia do Serviço Mundial da BBC, Emma Lynch, que nos ajudasse a determinar objetivamente a cor do vestido usando um *software* de edição de fotos.

Ela disse que, após análise, todos os tons da cor do vestido são azuis, e não brancos. Ao aumentar a saturação – tornando as cores existentes mais fortes, mas sem acrescentar novas cores – o vestido aparece azul para todos.

Estes resultados são confirmados pelo uso da ferramenta de conta-gotas do *software*, que captura amostras de áreas específicas do tecido. Este *software* identifica o código de cor do computador de qualquer *pixel* na tela. E nesse caso também gera resultados em tons de azul.

Como tudo começou

As conclusões são confirmadas pela responsável por distribuir a imagem do vestido nas redes sociais.

Caitlin McNeill, uma escocesa de 21 anos, faz parte de uma banda de *folk*. Na semana passada, o grupo tocou em um casamento onde a mãe da noiva estava usando o vestido.

Caitlin contou ao *site* BuzzFeed News que as discordâncias sobre a cor do vestido começaram pouco antes da festa, quando a mãe da noiva compartilhou com o casal uma foto da roupa que planejava usar.

A noiva e o noivo não conseguiram chegar a um acordo sobre se o vestido na foto era azul e preto ou branco e dourado. Então postaram a imagem no Facebook. McNeill, depois, compartilhou a foto em seu Tumblr.

A história cresceu nas redes sociais e não parou mais.

McNeill disse que o vestido azul e preto é da marca Roman Originals e, embora houvesse outras opções de cores disponíveis, nenhum deles era branco e dourado.

Por que vemos cores diferentes

De acordo com o *site* de tecnologia Wired.com, a chave para decifrar o enigma do vestido está na forma como os olhos e o cérebro evoluíram para ver cores na luz solar.

Como os seres humanos evoluíram para ver a luz do dia, seus cérebros começaram a levar em conta o fato de que a luz muda de cor. Os objetos têm um certo tom vermelho rosado de madrugada, mais azul-branco ao meio-dia, e voltam a ser mais avermelhadas no pôr do sol.

O cérebro tenta descontar o efeito da luz do sol (ou outra fonte de luz) para chegar a uma cor "verdadeira".

Por isso, algumas pessoas veem azul no vestido mas seus cérebros ignoram isso, atribuindo a cor azulada à fonte de luz, em vez de ao próprio vestido. Elas veem branco e dourado.

Os cérebros dos outros atribuem o azul que eles veem ao próprio vestido.

Este fenômeno existe há milhares de anos, mas há algo especial nesta foto do vestido que tornou as diferenças na forma como vemos a cor mais clara do que nunca.

Adaptado de: <www.bbc.com/portuguese/noticias/2015/02/150227_vestido_azul_gch_lab>. Acesso em: 21 ago. 2015.

Reflita sobre o texto lido.

1. Vivemos numa época em que a internet, as redes sociais e a tecnologia alteraram a maneira de nos relacionarmos com o mundo e as pessoas. Assim, podemos identificar no texto diversos vocábulos vindos sobretudo da língua inglesa que estão relacionados ao mundo virtual. Anote essas palavras no espaço abaixo e investigue o significado das que você não conhece.

2. Qual a explicação dada no texto sobre as razões de as pessoas verem cores diferentes num mesmo objeto?

3. A cor é um elemento fundamental na criação visual, porém suas possibilidades expressivas se estendem para além da arte. Como você percebe a utilização das cores no cotidiano? E de que maneira elas estão presentes no seu dia a dia?

Picasso e a consagração da arte moderna

A arte impressionista abriu caminho para o surgimento de outras propostas estéticas e movimentos artísticos. Nunca em tão pouco tempo a arte passou por transformações tão radicais. Artistas questionaram critérios estéticos que predominaram durante séculos na arte, como o naturalismo e a perspectiva. Entretanto, para muitos críticos, como Giulio Carlo Argan (1909-1992), nenhuma obra foi tão impactante para a arte moderna quanto *Les demoiselles d'Avignon* (1907), do artista espanhol Pablo Picasso (1881-1973), marco inicial do movimento artístico cubista.

Succession Pablo Picasso/Licenciado por AUTVIS, Brasil, 2015. Museum of Modern Art, Nova York

Pablo Picasso. *Les demoiselles d'Avignon*, 1907. Óleo sobre tela, 2,44 × 2,33 m.

Segundo a concepção estética defendida pelos cubistas, a natureza é vista por meio de suas formas geométricas: cilindros, cubos e esferas predominam nas composições. O quadro *Les demoiselles d'Avignon* não explora a perspectiva nem representa as personagens tal como vistas no mundo real. Muito pelo contrário, seu corpo é angular, sua anatomia estranha, os olhos, as orelhas e os membros estão deslocados, como se o artista quisesse mostrar os diversos ângulos das figuras num mesmo plano de representação. Inspirado pela simplificação de formas da escultura africana vista numa grande exposição em Paris, Pablo Picasso criaria uma das obras mais marcantes da história da arte ocidental.

Para conferir

GARAUDY, Roger. *Dançar a vida*. Prefácio de Maurice Béjart. Trad. Antônio Guimarães e Glória Mariani. Rio de Janeiro: Nova Fronteira, 1980.

DUNCAN, Isadora. *Minha vida*. Trad. Beatriz Horta. Rio de Janeiro: José Olympio, 2012.

A liberdade da dança de Isadora Duncan

Você já assistiu a um espetáculo de balé clássico? Tem ideia de onde ele surgiu? Sabe por que as bailarinas dançam na ponta dos pés?

A origem da dança clássica é a corte europeia do século XV, onde ela foi aos poucos constituindo sua linguagem com base na contribuição de muitas pessoas. Entretanto, foi no início do século XIX, com os balés românticos, que ela assumiu a forma que conhecemos hoje: sapatilhas de ponta, bailarinas etéreas vestindo ***tutu*** e interpretando heroínas, fadas, bruxas, seres imaginários em enredos românticos e fantasiosos, como em *O lago dos cisnes*.

O balé foi criado pelo compositor russo Tchaikovsky (Piotr Ilitch Tchaikovsky, 1840-1893), inspirado em uma lenda alemã que conta a história de amor entre o príncipe Siegfried e Odete, jovem que, vítima do encantamento de um feiticeiro, torna-se um cisne, não podendo por isso viver seu amor. A estreia ocorreu em Moscou, em 1877, com coreografia de Julius Reisinger. Por causa do fracasso de público e crítica, não ficou muito tempo em cartaz. Entretanto, em 1895, Marius Petipa (1818-1910) criou uma nova coreografia, dessa vez com grande sucesso. E é essa coreografia que permanece até hoje e faz de *O lago dos cisnes* o balé clássico mais popular de todos os tempos.

Tutu

O *tutu* (palavra francesa, pronuncia-se "titi") é uma peça composta de um corpete rígido e justo no corpo e uma saia curta com várias camadas de tule ou seda.

Diferentemente da dança clássica, a dança moderna, como afirma o filósofo francês Roger Garaudy (1913-2012), surgiu na transição do século XIX para o século XX, período no qual os dogmas eram postos em xeque nas artes, nas ciências, nas sociedades e nas religiões. Ela se originou da negação do academicismo e das regras do balé clássico.

A bailarina estadunidense Isadora Duncan (1877-1927), precursora da dança moderna, surgiu no cenário artístico questionando as convenções do balé clássico. No livro *Minha vida* (1927), conta que ao estudar documentos ilustrados de todas as épocas nunca encontrou a representação de seres andando nas pontas dos pés ou levantando uma perna acima da cabeça. Para Isadora, o treinamento dado ao bailarino no balé clássico parecia ter o objetivo de separar completamente os movimentos do corpo dos do espírito. Ideia contrária do que defendia em sua dança, na qual o corpo seria o intérprete das inquietações da alma.

Para conferir

PORTINARI, Maribel. *História da dança*. Rio de Janeiro: Paz e Terra, 1989.

Muito crítica em relação à técnica clássica, Isadora Duncan afirmava que, pelo fato de esse tipo de dança se centrar na coluna vertebral, de onde emanariam todos os movimentos, os bailarinos clássicos pareciam uma "marionete articulada", dançando de forma artificial. Para ela, o movimento deveria obedecer a uma lógica emocional, e não mecânica, portanto o centro de irradiação dele deveria ser o lugar onde as emoções são experimentadas, ou seja, a região na altura do estômago.

Isadora Duncan apresentava-se descalça, vestindo leves túnicas de seda, libertando-se assim de toda a indumentária característica do balé. Os movimentos de sua dança não seguiam passos codificados e acrobáticos como na técnica clássica, mas eram baseados em improvisações e inspirados na natureza, principalmente na fluidez do movimento do mar e do vento. O ato libertário de Isadora Duncan seria fundamental para o surgimento de uma nova expressão artística. Entretanto, a dança moderna iria se constituir ao longo do século XX com base em experiências de artistas e teóricos diversos que procuram estimular uma humanização da vida. A mecanização do trabalho fez com que a vida se tornasse padronizada, transformando as pessoas em peças de engrenagens. Era contra essa padronização que a dança moderna iria se rebelar.

A bailarina Isadora Duncan, fotografada em seu estúdio em Nova York, em 1899, usando uma roupa feita com as cortinas de sua mãe.

The Granger Collection/Glow Images

Você acredita que nos tempos atuais as pessoas se relacionam de maneira mais harmônica com seus corpos, tal como defendia Isadora Duncan? Como você explora a expressividade do seu corpo?

Leo Mason/AP Photo/Glow Images

Montagem de *O lago dos cisnes* (2013), pelo Balé de São Petersburgo, em Londres, em 2015.

DIÁLOGOS

Ideias transformadoras

O século XIX foi uma época de grandes mudanças no pensamento e no cenário para a publicação de obras que transformariam a percepção das pessoas sobre o mundo. As ideias impactantes do naturalista inglês Charles Darwin, do filósofo alemão Karl Marx e do médico vienense Sigmund Freud, surgidas no período, fundaram a modernidade e até hoje influenciam a produção científica, filosófica e cultural da humanidade.

Civilização Brasileira

A origem das espécies (1859), de Charles Darwin (1809-1882), foi uma das obras mais polêmicas do século XIX, ao propor o conceito de evolução, pelo qual os seres vivos evoluem a partir de ancestrais comuns, questionando a hipótese de a humanidade ser resultado da criação divina. Para Darwin, a evolução se dá com base na seleção natural, ou seja, os indivíduos mais adaptados a determinadas condições climáticas sobrevivem e deixam descendentes. A Teoria da Evolução alterou drasticamente os estudos e a compreensão da vida humana. Os conflitos vivenciados pelo cientista podem ser acompanhados no filme *A criação* (2009), dirigido por Jon Amiel.

Escala

Em *O capital* (1867-1894), obra dividida em três volumes, Karl Marx (1818-1883) faz uma detalhada análise das atividades econômicas ao longo da história. No período em que redigiu sua obra, a Europa passava por um momento crucial, marcado pela unificação de territórios, pelo auge da Revolução Industrial e do proletariado e pela ação imperialista no continente africano. Marx centraria sua análise nas contradições sociais e na luta de classes. Para ele, a sociedade burguesa deveria ser superada pelo comunismo e pela ascensão da classe operária. O teatro dialético criado pelo dramaturgo e diretor Bertolt Brecht (1898-1956) foi influenciado pelas ideias de Karl Marx. Brecht via o teatro como uma possibilidade de transformar a realidade e despertar o senso crítico das pessoas.

Imago

Archives du 7eme art/Photo12/AFP

Cena de *A criação* (2009), filme dirigido por Jon Amiel.

Salvador Dalí, Fundació Gala-Salvador Dalí. AUTVIS, Brasil, 2015. Museu de Arte Moderna de Nova York

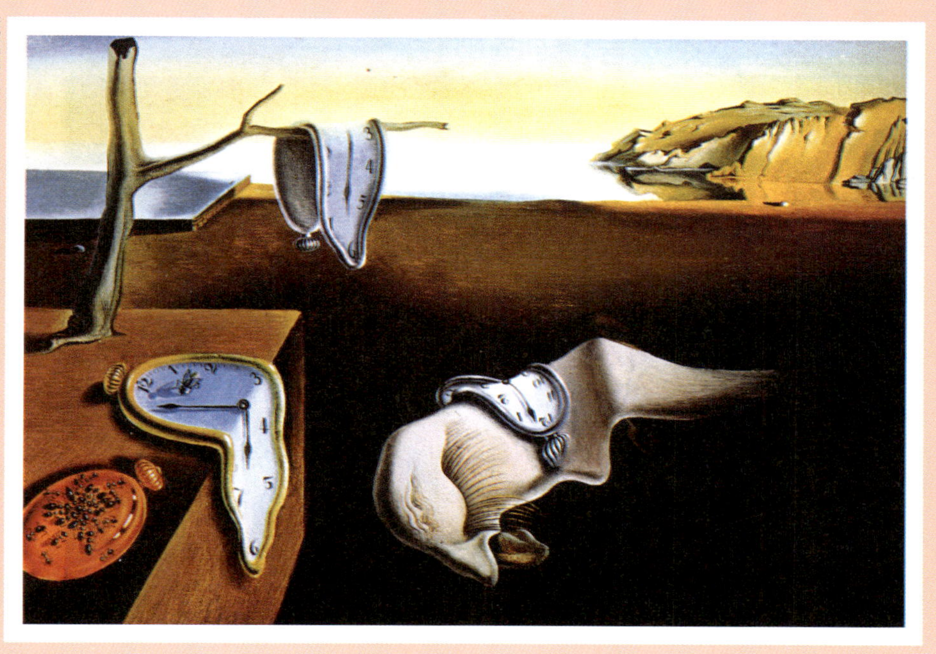

Salvador Dalí. *A persistência da memória*, 1931. Óleo sobre tela, 32,5 × 23,5 cm.

Akg-images/Latinstock

O dramaturgo Bertolt Brecht em retrato de c. 1950.

Na virada para o século XX, Sigmund Freud (1856-1939) publicou *A interpretação dos sonhos* (1899), obra que fundamentaria a criação da Psicanálise, conjunto de teorias e métodos baseados no estudo do inconsciente. Para Freud, o inconsciente seria formado por processos mentais e emocionais que, mesmo não conscientes, influenciariam a vida das pessoas. Ele valorizava o mundo das emoções e a maneira pela qual elas interferem na saúde e no bem-estar, acreditando que, quando há desequilíbrios emocionais e traumas, existe a possibilidade do aparecimento de doenças psicossomáticas, enfermidades provocadas pelas emoções. Na obra, Freud detalha as razões de os sonhos serem o melhor dispositivo para acessar e compreender o inconsciente. Muitos artistas foram influenciados pelas ideias de Freud, entre eles os vinculados ao Surrealismo, corrente artística surgida em Paris na década de 1920 que explorava na arte o mundo dos sonhos e do inconsciente.

- Charles Darwin, Karl Marx e Sigmund Freud são autores importantes para se pensar não só a modernidade, mas também o mundo contemporâneo. Por que isso acontece? Você já tinha ouvido falar das suas ideias? Com base no que leu, que avaliação você faz delas?

____

____

____

____

____

Imagens e pensamento

Nas fotos, a bailarina Tamara Rojo, da Royal Opera House, de Londres, dança a coreografia *Cinco valsas de Brahms à moda de Isadora Duncan* (1975), de Frederick Ashton, em Madri, Espanha, 2007.

- Descreva os movimentos registrados nas imagens (partes do corpo que se destacam, posição dos membros inferiores e superiores, expressões e sensações que despertam). Comente o figurino usado pela bailarina, comparando-o àquele usado pelos dançarinos de balé clássico.

____

____

____

____

____

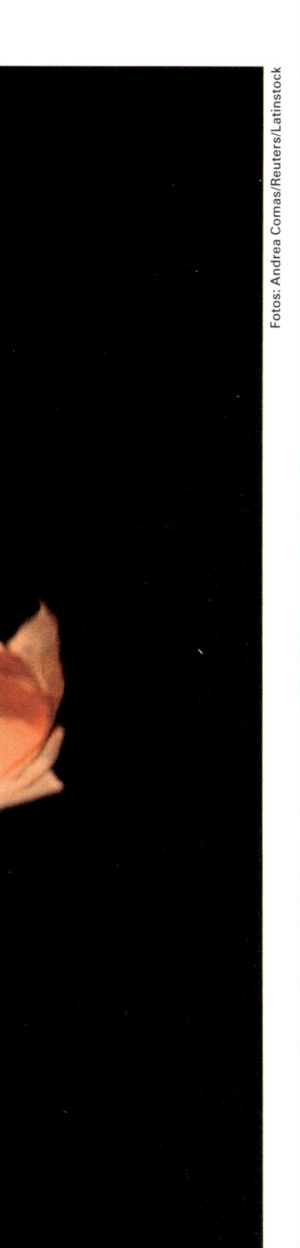

Fotos: Andrea Comas/Reuters/Latinstock

Frederick Ashton

O coreógrafo Frederick Ashton (1904-1988), nascido no Equador e naturalizado britânico, construiu uma carreira brilhante na dança mundial trabalhando em diversas companhias de renome, entre elas o The Royal Ballet, de Londres. Em 1921, viu Isadora Duncan dançar, e desde então ela passou a ser uma grande influência para seu trabalho.

Após estudar minuciosamente os registros fotográficos e os escritos de Isadora Duncan, Ashton criou em 1975, com base na valsa *Op. 39*, de Johannes Brahms (1833-1897), uma coreografia para homenageá-la, a que chamou de *Cinco valsas de Brahms à moda de Isadora Duncan*.

Veja nas imagens momentos da montagem interpretada pela bailarina Tamara Rojo.

- Que relação é possível estabelecer entre o que você observou e as ideias de Isadora Duncan? Você já viu alguma coreografia parecida? Onde? Como ela era?

____

____

____

____

____

- Discuta suas conclusões com a classe.

Notas desarmônicas

O século XIX foi o período das grandes invenções e das experiências estéticas. E a linguagem musical também sofreu profundas transformações. Até o final daquele século, a música utilizava escalas musicais de sete notas, como a famosa escala de dó maior (dó, ré, mi, fá, sol, lá e si). Estas notas estão representadas a seguir no que chamamos de pauta musical ou **pentagrama**. O uso das escalas musicais resulta em melodias e acordes a cujas sonoridades todos estamos familiarizados, que são as da música tonal. Na música tonal existe uma hierarquia entre as notas das escalas, na qual a principal nota é a chamada tônica. Em uma música em "sol maior", por exemplo, a nota sol é a principal ou tônica; em "lá menor", é a nota lá; e assim por diante.

Pentagrama
Também chamado pauta musical, o pentagrama é um conjunto de cinco linhas horizontais, com espaços entre elas, no qual as notas musicais são registradas.

Se observarmos o teclado de um piano, percebemos um padrão de 12 teclas que se repete (sete brancas e cinco pretas). É a partir destas 12 notas que as escalas de sete são extraídas. Acontece que, a partir das experimentações musicais no final do século XIX, os compositores passaram a abandonar o uso restrito das escalas de sete notas hierarquizadas, e passaram a utilizar as 12 notas com mais liberdade, afastando-se da sonoridade da música tonal.

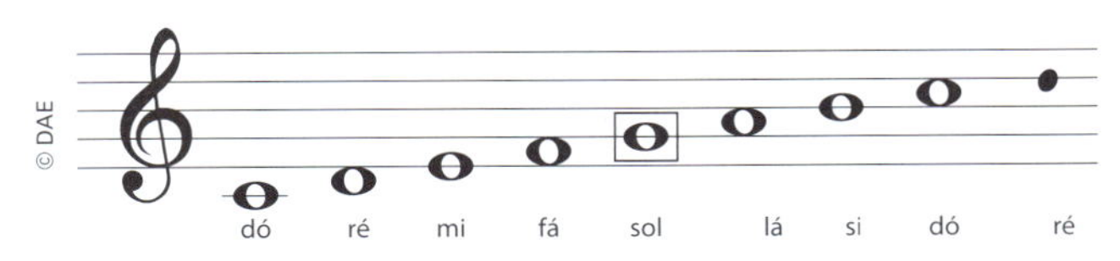

Ilustração mostrando uma escala ascendente no pentagrama.

No prelúdio orquestral que abre o primeiro ato da ópera *Tristão e Isolda* (1859), do compositor alemão Richard Wagner (1813-1883), ouve-se o que chamamos de tonalidade expandida, cuja sonoridade não privilegia apenas uma tônica, mas "modula" constantemente para várias tonalidades. As melodias e os acordes não resultam de uma escala musical principal, mas das 12 notas, a ponto de se perder a "sensação tonal".

Dieter Nagl/AFP

Ensaio de *Tristão e Isolda*, em 2013, como preparação para a montagem que estreou em 13 de junho daquele ano, em Viena, dirigida por David McVicar.

A perda total da sensação tonal resulta na chamada música atonal. O compositor austríaco Arnold Schoenberg (1874-1951), a partir da composição *Quarteto de cordas nº 2* (1907-1908), explorou com afinco essa nova possibilidade, a ponto de, na década de 1920, sistematizar o atonalismo por meio de uma técnica chamada dodecafonismo. No lugar das escalas de sete notas, a música dodecafônica utiliza séries escolhidas de 12 notas, que passam a ter a mesma importância, nenhuma sendo mais relevante do que a outra. Um exemplo de série poderia ser "si-dó#-fá-ré#-sol-mi-lá#-dó-fá#-ré-sol#-lá". As **melodias** e os acordes, na música dodecafônica, resultam do uso de séries como essa.

IP Archive/Glow Images

O compositor austríaco Arnold Schoenberg, em 1926.

Essa nova forma de organizar os sons causaria estranhamento no público acostumado à **harmonia** e à **cadência** das composições tonais. Inclusive, isso perdura até hoje, pois a grande maioria das músicas contemporâneas se baseia no sistema tonal. Entretanto, alguns músicos iriam explorar a atonalidade na música popular, como o jazzista estadunidense Miles Davis (1926-1991), o guitarrista estadunisense Frank Zappa (1940-1993) e o músico brasileiro Arrigo Barnabé (1951-).

Clara Crocodilo

Acompanhado pela banda Sabor de Veneno, o músico paranaense Arrigo Barnabé lançou em 1980 o disco *Clara Crocodilo*. Apreciador da música erudita, Barnabé incorporaria pela primeira vez à música popular brasileira as inovações do dodecafonismo proposto por Arnold Schoenberg.

Produção independente

Capa do disco *Clara Crocodilo* (1980), de Arrigo Barnabé.

Clara Crocodilo se tornaria um marco da música contemporânea brasileira ao desafiar gêneros musicais. Alguns críticos se referiram à obra como uma "ópera-rock", em decorrência do diálogo que estabelece entre o erudito e a cultura popular. As composições do disco, tal como acontece nas óperas, narram uma história. Elas fazem referência a um *office boy* apaixonado que, por causa da poluição e da vida degradante da metrópole, acaba se transformando num crocodilo gigante. A inventividade e o inusitado do enredo lembram a estrutura das histórias em quadrinhos e dos desenhos animados, algo que foi explorado nas apresentações ao vivo do disco.

Primeiro disco de Arrigo Barnabé, *Clara Crocodilo* foi lançado na Faculdade de Arquitetura e Urbanismo da USP e se tornou o marco do movimento conhecido como Vanguarda Paulista, que incluiria músicos e intérpretes como Itamar Assumpção (1949-2003), Tetê Espíndola (1954-) e os integrantes do grupo Premeditando o Breque (1976), entre outros.

Carlos Moura/CB/D.A Press

Arrigo Barnabé, em apresentação no Clube do Choro, em São Paulo (SP), em 2013.

Harmonia
Forma organizada de usar as notas musicais, evidenciada pelo encadeamento de acordes, mas também atuando sobre as notas musicais da melodia.

Cadência
Fórmula melódica ou harmônica no fim de um período, de uma frase ou de uma composição, que produz a sensação de repouso momentâneo e final.

Melodia
Sucessão de sons de diferentes alturas (as notas musicais) e durações, que se destaca dos demais sons da música.

Anti-herói:

O anti-herói é a antítese do herói, figura consagrada pela cultura clássica grega que se refere a um ser dotado de atributos excepcionais, como beleza, força física e moral. O anti-herói aproxima-se da paródia e será caracterizado principalmente pela moralidade duvidosa.

Primeiro as vaias, depois os aplausos

Em 1896, uma peça movimentaria a cena teatral francesa e se tornaria um dos marcos do teatro moderno: *Ubu rei*, escrita por Alfred Jarry (1873-1907). Produzida pelo Théâtre de l'Oeuvre (Teatro da Obra) e dirigida por Lugné-Poe (1869-1940), a peça causou tanto alvoroço que logo na primeira cena foi vaiada por 15 minutos, o que fez com que só fosse apresentada por mais uma noite.

O teatro na França do século XIX ainda colhia os louros do sucesso e do reconhecimento alcançado com o Classicismo francês do século XVII, período em que surgiram os dois maiores nomes da dramaturgia do país: Molière (1622-1673) e Racine (1639-1699), autores que influenciariam tudo o que seria produzido a partir de então. Suas peças eram caracterizadas por enredos engenhosos, personagens bem construídos, diálogos espirituosos e cheios de referências à cultura clássica, como é o caso, por exemplo, de *O burguês fidalgo*, de Molière. Foi o rei Luís XIV, em 1680, que criou a Comédie Française, companhia teatral até hoje atuante.

Mesmo passados dois séculos da sua fundação, o padrão estabelecido pela Comédie Française ainda dominava o gosto do público e dificultava o surgimento de novas experiências. Boa parte da plateia do recém-criado Théâtre de l'Oeuvre tinha ido ver a peça *Ubu rei*, principalmente pela presença do ator da Comédie Française Fermin Gémier no papel-título, acreditando que assistiria a algo parecido com o que estava acostumada a ver. Porém, não foi o que aconteceu.

Muitos acreditavam que o título da peça fazia referência à tragédia *Édipo rei*, de Sófocles, e por isso se aproximaria da tradição inaugurada por Racine, o grande dramaturgo trágico do teatro francês. Ao levantar as cortinas, outros elementos do teatro grego pareciam confirmar a suspeita do público, como o cenário que sugeria um templo e a presença de um coro com máscaras. Mas, diferentemente do padrão sofisticado e elegante dos cenários e figurinos da Comédie Française, o diretor Lugné-Poe criou elementos estilizados e estranhos, que não se relacionavam entre si e lembravam o universo do teatro de marionetes. Quando "Merdra!", a primeira palavra do texto, foi dita pelo personagem principal, o público percebeu que estava diante de algo novo, e começaram as vaias, interrompendo a peça. O público se dividiu: enquanto uma parte desaprovava o que via, outra, entusiasmada pela novidade, gritava palavras de incentivo. O conflito entre a tradição e a modernidade irrompeu na ribalta.

Cena da montagem de *O burguês fidalgo*, de Molière, em 2015, em Chambord, na França.

Guillaume Souvant/AFP

Ubu rei é uma peça em cinco atos que narra a história de Pai Ubu, oficial de confiança do rei Venceslau, da Polônia, que resolve arquitetar um plano para usurpar o trono. Estimulado pela esposa, a Mãe Ubu, e apoiado pelo capitão Bordadura e seu exército, Pai Ubu mata o rei da Polônia e se torna o novo líder. Para realizar seus planos, ele faz diversas promessas, mas depois não as cumpre, exercendo o poder de forma autoritária e em seu próprio benefício.

Graças à característica de farsa e paródia que predomina no texto, o personagem Pai Ubu pode ser visto como o primeiro **anti-herói** da história do teatro.

Lipnitzki/Roger-Viollet/AFP

Jones/Evening Standard/Getty Images

Duas montagens de *Ubu rei*, de Alfred Jarry: na primeira imagem, cena da versão dirigida por Jean Vilar, em 1958; na segunda, o comediante britânico Max Wall, no papel-título, em 1966.

Conheça um pouco do texto.

Primeiro Ato

Cena II

A cena representa um aposento na casa de Ubu, onde uma esplêndida mesa está servida.

Pai Ubu, Mãe Ubu

MÃE UBU – Acho que os nossos convidados se atrasaram.

PAI UBU – Pela minha tocha verde, também acho. Estou morrendo de fome. Mãe Ubu, estás muito feia hoje. Será que é porque nós temos visitas?

MÃE UBU – (Levantando os ombros) Merdra!

PAI UBU – (Apanhando um frango assado) Puxa! Estou com uma fome. Vou provar esta ave. É um frango, não é? Não está nada mal.

MÃE UBU – Que estás fazendo, infeliz? E o que vão comer nossos convidados?

PAI UBU – Ainda sobrará bastante para eles. Não tocarei em mais nada. Ó mulher, vai espiar na janela se os convidados já estão chegando.

MÃE UBU – (Indo até a janela) Não vejo nada. (Enquanto isto, Pai Ubu avança numa fatia de vitela). Ah! Lá vem o capitão Bordadura com seus companheiros. Que estás comendo, Pai Ubu?

PAI UBU – Nada! Um pedacinho de vitela.

MÃE UBU – Ah! A vitela! A vitela! A vitela! Ele comeu a vitela! Me acudam!

PAI UBU – Pela minha tocha verde, que te arranco estes olhos (A porta se abre).

Cena III

Pai Ubu, Mãe Ubu, capitão Bordadura e seus acompanhantes.

MÃE UBU – Bom dia, senhores, já os esperávamos com impaciência. Vão entrando.

CAP. BORDADURA – Bom dia, madame. Mas onde está o Pai Ubu?

Para conferir

JARRY, Alfred. *Ubu rei*. Trad. Theodemiro Tostes. Porto Alegre: L&PM, 1987.

PAI UBU – Aqui estou, aqui estou. Que casa louca! Ah! Pela minha tocha verde, acho que estou ficando gordo.

CAP. BORDADURA – Bom dia, Pai Ubu, vão sentando, companheiros (Todos se sentam).

PAI UBU – É, por um pouco mais, eu rebentava essa cadeira.

CAP. BORDADURA – Então, Mãe Ubu! Que nos dará hoje de boia?

PAI UBU – Oh! Isto me interessa.

MÃE UBU – Sopa polonesa, costeletas de rastrão, vitela, frango, pasta de cão, sobrecoxa de peru e cartola russa...

PAI UBU – Pra mim já chega. E ainda tem mais?

MÃE UBU – (Continuando) Bomba, salada, frutas, sobremesa, cozido, tupinambom e couve-flor à la merdra.

PAI UBU – Pensas que eu sou imperador do Oriente pra fazer tantas despesas?

MÃE UBU – Não lhe deem confiança. É um imbecil.

PAI UBU – Ah! Que experimento meus dentes nessas pernocas.

MÃE UBU – É melhor jantar, Pai Ubu, aqui está a polonesa.

PAI UBU – Puxa! Que porcaria!

CAP. BORDADURA – De fato, não está grande coisa.

MÃE UBU – Ora bolas! Que querem mais?

PAI UBU – (Batendo na testa) Oh! Tenho uma ideia. Vou sair um momento (Sai).

MÃE UBU – Senhores, vamos provar a vitela.

CAP. BORDADURA – Está ótima. Já terminei.

MÃE UBU – Então vamos à sobrecoxa.

CAP. BORDADURA – Delicioso, delicioso! Viva a Mãe Ubu!

TODOS – Viva a Mãe Ubu!

PAI UBU – (Voltando) E agora vocês vão gritar também viva o Pai Ubu (Traz na mão uma mistura repugnante e atira sobre a mesa).

MÃE UBU – Miserável, que estás fazendo?

PAI UBU – Provem um pouquinho (Muitos provam e caem envenenados).

PAI UBU – Mãe Ubu, passa as costeletas pra que eu as sirva.

MÃE UBU – Toma lá.

PAI UBU – E agora rua todo mundo! Capitão, preciso falar-lhe.

OS OUTROS – Mas não jantamos ainda.

PAI UBU – Como, não jantaram! Rua, todo mundo, fique você (Ninguém se move). Como é, vocês não caíram fora? Pela minha tocha verde, quero matar todos vocês a golpes de costeletas (Começa a atirá-las).

TODOS – Ai! Ai! Ai! Socorro! Vamos defender-nos! Que desgraça! Estamos mortos!

PAI UBU – Merdra, merdra, merdra! Rua! Não há dúvida que eu sou o tal.

TODOS – Salve-se quem puder! Miserável Pai Ubu! Traidor e tratante!

PAI UBU – Ah! Já caíram fora. Agora posso respirar, mas quase não jantei. Venha, capitão (Saem com Madame Ubu).

JARRY, Alfred. *Ubu rei*. Trad. Theodemiro Tostes. Porto Alegre: L&PM, 1987.

Luiz Novaes/Folhapress

Ubu, Folias Physicas, Pataphysicas e Musicaes, espetáculo baseado em *Ubu rei*, de Alfred Jarry. Na foto, encenação de 1996, no Teatro Fecap, em São Paulo (SP).

DIÁLOGOS

Macunaíma, o anti-herói da cultura brasileira

"No fundo do mato-virgem nasceu Macunaíma, herói de nossa gente. Era preto retinto e filho do medo da noite. Houve um momento em que o silêncio foi tão grande escutando o murmurejo do Uraricoera, que a índia tapanhumas pariu uma criança feia. Essa criança é que chamaram de Macunaíma". (Primeiro parágrafo da obra *Macunaíma, o herói sem nenhum caráter*, de 1928, de Mário de Andrade.)

Publicada em 1928, *Macunaíma* é uma das obras literárias mais importantes da cultura brasileira. Foi escrita por Mário de Andrade (1893-1945), inspirada em mitos indígenas, temas folclóricos e elementos linguísticos diversos que valorizam a cultura oral do Brasil. O livro conta a história de Macunaíma, indígena nascido numa tribo amazônica que passa por muitas transformações, tanto físicas quanto psicológicas, quando precisa sair de sua região e ir para São Paulo em busca de um amuleto perdido.

Macunaíma, como o próprio Mário de Andrade afirmou no subtítulo da obra, é um "herói sem nenhum caráter", portanto um anti-herói por excelência. Na narrativa, é possível perceber a ambiguidade do personagem, que em alguns momentos dá mostras de bondade e generosidade e em outros se revela pérfido e malicioso.

Acervo Cinemateca Brasileira/Sav/MinC

Cena do filme *Macunaíma* (1969), de Joaquim Pedro de Andrade.

O livro é resultado das mudanças propostas pela Semana de Arte Moderna de 1922, evento que inauguraria o Modernismo no Brasil. Os artistas modernistas propunham a valorização da cultura nacional e a crítica ao academicismo da arte brasileira do período. *Macunaíma* discute a miscigenação do povo brasileiro, valorizando a contribuição dos diversos grupos culturais, principalmente indígenas, na formação da identidade nacional.

Pela sua importância para a cultura brasileira, *Macunaíma* foi adaptado para o cinema por Joaquim Pedro de Andrade (1932-1988), em filme de 1969, no qual Grande Otelo e Paulo José interpretaram o papel-título, e em 1978 para o teatro, na marcante montagem do diretor Antunes Filho.

- Além de *Macunaíma*, quais outras obras da literatura brasileira você conhece que destacam a presença de indígenas ou negros? Elas são muito diferentes da obra escrita por Mário de Andrade? Por quê? Além de livros, que outras obras da cultura nacional – como peças, músicas, danças, quadros ou filmes – tratam do assunto? Anote abaixo as que você conhece, depois compartilhe com a sala.

____

____

____

____

Para conferir

ANDRADE, Mário. *Macunaíma, o herói sem nenhum caráter*. Rio de Janeiro: Nova Fronteira, 2013.

Percursos de criação

Leitura dramática

A leitura dramática é o momento em que os intérpretes leem em voz alta o texto e, com o diretor e a equipe de criação, realizam o estudo e o aprofundamento da peça que irão encenar, discutindo questões e propondo soluções estéticas. Geralmente, as primeiras leituras acontecem em volta de uma mesa, e a equipe aproveita a página do texto para fazer anotações, registrar ideias ou realizar pequenos cortes ou alterações nas falas. Entretanto, nas montagens profissionais, isso só ocorre com a autorização do dramaturgo ou do detentor dos direitos autorais.

A leitura dramática é um momento importante para compreender os personagens, as intenções de cada fala e a estrutura do texto teatral. Após a familiarização com o texto, os atores iniciam uma leitura dramática que leva em consideração as ações físicas dos personagens e as orientações espaciais propostas no texto.

Aproveite o trecho destacado da peça *Ubu rei*, de Alfred Jarry, e organize uma leitura dramática em grupo. Após aprofundarem o contato com o texto, discutam como definiriam os personagens e montariam a cena. Depois, ensaiem a leitura dramática a fim de apresentá-la para a turma. Será interessante perceber como cada um pensou a mesma cena.

Reinaldo Martins Portella

Investigação

Tradição, ruptura, continuidade: palavras-chave para compreendermos a modernidade. A seguir, estão listados obras, artistas e temas que podem nos ajudar a ampliar a compreensão sobre a questão da modernidade. Sobre qual deles você gostaria de saber mais?

- A poesia de Charles Baudelaire (1821-1867).
- A obra de Constantin Guys (1802-1892).
- A crítica ao Salão de Paris (1667).
- Os artistas impressionistas: Claude Monet (1840-1926), Pierre-Auguste Renoir (1841-1919), Paul Cézanne (1839-1906), Camille Pissarro (1830-1903), Edgar Degas (1834-1917), Alfred Sisley (1839-1889) e Berthe Morisot (1841-1895).
- Joseph-Nicéphore Niépce (1765-1833), Louis-Jacques-Mandé Daguerre (1789-1851) e o surgimento da técnica fotográfica.
- O disco das cores, de Isaac Newton (1642-1727).
- Isadora Duncan (1877-1927) e a ruptura com a dança clássica.
- A obra *A origem das espécies* (1859), de Charles Darwin (1809-1882)
- A obra *O capital* (1867-1894), de Karl Marx (1818-1883).
- A obra *A interpretação dos sonhos* (1899), de Sigmund Freud (1856-1939).
- Música tonal *versus* música atonal.
- Richard Wagner (1813-1883) e a ópera *Tristão e Isolda* (1859).
- Arnold Schoenberg (1874-1951) e o dodecafonismo.
- A obra de Miles Davis (1926-1991), Frank Zappa (1940-1993) e Arrigo Barnabé (1951-).
- *Ubu rei*, de Alfred Jarry (1873-1907).
- O Classicismo francês na obra de Molière (1622-1673) e Racine (1639-1699).
- *Macunaíma* (1928) e as pesquisas sobre cultura popular empreendidas por Mário de Andrade (1893-1945).
- O Teatro de Bertolt Brecht.
- O Movimento surrealista.

Existe alguma outra obra ou artista relacionados a este tema que não aparecem nessa listagem? Responda abaixo.

____

____

Escolha um dos temas para fazer uma investigação e aponte como ele se relaciona com a tradição, a ruptura ou a continuidade das ideias defendidas na modernidade.

____

____

____

Organize os registros e apresente para a sala o resultado da sua pesquisa.

Trajetórias

Após percorrer o trajeto educativo proposto no tema, como você definiria a modernidade? Registre suas anotações abaixo. Depois pense na melhor forma de expressar suas ideias: palavras, desenhos, fotografias, colagens ou outros recursos expressivos. Em seguida, apresente para a sala a sua definição de modernidade.

Sempre atento!

1. Enem 2012

Succession Pablo Picasso / AUTVIS, Brasil, 2015. Museum of Modern Art, Nova York

Picasso, P. *Les Demoiselles d'Avignon*. Nova York, 1907.

O quadro *Les Demoiselles d'Avignon* (1907), de Pablo Picasso, representa o rompimento com a estética clássica e a revolução da arte no início do século XX. Essa nova tendência se caracteriza pela

a. pintura de modelos em planos irregulares.
b. mulher como temática central da obra.
c. cena representada por vários modelos.
d. oposição entre tons claros e escuros.
e. nudez explorada como objeto de arte.

2. Enem 2009

Se os tubarões fossem homens, eles seriam mais gentis com os peixes pequenos?

Certamente, se os tubarões fossem homens, fariam construir resistentes gaiolas no mar para os peixes pequenos, com todo o tipo de alimento, tanto animal como vegetal. Cuidariam para que as gaiolas tivessem sempre água fresca e adotariam todas as providências sanitárias.

Naturalmente haveria também escolas nas gaiolas. Nas aulas, os peixinhos aprenderiam como nadar para a goela dos tubarões. Eles aprenderiam, por exemplo, a usar a geografia para localizar os grandes tubarões deitados preguiçosamente por aí. A aula principal seria, naturalmente, a formação moral dos peixinhos. A eles seria ensinado que o ato mais grandioso e mais sublime é o sacrifício alegre de um peixinho e que todos deveriam acreditar nos tubarões, sobretudo quando estes dissessem que cuidavam de sua felicidade futura. Os peixinhos saberiam que este futuro só estaria garantido se aprendessem a obediência.

Cada peixinho que na guerra matasse alguns peixinhos inimigos seria condecorado com uma pequena Ordem das Algas e receberia o título de herói.

BRECHT, B. *Histórias do Sr. Keuner*. São Paulo: Ed. 34, 2006 (adaptado).

Como produção humana, a literatura veicula valores que nem sempre estão representados diretamente no texto, mas são transfigurados pela linguagem literária e podem até entrar em contradição com as convenções sociais e revelar o quanto a sociedade perverteu os valores humanos que ela própria criou. É o que ocorre na narrativa do dramaturgo alemão Bertolt Brecht mostrada. Por meio da hipótese apresentada, o autor

a. demonstra o quanto a literatura pode ser alienadora ao retratar, de modo positivo, as relações de opressão existentes na sociedade.
b. revela a ação predatória do homem no mar, questionando a utilização dos recursos naturais pelo homem ocidental.
c. defende que a força colonizadora e civilizatória do homem ocidental valorizou a organização das sociedades africanas e asiáticas, elevando-as ao modo de organização cultural e social da sociedade moderna.
d. questiona o modo de organização das sociedades ocidentais capitalistas, que se desenvolveram fundamentadas nas relações de opressão em que os mais fortes exploram os mais fracos.
e. evidencia a dinâmica social do trabalho coletivo em que os mais fortes colaboram com os mais fracos, de modo a guiá-los na realização de tarefas.

Para aprofundar os temas

Filmes

Renoir
França, 2012. Direção: Gilles Bourdos. Duração: 111 min.

O filme narra a fase da vida do pintor impressionista Pierre-Auguste Renoir após a morte de sua esposa. Já envelhecido, em sua casa na Costa Azul, ele procura manter a produção artística, ainda que para isso tenha de enfrentar obstáculos familiares e de saúde. O filme dialoga com as imagens e as cores da pintura do grande mestre francês.

Um método perigoso
Reino Unido, Alemanha, Canadá, Suíça, 2012. Direção: David Cronenberg. Duração: 109 min.

Mostra o surgimento da Psicanálise e as resistências que Sigmund Freud teve de enfrentar na comunidade médica para que suas ideias fossem levadas a sério. Enfoca principalmente a relação que o médico vienense estabeleceu com Carl Gustav Jung, desde as afinidades intelectuais ao rompimento definitivo em razão de divergências sobre o método psicanalítico.

Criação
Reino Unido, 2009. Direção: Jon Amiel. Duração: 108 min.

Narra a vida de Charles Darwin e os conflitos que o naturalista inglês enfrentou para conseguir publicar *A origem das espécies*, obra que revolucionaria a compreensão sobre a vida e a evolução humanas. Baseado em fatos biográficos e ficcionais, é centrado na relação de Darwin com sua família, sobretudo com Anne, a filha mais velha, que, aos 10 anos, sucumbe a uma doença misteriosa. Sua morte debilita Darwin e quase o impede de continuar a escrita da obra.

Os amores de Picasso
Direção: James Ivory. Ficção. EUA: Warner Bros, 1996. 125 min.

Adaptação livre sobre a vida e obra do pintor Pablo Picasso, ícone da arte moderna. O filme concentra-se na maturidade do artista e registra o relacionamento entre o pintor e a jovem Françoise Gilot, iniciado em 1943, com quem ele viria a ter dois filhos. A obra explora o lado pessoal e artístico do grande mestre espanhol.

Livros

ANDRIOLO, Arley. *Modernidade e modernismo*: transformações culturais e artísticas no Brasil do início do século XX. São Paulo: Saraiva, 2001.

A obra apresenta o cenário da modernidade europeia no século XIX para, em seguida, relacioná-la ao contexto histórico do mesmo período no Brasil. Depois, investiga como as ideias modernas chegaram ao país no início do século XX e a maneira pela qual influenciaram a produção nacional, promovendo uma ruptura com a arte acadêmica.

GRIFFITHS, Paul. *A música moderna*: uma história concisa e ilustrada de Debussy a Boulez. São Paulo: Jorge Zahar, 1998.

O autor faz um percurso pela história da música a partir do século XIX para mostrar como alguns compositores eruditos dialogam com a tradição em

suas obras ao mesmo tempo que propõem rupturas com o passado com base na experimentação de novas possibilidades rítmicas e melódicas. Debussy, Mahler e Schoenberg são alguns dos compositores abordados na obra.

DUNCAN, Isadora. *Minha vida*. Rio de Janeiro: José Olympio, 2012.

Escrito por Isadora Duncan (1877-1927) em 1927, ano de sua morte, provocada por enforcamento quando sua echarpe acidentalmente ficou presa na roda de seu conversível, a obra narra a vida e os pensamentos artísticos e filosóficos da bailarina que revolucionou a dança ocidental. Seu rompimento com o balé clássico, sua admiração pela obra do filósofo alemão Friedrich Nietzsche e a cultura da Grécia Antiga são esmiuçados e ajudam a compreender as diversas influências exercidas na sua dança.

Sites

Theatro Municipal do Rio de Janeiro
<www.theatromunicipal.rj.gov.br/ballet.html>

Fundado em 1927, o Corpo de Baile do Theatro Municipal do Rio de Janeiro até hoje é a mais importante companhia de dança brasileira a preservar a tradição do balé clássico. Figuras emblemáticas do balé do Brasil, como Ana Botafogo e Cecilia Kerche, atuaram durante muito tempo como primeiras bailarinas da companhia. No *site* da instituição, é possível conhecer um pouco mais dos espetáculos produzidos pelo Theatro Municipal do Rio de Janeiro, assim como fazer uma visita virtual para ver as instalações.

Mário de Andrade: Missão de Pesquisas Folclóricas
<ww2.sescsp.org.br/sesc/hotsites/missao/index.html>

Em parceria da Secretaria Municipal de Cultura de São Paulo com o Sesc-SP foi criado um *site* que disponibiliza material referente às pesquisas folclóricas desenvolvidas por Mário de Andrade entre 1920 e 1930. A iniciativa é resultado do lançamento da caixa de discos produzida pelo Sesc-SP, que reúne rico material sobre a Missão de Pesquisas Folclóricas conduzida pelo intelectual paulista.

Dodecafonismo e serialismo
<https://youtu.be/P8Ef25EwJLM>

No Portal Univesp, que reúne cursos *on-line* e gratuitos ministrados pelos professores da Unesp, a professora do Departamento de Música da instituição, Dorotéa Kerr, apresenta a ruptura que o dodecafonismo fará com a tradição musical tonal ao agrupar os sons com base em uma nova lógica compositiva.

Museu Nacional Centro de Arte Reina Sofia
<www.museoreinasofia.es/en>

Um dos mais importantes museus da Europa, localizado em Madri, na Espanha, disponibiliza obras modernas e contemporâneas em exposições permanentes e temporárias. Entre os destaques de seu acervo está a tela *Guernica*, de Pablo Picasso.

Acessos em: 5 mar. 2016.

TEMA

3

HISTÓRIAS QUE A ARTE CONTA

Neste tema, você irá:

- Reconhecer o valor da diversidade artística e das inter-relações de elementos que se apresentam nas manifestações de vários grupos sociais e étnicos.
- Refletir sobre a questão de gênero na produção artística e intelectual.
- Analisar as diversas produções artísticas como meio de explicar diferentes culturas, padrões de beleza e preconceitos artísticos.
- Compreender a arte como saber cultural e estético gerador de significação e integrador da organização do mundo e da própria identidade.
- Interpretar dados e informações a respeito da realidade brasileira.
- Confrontar opiniões e pontos de vista sobre as diferentes linguagens e obras artísticas.
- Explorar a criação com base na técnica híbrida.
- Refletir sobre o texto teatral e a dramaturgia.
- Conhecer obras artísticas e culturais criadas com base nas experiências afrodescendentes e indígenas.

Alécio de Andrade. Foto da série *O Louvre e seus visitantes*. Paris, França, 1992.

> **Ampliamos o que é limitado por uma moldura para um antes e um depois e, por meio da arte de narrar histórias (sejam de amor ou de ódio), conferimos à imagem imutável uma vida infinita e inesgotável.**
>
> **Alberto Manguel.**
> *Lendo imagens*: uma história de amor e de ódio. São Paulo: Cia. das Letras, 2001.

Na foto, crianças diante de *A grande odalisca* (1814), de Jean-Auguste Dominique Ingres (1780-1867). Alécio de Andrade. Foto da série *O Louvre e seus visitantes*. Paris, França, 1992.

Uma narrativa é compreendida como uma sequência de fatos que ocorrem em determinado tempo e espaço. Os romances, os filmes, as peças de teatro, as histórias em quadrinhos, os jogos de internet são algumas das formas possíveis de se contar uma história.

Com base em quadros, esculturas e outras criações visuais também é possível contar histórias. Em Arte, chamamos narrativa a forma de selecionar e descrever a percepção das pessoas sobre a arte criada ao longo do tempo. Ao apreciarmos uma obra artística, estamos lidando com dois tempos históricos: o da produção e o da recepção. Ou seja, o momento histórico de quem criou a obra e o de quem entrou em contato com ela.

Quem escolhe o que será lembrado na história da arte? Por que entre os artistas mais notáveis do passado há tão poucas mulheres? Por que sabemos tão pouco sobre elas?

Se você observar com atenção um livro que se propõe a apresentar a história das artes, perceberá que algumas obras, artistas, territórios, períodos, culturas são escolhidos em detrimento de outros. Entretanto, hoje há um questionamento sobre esse procedimento e uma busca por ampliar as histórias, as experiências e as ideias reveladas com base nas criações artísticas.

A mulher na história da arte brasileira

A imagem ao lado é um quadro da artista Berthe Worms (1868-1937). Nascida na França, onde estudou na famosa Académie Julian, a artista mudou-se para o Brasil em 1892, logo após se casar com o brasileiro Fernando Worms. Aqui, enfrentou obstáculos para prosseguir a carreira artística, pois esperava-se que as mulheres se restringissem ao espaço do lar, o que limitava sua atuação profissional e política. Além disso, os críticos de arte resistiam em reconhecer o talento e a profissionalização de mulheres artistas, considerando-as eternas amadoras.

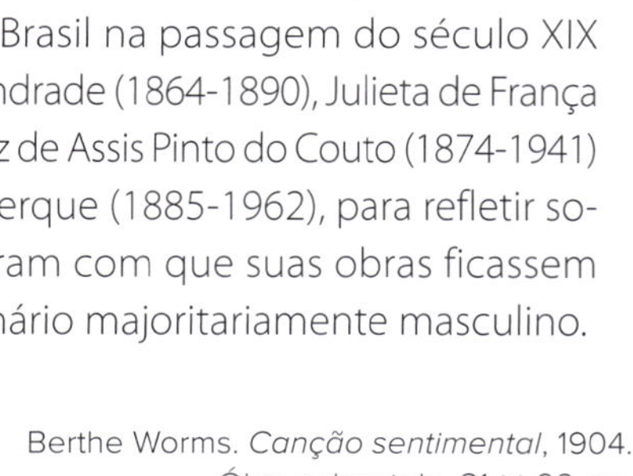

A pesquisadora Ana Paula Cavalcanti Simioni resgata a trajetória de Berthe Worms e de mais quatro artistas plásticas atuantes no Brasil na passagem do século XIX para o XX: Abigail de Andrade (1864-1890), Julieta de França (1872-1951), Nicolina Vaz de Assis Pinto do Couto (1874-1941) e Georgina de Albuquerque (1885-1962), para refletir sobre as razões que fizeram com que suas obras ficassem silenciadas em um cenário majoritariamente masculino.

Pinacoteca do Estado de São Paulo, São Paulo

Berthe Worms. *Canção sentimental*, 1904. Óleo sobre tela, 81 × 66 cm.

Coleção Particular, Rio de Janeiro

Abigail de Andrade. *Um canto do meu ateliê*, 1884. Óleo sobre tela.

Acervo do Museu Paulista da Universidade de São Paulo, São Paulo. Fotografia: Hélio Nobre

A escultora Julieta de França, em seu ateliê. Fotografia sem local e sem data.

Pintora e desenhista, Abigail de Andrade nasceu em Vassouras, no Rio de Janeiro. Estudou no Liceu de Artes e Ofícios na cidade do Rio de Janeiro, a primeira instituição de formação artística a permitir, a partir de 1881, o ingresso de mulheres. Entretanto, o Liceu oferecia apenas cursos secundários e técnicos, pois a única instituição de ensino superior em Artes no Brasil era a Academia Imperial de Belas Artes, que, com a proclamação da República, passou a se chamar Escola Nacional de Belas Artes (atual Escola de Belas Artes, da UFRJ), e ainda não aceitava mulheres entre seus alunos. Os poucos registros sobre a carreira e a obra de Abigail de Andrade tornam difícil reconstruir com exatidão a trajetória da artista, algo recorrente quando se trata de mulheres que viveram antes do século XX.

Julieta de França, nascida em Belém, no Pará, foi uma das primeiras mulheres a estudar na Escola Nacional de Belas Artes (Enba), que começou a aceitar o ingresso de alunas em 1890. Em 1900, ganhou, pela Enba, uma bolsa de estudos no exterior para aperfeiçoamento artístico, pela qualidade de sua obra. Graças a essa bolsa, a artista estudou cinco anos na Académie Julian, em Paris, onde ficou amiga de grandes nomes da arte europeia, como o escultor francês Auguste Rodin (1840-1917). Foi a primeira mulher a receber tal honraria, o que não impediu que fosse praticamente esquecida pela historiografia da arte brasileira.

Para conferir

SIMIONI, Ana Paula. *Profissão artista*: pintoras e escultoras acadêmicas brasileiras. São Paulo: Edusp, 2008.

Muitos artigos e jornais escritos no período afirmavam que, ao adentrar ambientes historicamente consagrados aos homens, como o das Artes, do Direito ou da Medicina, as mulheres se masculinizavam e se afastavam do ideal feminino do período: o de esposa e mãe. Elas estariam, assim, invadindo o espaço dos homens, levando decadência às profissões nas quais ingressavam e, por fim, destruindo a harmonia alcançada socialmente. Os termos "feminina", "graciosa", "leve", "delicada", "familiar", utilizados nos artigos para descrever as qualidades das pintoras, reforçavam os estereótipos e a demarcação dos limites impostos às mulheres.

Mais de um século depois, você acredita que o cenário da arte brasileira mudou e que as mulheres conseguiram espaço para se afirmar como artistas? Quais você conhece?

DIÁLOGOS

A primeira escola de formação artística do Brasil

A Academia Imperial de Belas Artes, primeira escola de formação de artistas do país, fundada em 1826, só admitiu mulheres nos seus cursos profissionalizantes a partir de 1890, época em que passou a ser chamada de Escola Nacional de Belas Artes. Antes disso, há registros de mulheres apenas nos cursos de livre frequência, mais simples do que os profissionais e que não exigiam demonstrações de habilidade nem atestados de conhecimentos gerais. O acesso à educação foi um dos elementos que mais dificultaram a profissionalização artística das mulheres. A distinção entre os papéis sociais reservados aos homens e às mulheres resultava em orientações educacionais diferentes para cada grupo.

Para ingressar na Escola Nacional de Belas Artes, os candidatos precisavam passar por uma prova de conhecimentos científicos e específicos sobre a linguagem das artes visuais, o que era um problema para as mulheres, porque nas escolas secundárias do século XIX havia um currículo diferenciado de acordo com o gênero. Enquanto aos homens cabia aprender sobre as diversas áreas da ciência e das humanidades, às mulheres era oferecida uma educação voltada para o ambiente do lar e para o matrimônio. E, mesmo quando elas conseguiam ser aprovadas pelo rigoroso exame da escola, a alcunha de amadoras era permanente e definitiva, diferentemente do que ocorria com os homens.

Roberto Filho/Fotoarena

Portal da Academia Imperial de Belas Artes, que fica no interior do Jardim Botânico, na zona sul da cidade do Rio de Janeiro (RJ). O portal foi deslocado do prédio original da academia, demolido em 1938. Foto de 2015.

A partir de 1971, a instituição passou a se chamar Escola de Belas Artes da Universidade Federal do Rio de Janeiro, nome que mantém ainda hoje. O ingresso se dá com o vestibular ou o Sisu/Enem. Além de cursos nas diversas modalidades das artes visuais, é possível cursar Artes Cênicas, Composição de Interior ou Paisagística, Comunicação Visual e *Design*, Desenho Industrial, Conservação e Restauração e História da Arte.

Como vimos, o acesso à educação é fundamental para o exercício da cidadania. Você acredita que hoje a educação é um serviço democratizado? Ou seja, todos têm a possibilidade de frequentar a escola e cursos superiores? O que você pretende estudar ao terminar o Ensino Médio e o que seria necessário para alcançar esse objetivo?

- Registre suas reflexões, depois converse com os colegas sobre o assunto.

Percursos de criação

Curadoria artística

O curador é o profissional que concebe e planeja exposições de arte. Com base nas obras que seleciona, ele busca incentivar a reflexão sobre temas ou artistas. Se você fosse convidado para montar uma exposição de arte na escola, como ela seria? Pense nas questões:

- Que tema você escolheria? Por quê?
- Que critérios utilizaria para selecionar as obras?
- A exposição privilegiaria uma linguagem específica da arte ou você proporia um diálogo entre elas?
- Que espaços da escola você usaria para montar a exposição?

Depois de refletir sobre esses itens, selecione imagens ou objetos acerca do tema escolhido, apresente-os para os colegas e conte como seria sua exposição.

Vicente Mendonça

A mulher afrodescendente na arte brasileira

Pinacoteca do Estado de São Paulo, São Paulo

Antonio Ferrigno. *Mulata quitandeira*, c. 1893-1903. Óleo sobre tela, 179 × 125 cm.

Berthe Worms, Abigail de Andrade e Julieta de França fazem parte de um recorte específico da mulher brasileira do século XIX: brancas, de classe abastada e geralmente filhas de apreciadores da arte ou esposas de artistas plásticos. Ao ampliarmos o olhar sobre a história das mulheres do início da República no Brasil, constataremos que as mulheres afrodescendentes, recém-libertas, estavam muito distantes das conquistas e do cenário feminino vivenciado pelas artistas mencionadas. Se a Escola Nacional de Belas Artes, a partir daquele momento, acolhia algumas mulheres, aumentando suas chances de profissionalização e educação, a escolarização das mulheres afrodescendentes no período pós-abolição era algo indefinido e nebuloso.

À mulher afrodescendente cabia apenas o direito de ser revelada pelo olhar do outro, em imagens exóticas e estereotipadas. No Brasil, durante todo o século XIX e início do XX, o cotidiano das mulheres afrodescendentes é representado principalmente por artistas estrangeiros, como o italiano Antonio Ferrigno (1863-1940). Durante sua estada no país, o pintor produziu diversas telas que tinham afrodescendentes como personagens principais. A obra *Mulata quitandeira* (1893-1903) é um exemplo da situação da mulher afrodescendente após a abolição: abandonada à própria sorte e com futuro incerto.

Andre Fossati

Galeria Mendes Wood DM, Brasil

Sonia Gomes, em seu ateliê, em Belo Horizonte (MG), em 2015. Ao lado, sua obra *Sem título*, 2015. Corda de sisal, amarrações e costura sobre tecido diversos, 500 × 110 × 90 cm.

A artista mineira Sonia Gomes (1948-) é um nome em ascensão na arte contemporânea brasileira, sendo a única artista do país a integrar a mostra principal da Bienal de Veneza 2015, a mais antiga e importante exposição do gênero. Para criar suas obras a artista transforma tecidos e peças de roupas antigas em esculturas e instalações. Peças de roupas suas, de familiares ou de amigos são trançadas, bordadas e costuradas para formar um mosaico de memórias e afetos. Suas criações dialogam com o universo da cultura popular, como a valorização do trabalho manual, ao mesmo tempo que se inserem nas práticas da arte contemporânea.

Já a obra da jovem artista Renata Felinto parte de suas inquietações como pesquisadora e arte-educadora. Seu trabalho questiona os estereótipos e o imaginário social referente à mulher afrodescendente na sociedade, como também sua invisibilidade ao longo da história brasileira. Ausente das capas de revistas ou como protagonista em histórias infantis, restrita a papéis secundários na televisão e no cinema, a mulher afrodescendente travou um longo percurso para conseguir construir outras imagens para si mesma. A partir de autorretratos, Renata Felinto cria imagens que visam revelar múltiplos olhares sobre a identidade da mulher e ao mesmo tempo afirmar a diversidade da beleza negra. Adornos, roupas e elementos estéticos variados fazem referência tanto à ancestralidade africana quanto ao protagonismo da mulher afrodescendente.

Acervo da artista

Renata Felinto. *Não conte com a fada. Trabalho 3*, 2013. Acrílica, renda, flores artificiais, pastel oleoso, guache, lápis de cor e purpurina sobre papel fabriano, 72 × 50 cm.

A experiência da mulher afrodescendente na poética de Rosana Paulino

Nas últimas décadas, a sociedade brasileira vivencia redução da pobreza e aumento da distribuição de renda. Entretanto, a desigualdade ainda é uma realidade bastante acentuada no país, como demonstram diversos indicadores sociais, principalmente em grupos marcados por discriminações étnico-raciais e de gênero, caso das mulheres afrodescendentes.

As estatísticas indicam que grandes distâncias separam homens e mulheres, afrodescendentes e brancos. Em 2013, o Instituto de Pesquisa Econômica Aplicada (Ipea) publicou um dossiê que detalha as dificuldades enfrentadas pelas mulheres negras no Brasil. De acordo com os dados, elas ganham menos, são as mais vulneráveis à violência sexual e doméstica, as que mais sofrem discriminação no atendimento público de saúde e as que encontram maiores dificuldades para completar o Ensino Superior. O dossiê também aponta que ao longo dos últimos anos cresceu o número de famílias chefiadas por mulheres e que, desde 2007, são as mulheres negras que ocupam a maior proporção nesse grupo.

O que podemos depreender desses dados? Que o **sexismo** e o racismo são ideologias que promovem violência e discriminação. Presentes desde a fundação do Brasil, ainda marcam as relações familiares, profissionais, educacionais e institucionais. O dossiê do Ipea afirma que a persistência desse cenário revela que questões étnico-raciais e de gênero ainda fazem parte da sociedade brasileira e que, para conseguirmos alterar a realidade, devemos antes conhecê-la.

Na arte contemporânea, muitos artistas abordam questões relacionadas ao racismo. A artista Rosana Paulino (1967-) trabalha com imagens de mulheres afrodescendentes e discute como as condições de trabalho, de poder e de preconceito étnico-racial marcam a experiência desse grupo da sociedade.

Sexismo
Comportamento ou discurso baseado no preconceito ou na discriminação de gênero.

Sua obra propõe refletir sobre o espaço social destinado às mulheres, principalmente aquelas marcadas pela herança nefasta da escravidão. Para isso, a artista trabalha com registros carregados de afeto, como imagens de mulheres de sua família. Ao se apropriar de suas

Fotos: Coleção particular, São Paulo

Rosana Paulino. *Bastidores* (série), 1997. Estampa sobre tecido, bastidor e bordado, 30 cm de diâmetro.

memórias, a artista potencializa não somente a experiência de uma família específica, mas de várias famílias que, pelas mesmas condições, também vivenciaram o preconceito e a exclusão.

O que você compreende da obra *Bastidores* (1997), de Rosana Paulino? Por que você acha que a artista deu esse nome a seu trabalho?

Um dos muitos significados da palavra "bastidor" é armação de madeira na qual se prende e se estica um tecido a ser bordado. No teatro, a mesma palavra designa os espaços não visualizados pela plateia. E ainda faz referência às intrigas e tramas particulares arquitetadas por grupos específicos e distantes do espaço público. Essa multiplicidade semântica está contemplada na obra de Rosana Paulino, que afirmou em entrevistas que a série "Bastidores" surgiu da problemática da violência e de como o lar, espaço que deveria ser de aconchego e proteção, muitas vezes se torna espaço da opressão. Os retratos 3 × 4 de mulheres negras foram manipulados, redimensionados e transferidos quimicamente para os tecidos dos bastidores. Os bordados, geralmente utilizados para criar imagens bucólicas ou decorativas na obra, assumem uma função repressiva, bloqueiam o olhar e a fala das mulheres retratadas. A violência e a discriminação não só impedem o direito à cidadania plena como tornam ainda mais vulneráveis as pessoas que são submetidas a tais atos, pois dificultam a construção de uma imagem positiva de si mesmas.

Instalação
Obra artística que, pensada para um ambiente específico, pode reunir diversas linguagens ao mesmo tempo, como pintura, audiovisual, teatro, música, dança. Muitas instalações estimulam a interação com o público.

Na **instalação** *Assentamento* (2013), a artista se apropria de imagens de mulheres africanas escravizadas no Brasil. Os registros foram realizados entre 1865 e 1866 pelo fotógrafo Augusto Stahl (1828-1877), durante expedição realizada no país pelo cientista suíço Louis Agassiz (1807-1873). Defensor da teoria do criacionismo e crítico das ideias de Charles Darwin (1809-1882), que afirmava que todos os organismos possuíam um ancestral comum, Agassiz acreditava que existia uma superioridade entre as etnias e que a miscigenação causaria a degeneração humana.

Museu de Arte Contemporânea de Americana, São Paulo

Rosana Paulino. *Assentamento*, 2013. Técnica híbrida (impressão digital, desenho, linóleo, costura, bordado, madeira, *paper clay* e vídeo). Dimensão variável (detalhe).

Rosana Paulino. *Assentamento*, 2003 (ao lado e à direita). Técnica híbrida (impressão digital, desenho, linóleo, costura, bordado, madeira, *paper clay* e vídeo). Dimensão variável (detalhe).

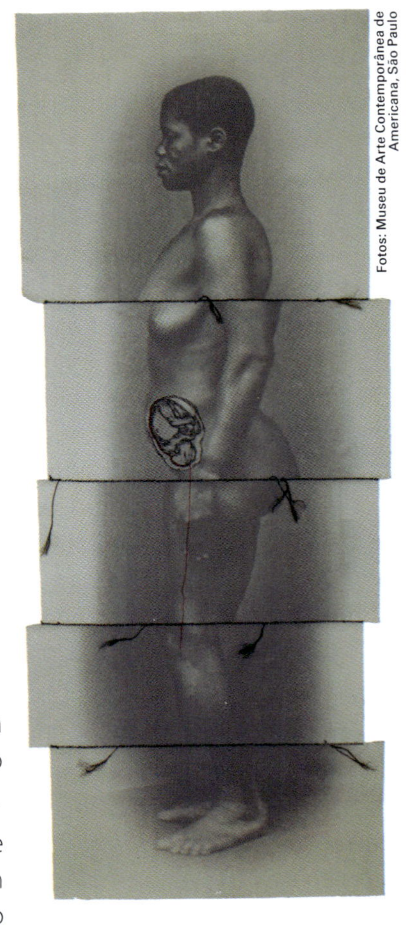

Fotos: Museu de Arte Contemporânea de Americana, São Paulo

Para conferir

Mariana Mazzini Marcondes, et al. (Org.). *Dossiê mulheres negras*: retrato das condições de vida das mulheres negras no Brasil. Brasília: Ipea, 2013. Disponível em: <www.ipea.gov.br/portal/images/stories/PDFs/livros/livros/livro_dossie_mulheres_negras.pdf>. Acesso em: 12 set. 2015.

Na obra *Assentamento*, Rosana Paulino nos instiga a refletir sobre a ideia de igualdade e diferença. Afinal, o conceito de raça foi desconstruído, mas seus efeitos não.

As fotografias de Augusto Stahl retiram a humanidade dos retratados ao registrá-los como peças de carne num açougue. Nuas, expostas e desamparadas, as pessoas são apresentadas em três posições diferentes: de frente, de costas e de perfil. Estão destituídas de suas identidades, revelando, mais que seus corpos, a desumanização a que foram submetidas por causa da escravidão.

A instalação é composta de três partes: imagens em vídeo do mar, que indicam a travessia do Atlântico realizada pelos africanos; esculturas de braços empilhadas como madeiras para queimar; e uma imagem da série produzida por Augusto Stahl trabalhada pela artista. Mentes e corpos suturados que tiveram de se reconstituir num território desconhecido.

Assentamento também é a ação de representar um orixá no espaço físico do terreiro do candomblé. A religiosidade afro-brasileira acredita que os orixás são elementos da natureza divinizados; assim, toda a natureza é representada por orixás. O assentamento diz respeito aos símbolos e às representações dos orixás que são montados em lugares específicos da casa religiosa e servem para reverenciar e lembrar a ancestralidade africana.

Entretanto, ao mesmo tempo que revela a crueldade vivenciada pelos homens e mulheres trazidos à força da África para o Brasil, a obra de Rosana Paulino celebra a importância desses indivíduos para a formação da nação brasileira, costurada por múltiplas culturas. Os africanos fixaram, ou melhor, assentaram saberes e práticas que marcam a identidade do país.

O que você achou da obra de Rosana Paulino? Que contribuições africanas na cultura do Brasil você destacaria? Em grupo, investigue alguns desses elementos e apresente os resultados para a sala.

DIÁLOGOS

O conceito de raça

A constituição da ideia de raça no século XIX, baseada na suposta existência de uma diversidade biológica inscrita no corpo, estruturou uma acentuada diferença entre brancos e negros e fundou o racismo científico. O termo "raça" tem origem na palavra *ratio*, do latim, usada para designar categoria, espécie, descendência, porém não possuía o *status* científico que adquiriu depois. Foi a Biologia, nascida naquele século, que forneceu o conhecimento necessário para explicar a diversidade humana, utilizando critérios fenotípicos, ou seja, características físicas como a cor da pele ou o tamanho do crânio para diferenciar e classificar as raças. Além de Louis Agassiz (1807-1873), outros pesquisadores que defendiam o racismo científico, como Francis Galton (1822-1911) e Arthur de Gobineau (1816-1882), influenciaram o pensamento racial no Brasil.

Ullstein Bild/Getty Images

Professor universitário em um instituto de Antropologia em Schleswig-Holstein, na Alemanha, mede o crânio de uma criança, prática que fazia parte de um tipo de estudo chamado Frenologia. Foto de 1932.

Foi no século XX, com a descoberta do genoma humano e a evolução das pesquisas científicas, que a ideia de raça foi desconstruída, pois, segundo a Biologia, todos pertencemos a uma única raça, a humana. Entretanto, quando as fotografias que Rosana Paulino utilizaria mais tarde em sua obra foram produzidas, a ciência defendia que os africanos pertenciam a uma raça inferior em relação aos brancos.

Pensar a diversidade entre as pessoas tendo como premissa ideia de raça é algo equivocado como acabamos de ver. As diferenças devem ser pensadas levando em conta as relações que as pessoas estabelecem com os territórios onde vivem, os valores e as tradições que carregam, ou seja, com base cultura.

- Ao olhar a sua volta, como você percebe a questão da diversidade cultural e da igualdade na nossa sociedade? Ainda há obstáculos a serem superados? Quais? O que poderíamos fazer para revertê-los?

___

___

___

___

Percursos de criação

Técnica híbrida

A técnica híbrida consiste em reunir diferentes matérias e procedimentos artísticos em uma mesma obra. A artista Rosana Paulino explorou essa possibilidade nas duas obras que vimos. Em *Bastidores* (1997), transformou imagens fotográficas em estampas e utilizou a técnica do bordado para interferir nos retratos. Nas imagens da instalação *Assentamento* (2013), criadas com base nas fotografias de Augusto Stahl, utilizou a impressão digital, o desenho, a costura e o bordado.

Explore a técnica híbrida em uma obra que discuta a contribuição africana para a cultura brasileira ou os impactos da escravidão na história do país. Após a finalização, dê um título à criação e exponha o resultado para os colegas.

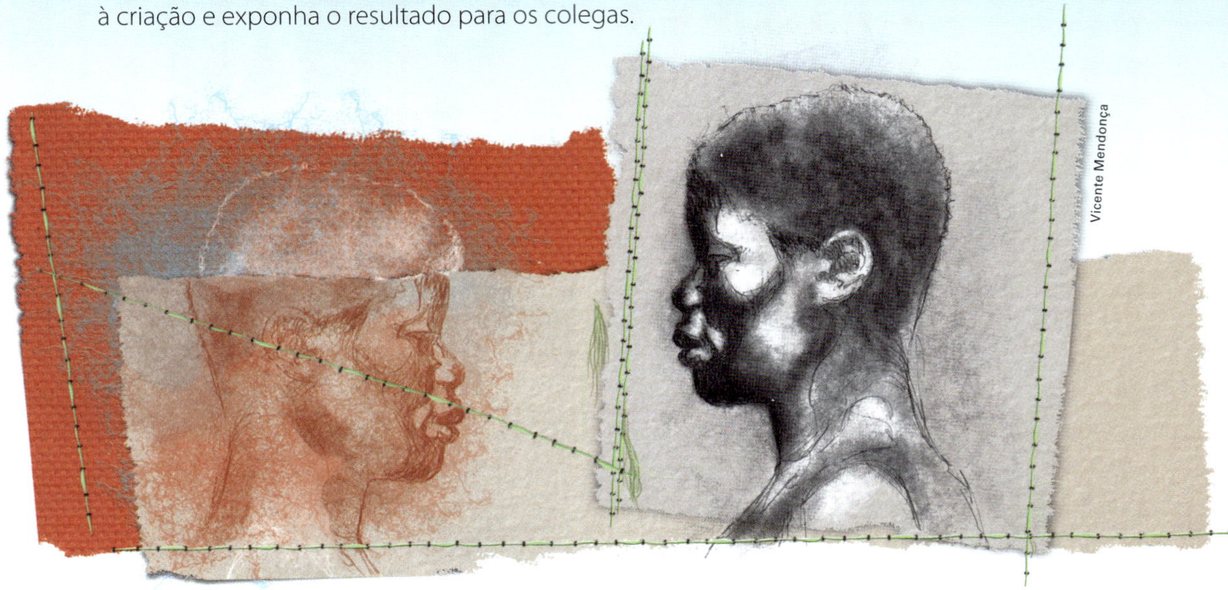
Vicente Mendonça

O teatro experimental do negro

A necessidade de se verem representados nos palcos fez com que grupos formados por artistas negros, como os do Bando de Teatro Olodum (1990), criassem espetáculos que trouxessem questões da igualdade e da discriminação para o primeiro plano. Porém, essa questão não é nova na dramaturgia brasileira. Ela surgiu pela primeira vez no Teatro Experimental do Negro (TEN), fundado em 1944, no Rio de Janeiro, por Abdias do Nascimento (1914-2011), um dos maiores nomes do ativismo negro no Brasil.

O dramaturgo Abdias do Nascimento, em foto de 2002.

Ipeafro

O TEN procurou fomentar uma valorização do negro brasileiro com base na criação de uma dramaturgia que discutisse a situação dessa população na sociedade e que criasse personagens negros diferentes dos estereótipos presentes nas peças e nos filmes do período, em que surgiam de maneira caricata e grosseira. O TEN funcionou até 1968, quando Abdias do Nascimento, fugindo da perseguição política promovida pelo regime militar, exilou-se nos Estados Unidos. O Teatro Experimental do Negro foi mais que um coletivo artístico, porque sua atuação incluía a educação e a cidadania por meio de cursos de alfabetização de adultos e da militância em defesa da inclusão da população negra na sociedade brasileira.

Além de ter criado o Teatro Experimental do Negro, Abdias do Nascimento foi organizador do I Congresso do Negro Brasileiro, realizado na cidade do Rio de Janeiro em 1950. Exilado, tornou-se professor universitário nos Estados Unidos. Em 1982, retornou definitivamente ao Brasil e, no ano seguinte, tornou-se deputado federal. A luta em defesa de uma sociedade mais justa e inclusiva marcou sua trajetória política e intelectual.

Ipeafro

Abdias do Nascimento e Léa Garcia durante apresentação da peça *Sortilégio: mistério negro*, de Abdias do Nascimento. Teatro Municipal do Rio de Janeiro (RJ). Foto de 1957.

Bando de Teatro Olodum

Surgido em 1990 na cidade de Salvador, pela iniciativa dos diretores teatrais Márcio Meirelles e Chica Carelli, o Bando de Teatro Olodum reúne artistas afrodescendentes de diversas gerações. Seus espetáculos são inspirados na cultura afrodescendente baiana e engajados na luta contra a discriminação étnico-racial. Entre seus muitos trabalhos destaca-se *Ó paí, ó!* (1992), peça que faz parte da "trilogia do Pelô", que inclui *Essa é nossa praia* (1991) e *Bai bai Pelô* (1994).

O espetáculo *Ó paí, ó!* é uma criação coletiva do Bando de Teatro Olodum. Com improvisações, os atores foram construindo as cenas e dando vida aos personagens da peça, e o diretor Márcio Meirelles alinhou as ideias e deu o acabamento final ao texto. O enredo de *Ó paí, ó!*, como o das outras peças da trilogia do Pelô, faz referência às transformações do Pelourinho, na cidade de Salvador (BA).

João Milet Meirelles

Ó paí, ó! Texto de Márcio Meirelles e Bando de Teatro Olodum. Direção de Márcio Meirelles, 2007.

Para conferir

Ó paí, ó!
Brasil, 2007.
Direção: Monique Gardenberg.
Duração: 98 min.

No início do século XX, o bairro do Pelourinho concentrava as melhores moradias da cidade, mas, na década de 1950, com a mudança do centro comercial para outra região, entrou em processo de degradação e abandono, o que fez com que até a década de 1980 fosse estigmatizado como zona de marginalidade.

Por causa do preço baixo dos aluguéis e da localização próxima do centro da cidade e do porto, muitas pessoas começaram a se mudar para os casarões antigos e abandonados do bairro. Em 1985, pelo conjunto arquitetônico colonial e pela importância do local para a consolidação da cultura africana em terras americanas, já que serviu de porto importante no comércio transatlântico, o Pelourinho foi tombado pela Organização das Nações Unidas para a Educação, Ciência e Cultura (Unesco) como Patrimônio da Humanidade e hoje integra o Centro Histórico de Salvador.

O título recebido fez com que na década de 1990 o Pelourinho começasse a passar por um processo de revitalização. Ao mesmo tempo que trouxe benefícios, esse processo causou muitos conflitos, porque os antigos moradores, por não conseguirem arcar com o novo custo de vida trazido pelas melhorias urbanas, foram sendo paulatinamente expulsos da região.

A peça *Ó paí, ó!* trata justamente do problema da moradia e da exclusão social que a população do Pelourinho, formada majoritariamente por afrodescendentes, enfrentou. O texto teatral foi adaptado em 2007 para o cinema e, no ano seguinte, transformado numa série de televisão.

Ó paí, ó!. Dirigido por Monique Gardenberg, baseado na peça homônima de Márcio Meirelles e do Bando de Teatro Olodum, 2007.

Dueto Produções

A ladeira do Pelourinho, em Salvador (BA), tendo ao fundo a igreja de Nossa Senhora do Rosário dos Pretos. Foto de 2013.

Rubens Chaves/Pulsar Imagens

Insubmissas

Acervo pessoal

O dramaturgo e jornalista Oswaldo Mendes, em foto de 2013.

A exclusão e o preconceito também são abordados na peça *Insubmissas*, escrita pelo dramaturgo e jornalista Oswaldo Mendes (1946-). Mas, em vez de centrar a discussão na questão étnico-racial, o autor propõe uma reflexão sobre a participação das mulheres na Ciência.

O espetáculo apresenta quatro mulheres de épocas diferentes que se destacaram na área científica e tiveram de se impor no ambiente machista que predominava no contexto social em que cada uma delas vivia. São elas: Hipátia de Alexandria (370-415 d.C.), filósofa, matemática e astrônoma, autora de tratados sobre Álgebra e Aritmética, e morta por apedrejamento por ser pagã em uma época em que o cristianismo se impunha como religião de Estado; Marie Curie (1867-1934), física polonesa, a primeira mulher a ganhar o Prêmio Nobel de Física, em 1903, e de Química, em 1911; Bertha Lutz (1894-1976), bióloga e advogada brasileira, ativa defensora da emancipação das mulheres e da participação delas na ciência; e a físico-química inglesa Rosalind Franklin (1920-1958), cujos estudos foram decisivos para a descoberta do DNA.

Na peça, as personagens narram momentos de sua vida, as dificuldades que tiveram de enfrentar para serem reconhecidas intelectualmente e o esforço para conseguir estruturar suas ideias e pesquisas. O texto foi escrito por Oswaldo Mendes a pedido das atrizes do elenco, que desejavam dar visibilidade ao tema. Veja, na página seguinte, depoimento do dramaturgo a respeito de como construiu a dramaturgia da peça.

Insubmissas. Texto de Oswaldo Mendes. Direção e cenário de Carlos Palma, 2015. Em destaque, as atrizes Adriana Dham, Letícia Olivares, Vera Kowalska, Monika Plöger e Selma Luchesi. Núcleo Arte Ciência no Palco da Cooperativa Paulista de Teatro, em São Paulo (SP).

Zuza Blanc

[...]

Não é possível escrever teatro sem estudo, ainda mais teatro de ideias ou personagens históricos. Sei de autores que, com uma piada, sentam e em uma noite ou alguns dias escrevem uma peça. Gostaria de ter esse talento intuitivo, espontâneo. Não tenho. Escrevi uma peça assim, uma comédia de maus costumes, quase inédita. Foi tudo que consegui. Quando se estuda para escrever uma peça de teatro, o processo é semelhante ao de uma reportagem. A diferença está no resultado que se quer. A gente coleta dados, cruza informações, anota datas e nomes para, em seguida, abandonar tudo, sentar e escrever, deixando a imaginação conduzir a narrativa, recorrendo à pesquisa quando necessário, para recuperar uma data ou uma frase entre aspas de um personagem. Como não sou historiador e nem biógrafo, só o teatro me interessa e a consciência de que os personagens se definem pela ação, que precede e dá consistência ao pensamento. Colocar duas ou mais pessoas conversando, ao contrário do que se vê por aí, não é teatro. Embora muitos proclamem o contrário, o teatro tem regras e é bom conhecê-las nem que seja para contrariá-las. Pode-se fazer poesia sem rimas, sem métrica e sem ritmo, mas se alguém quiser fazer um soneto terá de seguir regras. O mesmo vale para o teatro. Se estiver atento a isso, o autor saberá a diferença entre uma peça, um conto e uma reportagem. [...]

Entrevista Oswaldo Mendes (Dramaturgo – Paulista) Publicação: Veja São Paulo.Com de 26/03/2015. Cred. Dirceu Alves Jr./Abril Comunicações S.A. Disponível em: <http://vejasp.abril.com.br/blogs/dirceu-alves-jr/2015/03/26/oswaldo-mendes-insubmissas-teatro-elis-regina/>. Acesso em: 13 set. 2015.

Em sua entrevista, Oswaldo Mendes afirma que a escrita de textos teatrais baseados em personagens e histórias reais exige cuidado e muita pesquisa. Na sua opinião, que mulheres mereceriam ser tema de uma peça de teatro?

Percursos de criação

A ação teatral

A ação teatral pode ser pensada tendo em vista a dramaturgia e o personagem. Em dramaturgia, ela significa a sequência dos eventos que ocorrem na peça. Em relação ao personagem, diz respeito à ação física, aos movimentos que o ator executa em cena baseado no comportamento físico e emocional do personagem que interpreta.

No espetáculo *Ó paí, ó!*, do Bando de Teatro Olodum, a dramaturgia foi pensada levando em conta os conflitos vivenciados pelos moradores de um edifício degradado que está na mira do poder público para desapropriação. Toda a ação teatral tem a ver com essa situação. Já no espetáculo *Insubmissas*, de Oswaldo Mendes, a ação teatral é originada pelo depoimento das quatro cientistas, que relembram momentos de sua vida e carreira, assim como a luta para impor seus desejos e suas ideias.

Escolha uma das mulheres citadas na discussão anterior, realize um levantamento sobre sua vida e sua importância na área à qual se dedicava e, com base nisso, pense em situações que poderiam ser utilizadas como ação teatral para um espetáculo hipotético. Não é necessário escrever um roteiro, apenas explicar em torno de qual ação teatral a peça se desenrolaria. Se possível, identifique alguns personagens centrais.

Das aldeias às cidades: imagens em (des)construção

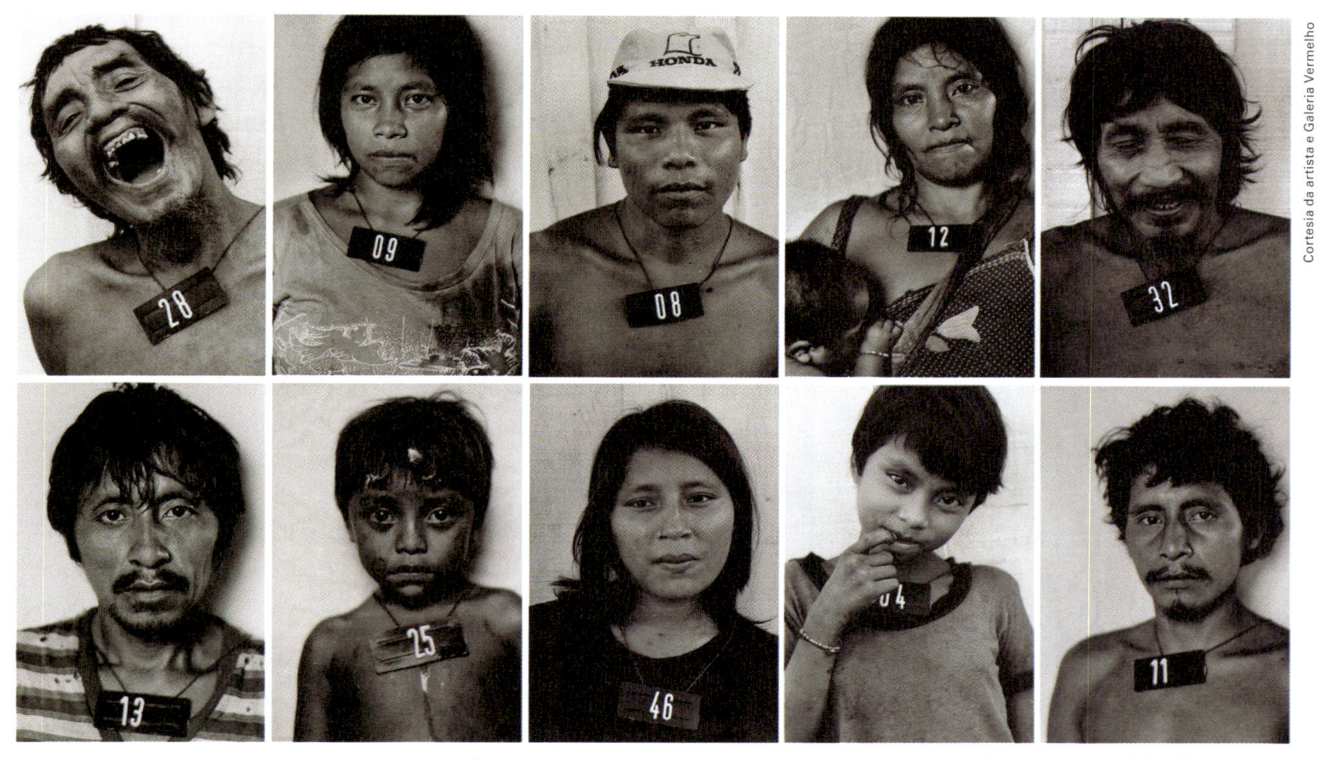

Cortesia da artista e Galeria Vermelho

Claudia Andujar. *Vertical 9*, da série *Marcados*, 1981-1983. Gelatina de prata sobre papel *ilford multigrade* peso duplo com banho de selênio, 57 × 37,5 cm (cada um). Painel composto de dez peças.

O que essas imagens transmitem a você? Os indígenas parecem à vontade? Parecem ter contato com a cultura não indígena? Que elementos reforçam essa impressão? Por que você acha que eles estão identificados com números?

A série *Marcados* é formada por 85 fotografias dos ianomâmis feitas pela fotógrafa Claudia Andujar (1931-). Essas fotos são resultado de um levantamento realizado pelo governo federal para detectar se o contato com o homem branco havia prejudicado a saúde do grupo indígena. Diferentemente do que ocorre em outras culturas, os ianomâmis não adotam nomes próprios, por isso a identificação foi feita com um número amarrado no pescoço. Eles vivem no norte da Amazônia, na fronteira do Brasil com a Venezuela. Segundo dados de 2011, sua população é estimada em aproximadamente 35 mil pessoas. Os primeiros contatos com o homem branco ocorreram em 1955, e foram intensificados a partir do final da década de 1960.

Nascida na Suíça e de origem judia, Claudia mudou-se para os Estados Unidos após perder parte de sua família durante a Segunda Guerra Mundial. Em Nova York, casou-se com Julio Andujar e, em 1955, após se separar do marido, resolveu se mudar para o Brasil, onde anos depois se naturalizou brasileira. A partir da década de 1960, atuou como repórter fotográfica. Em 1971, contratada pela revista *Realidade* para uma edição especial sobre a Amazônia, chegou até os ianomâmis, tema que se tornaria central na sua produção.

Cortesia da artista e Galeria Vermelho

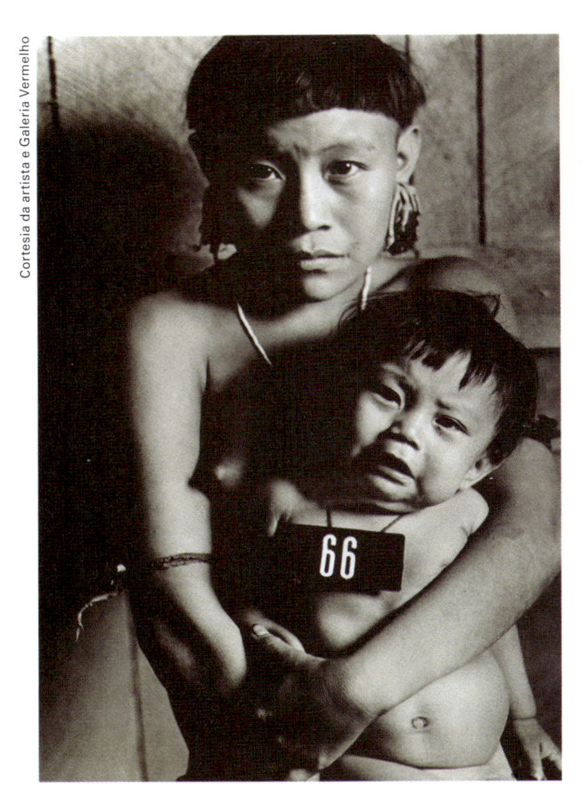

Foto de Claudia Andujar, da série *Marcados*, 1981-1983.

Ao primeiro olhar, a série *Marcados* pode parecer cruel, ao nos fazer lembrar as fotografias de registro policial ou até mesmo as marcas feitas pelos nazistas para identificar os judeus que seriam encaminhados aos campos de extermínio. Entretanto, ao entendermos o contexto de sua produção e entrarmos em contato com a fala da fotógrafa, segundo a qual as identificações foram realizadas no esforço humanitário de salvar vidas, e não de encaminhá-las à morte, essas impressões se enfraquecem.

Não há dúvida que a morte marcou as culturas indígenas brasileiras: estimativas demográficas apontam que, por volta de 1500, quando a frota de Pedro Álvares Cabral aportou no Brasil, existiam aqui pelo menos 5 milhões de indígenas. O processo colonial, a escravização e as doenças trazidas pelos europeus, como a gripe, o sarampo e a varíola, fizeram com que esse número fosse em pouco tempo drasticamente reduzido. Hoje, de acordo com o censo do Instituto Brasileiro de Geografia e Estatística (IBGE) de 2010, a população indígena é de 896,9 mil indivíduos, distribuída em 305 etnias e 274 idiomas. Para chegar a esse número, o instituto utiliza o método de autoidentificação, que computa apenas os dados dos que se reconhecem como indígenas ou descendentes de indígenas.

Segundo o documento *O índio brasileiro: o que você precisa saber sobre os povos indígenas no Brasil de hoje* (2006), produzido pelo governo federal, desde o final da década de 1990 vem ocorrendo no Brasil um fenômeno chamado *reetinização*. Ele diz respeito aos povos indígenas que, por pressões políticas, econômicas ou religiosas, foram obrigados a negar suas identidades a fim de serem incluídos na sociedade e que hoje fazem um movimento contrário, buscando retornar às suas tradições e saberes e reassumir suas heranças indígenas.

Para conferir

Gersem José dos Santos Luciano. *O índio brasileiro*: o que você precisa saber sobre os povos indígenas no Brasil de hoje. Brasília: Ministério da Educação, Secretaria de Educação Continuada, Alfabetização e Diversidade; Laced/Museu Nacional, 2006. Disponível em: <http://unesdoc.unesco.org/images/0015/001545/154565por.pdf>. Acesso em: 13 set. 2015.

Cece/CB/D.A Press

O deputado federal Mário Juruna fala ao microfone no plenário da Câmara dos Deputados de Brasília (DF), em 1983.

Durante muito tempo, os indígenas precisaram ter seus direitos assegurados pela luta de intelectuais e ativistas predominantemente brancos, mas, a partir da década de 1970, começaram a criar suas próprias organizações representativas. Juntos, os povos passaram a articular ações e a exigir que suas vozes fossem ouvidas. O fortalecimento do movimento indígena possibilitou que, em 1982, o líder xavante Mário Juruna (1943-2002) fosse eleito o primeiro deputado indígena do Brasil.

Pertencente à etnia xavante do Mato Grosso, Mário Juruna foi cacique da aldeia Namakura. Na década de 1970, tornou-se referência do movimento indígena ao percorrer os gabinetes da Fundação Nacional do Índio (Funai) defendendo os direitos dos povos tradicionais e exigindo a demarcação das terras xavantes. Eleito deputado federal pelo estado do Rio de Janeiro, enfrentou diversos obstáculos e polêmicas durante seu mandato, que durou até 1987.

Ainda hoje os indígenas encontram dificuldades para ter acesso ao espaço público brasileiro. Entretanto, vemos surgir novos representantes tanto na política como na cultura, ativistas e intelectuais que nos ajudam a redimensionar a visão que temos sobre os indígenas. Entre eles destaca-se o escritor Daniel Munduruku (1964-), pertencente à etnia Munduruku, grupo que vive em territórios do Pará, do Amazonas e do Mato Grosso.

Nascido na **terra indígena** Munduruku, localizada próximo a Belém do Pará, o escritor é graduado em Filosofia, História e Psicologia, e doutor em Educação, possuindo extensa produção literária voltada principalmente ao resgate das tradições indígenas e à discussão do lugar que o índio ocupa tanto no imaginário das pessoas como nas ações políticas da sociedade brasileira.

Terra indígena

De acordo com a Constituição Federal de 1988 e também com a legislação específica definida pelo Estatuto do Índio (Lei nº 6.001/73), terras indígenas são "aquelas por eles habitadas em caráter permanente, as utilizadas para suas atividades produtivas, as imprescindíveis à preservação dos recursos ambientais necessários a seu bem-estar e as necessárias a sua reprodução física e cultural, segundo seus usos, costumes e tradições" (art. 231 da Constituição Federal).

Visita virtual

Povos indígenas no Brasil

<http://pib.socioambiental.org/pt>

Acesso em: 13 set. 2015.

Para aprofundar seu conhecimento sobre os direitos dos povos tradicionais, acesse o portal Povos indígenas no Brasil, mantido pelo Instituto Socioambiental (ISA), que reúne informações qualificadas sobre os povos indígenas do Brasil. Após navegar pela página, acesse o ícone *Terras indígenas* e leia com atenção os seguintes itens:

- O que são demarcações de terra e como elas são feitas hoje.
- Povos indígenas e soberania nacional.
- De olho nas terras indígenas – mapas, dados, notícias e mais.

Agora pesquise:

Procure se informar sobre a existência de terras indígenas na região onde você mora; caso haja, levante o máximo de informações sobre a história dos povos que habitam esse território. Em seguida, compartilhe com os colegas os dados encontrados.

"Escrevo para me manter índio", diz escritor Daniel Munduruku

Daniel Munduruku – Arquivo pessoal

O escritor Daniel Munduruku.

Para o escritor Daniel Munduruku, escrever é uma forma de se manter ligado à cultura da aldeia que deixou há 15 anos no Pará, da qual saiu por curiosidade, vontade de descortinar novos horizontes. "Escrevo para me manter índio", diz o autor de 42 livros voltados para o público jovem e infantil, graduado em filosofia, doutor em educação pela Universidade de São Paulo (USP) e pós-doutorando em literatura na Universidade Federal de São Carlos.

Sem se distanciar das raízes Munduruku, tornou-se educador social, criou um jeito de ensinar que incluiu a tradição indígena de contar histórias. No meio do caminho descobriu que sabia e podia escrever. Não parou mais.

Neste ano, Munduruku foi um dos convidados da Bienal do Rio, onde falou na sessão "Guarani, Kaiowá e muito mais – Literatura de índio", ao lado de Graça Graúna e Lucia Sá [...]. Para ele, ao escrever sobre a própria realidade, o índio pode mudar sua imagem na sociedade. "Tem ajudado a questionar velhos estereótipos", afirmou em entrevista [...]. "As pessoas que entram em contato com nossa literatura acabam criando para si um novo olhar e isso, com o tempo, vai chegar às mentes de todos os brasileiros."

O escritor é otimista e acredita que muita coisa já mudou. "A forma de compreender os povos indígenas evoluiu", diz. "Está evidente que desejamos participar da vida nacional sem abrir mão de nossa cultura, e embora muitos discordem, vejo a construção de uma nova relação do Brasil com seus povos ancestrais."

E ele trabalha há tempos para que essa visão se concretize. Criou o Instituto UKA – Casa dos Saberes Ancestrais – e a Academia de Letras de Lorena – cidade onde vive, localizada no Vale do Paraíba, interior de São Paulo. Mas o destemido escritor reconhece que o cenário está bem longe do ideal. Ele diz que a relação dos povos indígenas com relação aos livros e à literatura segue a curva estatística do próprio país. "Os índios leem pouco devido ao acesso limitado a traduções para suas línguas tradicionais. Querem ter acesso ao livro e à leitura, mas é preciso ainda desenvolver esse hábito neles."

No momento, ele se dedica à organização da I Jornada Literária do Vale Histórico que irá acontecer entre os dias 18 e 20 nas cidades de Lorena e Guaratinguetá. A opção em viver na região foi estratégica, por ficar no caminho entre São Paulo e Rio de Janeiro.

Apesar da agenda agitada, o escritor garante preservar um pouco da "vida de índio" na pacata cidade que escolheu para morar, onde segundo ele, se refugia para poder escrever enquanto cuida do quintal, da casa e da família. "Não sou muito bom com rotinas, às vezes me sento diante do computador e escrevo, outras saio para caminhar, tem dia que fico à toa, passeio pela cidade, encontro pessoas."

[...]

MINUANO, Carlos/ UOL: "Escrevo para me manter índio, diz escritor Daniel Munduruku". Disponível em: <http://entretenimento.uol.com.br/noticias/redacao/2013/09/04/escrevo-para-me-manterindio-diz-escritor-daniel-munduruku.htm>. *Folhapress*. Acesso em: 13 set. 2015.

Reflita sobre o que leu.

1. Há palavras ou conceitos que você não conhece? Circule no texto, investigue seus significados e anote abaixo o que encontrou.

____

____

____

____

2. O escritor afirma que, ao escrever sobre a sua própria cultura, o indígena pode modificar e ampliar a percepção das pessoas sobre estes povos. Por quê?

____

____

____

____

____

3. A cultura indígena tradicional é marcada pela oralidade. Muitas das histórias de Daniel Munduruku dialogam com essa tradição. Que lendas ou histórias indígenas você conhece? Elas pertencem a quais povos?

____

____

____

____

____

____

Imagens e pensamento

Mag Magrela, "*o luar do ser tão só, azulejou no meu deserto*", São Paulo (SP), 2013.

Reflita sobre o que viu e anote as reflexões.

- É possível reconhecer semelhanças nas figuras femininas retratadas pela artista? Quais?

____

____

- A linguagem do grafite durante muito tempo ficou restrita ao universo masculino, mas nas duas últimas décadas esse cenário mudou. Em sua opinião, qual a importância da presença de artistas mulheres no grafite?

____

____

Mag Magrela, "*Entre cacos e cortes, a dor de se redimir*", com azulejos de Calu Fontes, Beco do Batman, São Paulo (SP), 2014.

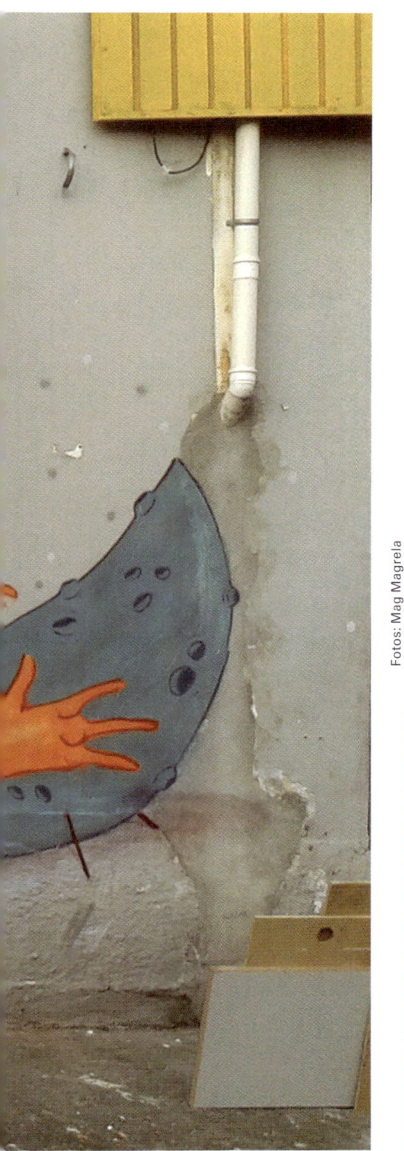

Fotos: Mag Magrela

Mag Magrela

A partir de 2007, a artista visual Mag Magrela (1985-) começou a levar os desenhos que fazia em cadernos para as ruas das grandes cidades. Além de ser uma reconhecida representante da arte do grafite, ela cria telas, bordados e pintura em azulejos. E algumas de suas obras urbanas possuem detalhes nesse material.

Muitos de seus grafites trazem personagens femininas intrigantes e tratam de temas como a solidão nas grandes cidades e a repressão vivenciada pelas mulheres no cotidiano. A mistura de referências culturais diversas também surge em muitas imagens criadas por Mag Magrela.

- Caso tivesse que contar para alguém sobre os grafites de Mag Magrela, como você os descreveria? Quais detalhes ou elementos destacaria? Por quê?

Investigação

Sobre qual dos assuntos abordados no tema você gostaria de aprofundar seu conhecimento?

A obra e a vida das artistas:

- Berthe Worms (1868-1937).
- Abigail de Andrade (1864-1890), Julieta de França (1872-1951), Nicolina Vaz de Assis Pinto do Couto (1874-1941), Georgina de Albuquerque (1885-1962), Rosana Paulino (1967-), Claudia Andujar (1931-), Adriana Varejão (1964-), Mag Magrela (1985-).

As ideias e a biografia das cientistas:

- Hipátia de Alexandria (370-415 d.C.), Marie Curie (1867-1934), Bertha Lutz (1894-1976), Rosalind Franklin (1920-1958).

Os temas:

- Escola Nacional de Belas Artes.
- Discriminação e preconceito no Brasil / Racismo científico / O Projeto Genoma / A obra de Antônio Ferrigno (1863-1940) / As imagens fotográficas de Augusto Stahl (1828-1877) / A herança africana no Brasil / O Teatro Experimental do Negro / O ativismo de Abdias do Nascimento / O Bando de Teatro Olodum / O Pelourinho como Patrimônio da Humanidade / A dramaturgia / Arte e ciência / Os ianomâmis / Literatura indígena / O indígena na sociedade contemporânea / O ativismo de Mário Juruna / Os dados do IBGE sobre a população brasileira.
- Artistas mulheres na história da Arte.

Caso tenha outros temas de interesse, registre-os no espaço a seguir. Depois, confira se mais colegas se interessaram pelo tema que você escolheu, investiguem juntos e apresentem os resultados para a turma.

Trajetórias

Após percorrer o trajeto educativo proposto no tema, por que você considera importante que as narrativas artísticas contemplem experiências e produções diversas? Registre suas ideias no espaço abaixo.

Vicente Mendonça

Sempre atento!

1. Enem 2013

A recuperação da herança cultural africana deve levar em conta o que é próprio do processo cultural: seu movimento, pluralidade e complexidade. Não se trata, portanto, do resgate ingênuo do passado nem do seu cultivo nostálgico, mas de procurar perceber o próprio rosto cultural brasileiro. O que se quer é captar seu movimento para melhor compreendê-lo historicamente.

MINAS GERAIS. *Cadernos do Arquivo 1*: escravidão em Minas Gerais. Belo Horizonte: Arquivo Público Mineiro, 1988.

Com base no texto, a análise de manifestações culturais de origem africana, como a capoeira ou o candomblé, deve considerar que elas

a. permanecem como reprodução dos valores e costumes africanos.

b. perderam a relação com o seu passado histórico.

c. derivam da interação entre valores africanos e a experiência histórica brasileira.

d. contribuem para o distanciamento cultural entre negros e brancos no Brasil atual.

e. demonstram a maior complexidade cultural dos africanos em relação aos europeus.

2. Enem 2013

Na verdade, o que se chama genericamente de índios é um grupo de mais de trezentos povos que, juntos, falam mais de 180 línguas diferentes. Cada um desses povos possui diferentes histórias, lendas, tradições, conceitos e olhares sobre a vida, sobre a liberdade, sobre o tempo e sobre a natureza. Em comum, tais comunidades apresentam a profunda comunhão com o ambiente em que vivem, o respeito em relação aos indivíduos mais velhos, a preocupação com as futuras gerações, e o senso de que a felicidade individual depende do êxito do grupo. Para eles, o sucesso é resultado de uma construção coletiva. Estas ideias, partilhadas pelos povos indígenas, são indispensáveis para construir qualquer noção moderna de civilização. Os verdadeiros representantes do atraso no nosso país não são os índios, mas aqueles que se pautam por visões preconceituosas e ultrapassadas de "progresso".

AZZI, R. *As razões de ser Guarani-Kaiowá*. Disponível em: <www.outraspalavras.net>. Acesso em: 7 dez. 2012.

Considerando-se as informações abordadas no texto, ao iniciá-lo com a expressão "Na verdade", o autor tem, como objetivo principal:

a. expor as características comuns entre os povos indígenas no Brasil e suas ideias modernas e civilizadas.

b. trazer uma abordagem inédita sobre os povos indígenas no Brasil e, assim, ser reconhecido como especialista no assunto.

c. mostrar os povos indígenas vivendo em comunhão com a natureza, e, por isso, sugerir que se deve respeitar o meio ambiente e esses povos.

d. usar a conhecida oposição entre moderno e antigo como uma forma de respeitar a maneira ultrapassada como vivem os povos indígenas em diferentes regiões do Brasil.

e. apresentar informações pouco divulgadas a respeito dos indígenas no Brasil, para defender o caráter desses povos como civilizações, em contraposição a visões preconcebidas.

3. Enem 2013

Texto I

Ela acorda tarde depois de ter ido ao teatro e à dança; ela lê romances, além de desperdiçar o tempo a olhar para a rua da sua janela ou da sua varanda; passa horas no toucador a arrumar o seu complicado penteado; um número igual de horas praticando piano e mais outras na sua aula de francês ou de dança.

Comentário do Padre Lopes da Gama acerca dos costumes femininos [1839] apud SILVA, T. V. Z. Mulheres, cultura e literatura brasileira. Ipotesi – *Revista de Estudos Literários*, Juiz de Fora, v. 2., n. 2, 1998.

Texto II

As janelas e portas gradeadas com treliças não eram cadeias confessas, positivas; mas eram, pelo aspecto e pelo seu destino, grandes gaiolas, onde os pais e maridos zelavam, sonegadas à sociedade, as filhas e as esposas.

MACEDO, J. M. *Memórias da Rua do Ouvidor* [1878]. Disponível em: <www.dominiopublico.gov.br>. Acesso em: 20 maio 2013. (Adaptado).

A representação social do feminino comum aos dois textos é o (a)

a. submissão de gênero, apoiada pela concepção patriarcal de família.

b. acesso aos produtos de beleza, decorrência da abertura dos portos.

c. ampliação do espaço de entretenimento, voltado às distintas classes sociais.

d. proteção da honra, mediada pela disputa masculina em relação às damas da corte.

e. valorização do casamento cristão, respaldado pelos interesses vinculados à herança.

4. UEL-PR 2011

Leia o texto e observe a imagem a seguir.

Louise Bourgeois Trust/VAGA, NY/ AUTVIS, Brasil, 2015. fotografia: Marcelo Ximenez/Folhapress

Louise Bourgeois. *Aranha*, escultura em aço, 1996.

Em 31 de maio deste ano, morreu a artista franco-americana Louise Bourgeois. Em seu vasto trabalho, pontuado por metáforas da condição da mulher, destaca-se a presença ameaçadora de aranhas gigantescas, uma delas parte do acervo do Museu de Arte Moderna (MAM), em São Paulo.

Com base no texto e na imagem, é correto afirmar:

I. A presença da mulher, trabalhadora servil e silenciosa, tem sua força afirmada no perigo representado pelas aranhas.

II. A relação entre o objeto e o espaço indica a crítica que a artista faz à postura da mulher em cargos importantes na sociedade.

III. A condição feminina na contemporaneidade é discutida por vários artistas, sendo uma das importantes questões da Arte Contemporânea.

IV. A artista propõe uma retomada da escultura figurativa na contemporaneidade, o que reitera a ação das feministas da década de 1960.

Assinale a alternativa correta.

a. Somente as afirmativas I e II são corretas.

b. Somente as afirmativas I e III são corretas.

c. Somente as afirmativas III e IV são corretas.

d. Somente as afirmativas I, II e IV são corretas.

e. Somente as afirmativas II, III e IV são corretas.

5. Enem 2010

Coube aos Xavantes e aos Timbira, povos indígenas do Cerrado, um recente e marcante gesto simbólico: a realização de sua tradicional corrida de toras (de buriti) em plena Avenida Paulista (SP), para denunciar o cerco de suas terras e a degradação de seus entornos pelo avanço do agronegócio.

RICARDO, B.; RICARDO, F. *Povos indígenas do Brasil*: 2001-2005. São Paulo: Instituto Socioambiental, 2006 (adaptado).

A questão indígena contemporânea no Brasil evidencia a relação dos usos socioculturais da terra com os atuais problemas socioambientais, caracterizados pelas tensões entre

a. a expansão territorial do agronegócio, em especial nas regiões Centro-Oeste e Norte, e as leis de proteção indígena e ambiental.

b. os grileiros articuladores do agronegócio e os povos indígenas pouco organizados no Cerrado.

c. as leis mais brandas sobre o uso tradicional do meio ambiente e as severas leis sobre o uso capitalista do meio ambiente.

d. os povos indígenas do Cerrado e os polos econômicos representados pelas elites industriais paulistas.

e. o campo e a cidade no Cerrado, que faz com que as terras indígenas dali sejam alvo de invasões urbanas.

Para aprofundar os temas

Livros

CANTON, Katia. *Novíssima arte brasileira*: um guia de tendências. São Paulo: Iluminuras, 2001.

A obra faz uma reflexão crítica sobre a produção artística brasileira criada nas últimas décadas, analisando artistas e obras que discutem questões importantes da contemporaneidade. Entre os artistas analisados está Rosana Paulino.

MUNDURUKU, Daniel. *Contos indígenas brasileiros*. São Paulo: Global, 2004.

A oralidade e a ancestralidade indígenas são abordadas em diversos contos que revelam o olhar dos povos tradicionais sobre temas e dilemas humanos. Uma boa dica para conhecer um pouco mais as culturas indígenas brasileiras.

PALLOTTINI, Renata. *O que é dramaturgia*. São Paulo: Brasiliense, 2005. (Coleção Primeiros Passos.)

Discute as especificidades da arte de escrever roteiros e textos dramáticos, fornecendo informações sobre os princípios teóricos básicos desse tema. A autora é uma importante especialista no assunto e o discute com propriedade e leveza, o que ajuda quem está iniciando o trabalho com a dramaturgia.

RIBEIRO, Darcy. *O povo brasileiro*: a formação e o sentido do Brasil. São Paulo: Companhia das Letras, 1995.

O antropólogo Darcy Ribeiro (1922-1997) é autor de várias obras que discutem as culturas indígenas brasileiras. Em *O povo brasileiro*, procura analisar a formação do Brasil e as diversas culturas que compõem a identidade do país. Para estruturar sua análise, reflete sobre o Brasil crioulo, caboclo, sertanejo, caipira e sulino. Vários Brasis para formar uma só nação, a brasileira.

Sites

Rosana Paulino
<www.rosanapaulino.com.br>

Pagina oficial da artista paulistana Rosana Paulino que disponibiliza imagens e informações sobre sua produção artística. É possível perceber a trajetória e os temas recorrentes na obra da artista.

Museu do Índio
<www.museudoindio.gov.br>

A página do Museu do Índio, localizado na cidade do Rio de Janeiro, tem como objetivo contribuir para uma maior conscientização sobre a importância das culturas indígenas na contemporaneidade brasileira.

Arte Ciência no Palco
<www.arteciencianopalco.com.br>

Página virtual do Núcleo Arte Ciência no Palco da Cooperativa Paulista de Teatro. Disponibiliza informações sobre os diversos espetáculos montados pela companhia, que se propõem a discutir a ética, os dilemas científicos e os impactos da ciência na sociedade.

Bando de Teatro Olodum
<www.teatrovilavelha.com.br/gresidentes/bando.htm>

Página do Teatro Vila Velha, de Salvador, que disponibiliza sinopse, imagens e ficha técnica dos espetáculos montados pelo Bando de Teatro Olodum. Desde *Essa é nossa praia* (1991), primeira peça montada pelo grupo, até a produção mais recente.

Teatro Experimental do Negro
<http://enciclopedia.itaucultural.org.br/grupo399330/teatro-experimental-do-negro>

A Enciclopédia Itaú Cultural traz um verbete específico sobre o Teatro Experimental do Negro, que contextualiza a atuação do grupo e suas principais montagens.

Adriana Varejão
<www.adrianavarejao.net>

Página oficial da artista carioca Adriana Varejão, que apresenta seu portfólio, reflexões críticas, entrevistas e vídeos que dão uma ideia da rica produção visual de uma das mais celebradas artistas da arte contemporânea brasileira.

IBGE
<www.ibge.gov.br>

O *site* do Instituto Brasileiro de Geografia e Estatística oferece informações e indicadores atualizados sobre a população e a economia brasileira. Com base em seu banco de dados, é possível compreender as transformações vivenciadas pelo país nas últimas décadas e refletir sobre elas.

Claudia Andujar
<www.galeriavermelho.com.br/en/artista/50/claudia-andujar>

A Galeria Vermelho, representante de Claudia Andujar, oferece uma página virtual com informações sobre a vida e a obra da fotógrafa, além de disponibilizar seu portfólio em PDF.

Daniel Munduruku
<http://danielmunduruku.blogspot.com.br>

Blog do escritor Daniel Munduruku, em que ele posta regularmente textos para reflexão e debate sobre a questão indígena. A página também oferece informações e vídeos sobre o trabalho social e cultural desenvolvido pelo escritor.

Acessos em: 6 mar. 2016.

TEMA 4

A TRADIÇÃO E A INOVAÇÃO NA ARTE E NA CULTURA

Neste tema, você irá:

- Reconhecer a presença de valores sociais e humanos atualizáveis e permanentes no patrimônio cultural brasileiro.
- Identificar a cultura popular como representante da diversidade brasileira.
- Conhecer as danças parafolclóricas e refletir sobre elas.
- Analisar, interpretar e aplicar os recursos expressivos das linguagens artísticas.
- Explorar as danças populares brasileiras em atividades coletivas.
- Reconhecer diferentes funções da arte e do trabalho da produção dos artistas em seus meios culturais.
- Perceber o valor da diversidade artística e das inter-relações de elementos que se apresentam nas manifestações culturais.
- Reconhecer a linguagem corporal como meio de integração social e portadora de tradições culturais.
- Identificar elementos e códigos de linguagem característicos da arte contemporânea.
- Conhecer e analisar obras contemporâneas.
- Experimentar processos de criação inspirados na arte contemporânea.

Mariana Dornelas/Acervo do Projeto Grupo Andora/UFES

Cia. de Dança Andora, da Universidade Federal do Espírito Santo (Ufes), dançando o jongo. Vitória (ES), 2013.

**Eu vejo o futuro repetir o passado.
Eu vejo um museu de grandes novidades.
O tempo não para.**

Cazuza.

O tempo não para (Cazuza / Arnaldo Brandão) © 2003 Brandão e o Plano d Música, Adm. Por Nowa Produções Artísticas Ltda – Todos os direitos reservados / Warner Chappell Edições Musicais Ltda. Todos os direitos reservados

Cia. de Dança Andora, da Ufes, dançando o jongo. Vitória (ES), 2013.

Mariana Dornelas/Acervo do Projeto Grupo Andora/UFES

Você gosta das festas, dos ritmos e das danças da cultura popular brasileira? Em sua opinião, há diferença entre folclore e cultura popular? Segundo a Organização das Nações Unidas para a Educação, a Ciência e a Cultura (Unesco), ambos são equivalentes e compreendidos como o conjunto de criações culturais de uma comunidade, com base em suas tradições expressas individual ou coletivamente. Uma das características da cultura popular é a transmissão de geração a geração. Nesse processo, as heranças culturais se preservam e se renovam.

O jongo e o samba de roda baiano são tradições que remontam ao trabalho rural desenvolvido pelos africanos escravizados no Sudeste brasileiro e no Recôncavo Baiano, respectivamente. Entretanto, para atuar no jongo ou no samba de roda, a pessoa não precisa necessariamente ter ligações de identidade ou sociais com os grupos originários. Esse é o caso dos grupos parafolclóricos, que, por admiração ou identificação, dedicam-se a divulgar o patrimônio imaterial dessas manifestações. São chamados parafolclóricos os grupos que apresentam **folguedos** e danças folclóricas cujos integrantes não tiveram a vivência das tradições representadas, mas as aprenderam por meio do estudo ou da pesquisa.

Folguedos
Festa popular composta de música, dança e representação.

A Cia. de Dança Andora, da Universidade Federal do Espírito Santo (Ufes), é um grupo parafolclórico formado por estudantes de graduação e pós-graduação e por professores da Universidade Federal e da rede de Educação Básica do Espírito Santo. O objetivo é ajudar as escolas a explorar o universo da cultura popular brasileira, promovendo principalmente o resgate e a valorização das danças tradicionais da região onde os alunos moram.

Você acha importante o trabalho desenvolvido pela Cia. de Dança Andora? Se fosse montado um grupo parafolclórico na escola, quais danças ou tradições da sua região deveriam fazer parte do repertório? Por quê?

O jongo

Presente principalmente nos estados do Sudeste brasileiro, o jongo, dança que lembra muito o samba, manifesta-se de maneiras diferentes entre uma localidade e outra. Os dançarinos, dispostos em uma roda e geralmente girando no sentido anti-horário, batem palmas e dão o **ritmo** para que, individualmente ou em dupla, os participantes entrem no centro do círculo e executem passos variados, com movimentos de quadril, tronco, rodopios e sapateados. Os passos são feitos com agilidade e alegria.

O acompanhamento da dança é realizado por instrumentos de percussão, e às vezes o cantador utiliza um chocalho para ajudar na marcação do ritmo. Luís da Câmara Cascudo (1898-1986) afirma que um dos pontos altos do jongo é quando os dançarinos disputam entre si para ver quem é mais hábil, sendo comum que um homem e uma mulher entrem na roda para o desafio. Nascido em Natal, capital do Rio Grande do Norte, Luís da Câmara Cascudo foi um importante pesquisador da cultura popular do Brasil. Sua vasta obra procurou catalogar e compreender como as tradições populares se transformam e permanecem tanto na memória como no cotidiano das pessoas. Gestos, palavras, contos, cantigas, comidas, superstições e brincadeiras eram fontes utilizadas pelo pesquisador para revelar a alma do brasileiro.

Ritmo
Um dos elementos básicos da música. Pode ser compreendido como movimento marcado pela sucessão regular ou irregular de sons fortes e fracos.

O jongo também é conhecido como caxambu, e sua origem, como aponta Câmara Cascudo, remete à região central da África, entre Congo e Angola. A dança chegou ao Brasil na época da escravidão, trazida pelos africanos de origem bantu (grupo étnico da região central do continente africano) que vieram trabalhar nas fazendas de café do vale do Paraíba e nas plantações de cana-de-açúcar dos outros estados da região. Essa é uma das razões de os cantos retratarem a natureza e principalmente o cotidiano do trabalho nas fazendas. O jongo também reverencia os ancestrais e os mais velhos, prestando homenagens a sua força e perseverança na preservação das tradições e da memória coletiva.

Alcinoo Giandinoto

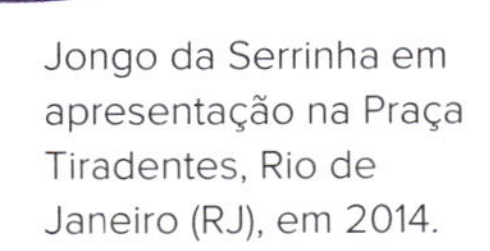

Jongo da Serrinha em apresentação na Praça Tiradentes, Rio de Janeiro (RJ), em 2014.

Mariana Dornelas/Acervo do Projeto Grupo Andora/UFES

Abertura do festival 14 Cantares, na Ufes, em 2013.

Alcinoo Giandinoto

Jongo da Serrinha em apresentação no Arpoador, Rio de Janeiro (RJ), em 2014.

O ponto de jongo puxado pelo cantador é composto de uma estrofe e um refrão com frases curtas, que são repetidas por todos os participantes. Muitos cantos são criados de improviso e apresentam linguajar simples inspirado na fala e no vocabulário dos antigos africanos escravizados. Outros possuem linguagem cifrada, porque, na época da escravidão, isso permitia que os trabalhadores pudessem se comunicar entre si sem que os capatazes e os senhores de engenho compreendessem o que cantavam.

Em 2005, o Instituto do Patrimônio Histórico e Artístico Nacional (Iphan) proclamou o jongo como Patrimônio Imaterial Brasileiro. Constitui em patrimônio histórico e artístico nacional o conjunto de bens móveis e imóveis existentes no país, cuja conservação seja de interesse público, por estarem vinculados a fatos memoráveis da história do Brasil ou por seu excepcional valor arqueológico, etnográfico, bibliográfico ou artístico.

O título de Patrimônio Cultural Imaterial é dado pela Unesco a expressões, práticas, técnicas e conhecimentos transmitidos de geração a geração por comunidades e grupos específicos que reconhecem essas manifestações como fundamentais para a preservação de suas memórias e identidades culturais. Para que o jongo recebesse esse título, foi necessário criar um inventário que conseguisse mostrar toda a riqueza e os saberes ancestrais presentes nessa manifestação cultural. No dossiê, composto do trabalho de vários pesquisadores, pontos de jongo cantados em diversas comunidades foram registrados. Conheça alguns:

Tava dormindo
Angoma me chamou
Disse levanta povo
Cativeiro se acabou*

Oi, negro, que tá fazendo
Oi, na fazenda do senhor?
Sinhozinho mandou embora
Pra que que negro voltou?

Dia treze de maio
Cativeiro acabou
E os escravos gritavam
Liberdade, senhor!

Cantado pelos jongueiros do Quilombo de São José da Serra, RJ.

*Canto de várias comunidades jongueiras.

Para conferir

Jongo no Sudeste. Brasília, (DF). Iphan, 2007. Disponível em: <www.pontaojongo.uff.br/sites/default/files/upload/dossie_jongo1.pdf>. Acesso em: 24 set. 2015.

CÂMARA CASCUDO. *Dicionário do folclore brasileiro.* São Paulo: Global, 2012.

A tradição e a transmissão de conhecimentos são fatores fundamentais para a sobrevivência das manifestações culturais, por isso muitas prestam homenagens à sabedoria dos mais velhos.

Como você se relaciona com a experiência dos mais velhos? Sobre quais elementos culturais você já aprendeu com eles?

Na roda do samba

O samba de roda da Bahia é outra herança vinda de africanos escravizados, principalmente dos que atuavam nos engenhos de cana e na indústria açucareira do Recôncavo Baiano, região litorânea em torno da Baía de Todos-os-Santos. Tal qual o jongo, o samba de roda também é dançado em círculo. Uma pessoa por vez entra na roda e improvisa movimentos com os quadris, as pernas e os pés, enquanto as outras cantam e batem palmas. O samba dançado é chamado miudinho, porque são executados passos pequenos com os pés, o que privilegia o balançar dos quadris. Antes de sair da roda, a pessoa sinaliza quem irá ocupar seu lugar executando o movimento da umbigada, que consiste em aproximar o umbigo da pessoa escolhida.

A palavra *samba* não é característica apenas do Brasil, mas de outras regiões da América, sempre relacionada às tradições africanas. Tem como origem a expressão *semba*, que significa umbigada. Esse gesto coreográfico está presente tanto no samba de roda baiano como em outras danças afro-brasileiras.

Instrumentos de diferentes grupos são utilizados no samba de roda. Há os que possuem cordas, por isso são classificados como *cordofones*, tal qual o violão, o cavaquinho, o bandolim e a viola de machete. Originária da Ilha da Madeira, a viola de machete foi trazida pelos colonizadores portugueses para o Brasil, onde é conhecida como viola caipira. Possui dez cordas dispostas em cinco duplas. É menor que o violão, e seu som é mais agudo. Enquanto na Bahia serviu de acompanhamento ao samba de roda, em outras regiões brasileiras, como o Centro-Oeste e o Sudeste, tornou-se símbolo da cultura interiorana e da moda de viola, composição cantada em duas vozes.

José Amaral

Umbigada, tradição que tem a ver com o samba. São Paulo (SP), em 2016.

Cia. de Dança Andora exibe o samba de roda no Teatro Universitário da Ufes, Vitória (ES), em 2013.

Mariana Dornelas/Acervo do Projeto Grupo Andora/UFES

DIÁLOGOS

Povos e sociedades tradicionais da África

Os bantus e sudaneses foram os principais grupos africanos trazidos para o Brasil, tornando-se os maiores responsáveis pela introdução das tradições africanas em nosso país, como a religião, a música e a dança. Os bantus eram originários do atual Congo, Gabão e norte de Angola e Moçambique; e os sudaneses eram da região do Golfo da Guiné, atual Nigéria e Benim (antigo Daomé). Cada uma dessas regiões era povoada por etnias que tinham características culturais e religiosas diferentes.

Ao chegar ao Brasil, os diversos povos africanos foram misturados. Os comerciantes evitavam comprar indivíduos da mesma etnia, pois achavam que, se deixassem juntos negros escravizados que falavam a mesma língua e possuíam a mesma origem, seria muito mais fácil para eles organizarem uma revolta. Vistos apenas como mercadorias e destituídos de sua humanidade, os africanos tiveram que reinventar suas culturas na tentativa de preservar suas identidades.

Esses povos africanos perceberam que, apesar de diferentes, suas religiões possuíam vários elementos semelhantes. A partir dessa constatação, misturaram cultos, divindades e rituais, dando origem às religiões afro-brasileiras, sendo a mais difundida delas o candomblé.

O candomblé mais conhecido no Brasil é de origem ioruba, grupo étnico de origem sudanesa, e está baseado no culto aos orixás, forças energéticas ligadas à natureza, desprovidas de um corpo material, que orientam, auxiliam e protegem seus adeptos. Sua manifestação se dá por meio da incorporação, processo em que uma pessoa preparada dentro dos rituais da religião torna-se o canal de comunicação entre o plano espiritual e o carnal.

Cada orixá possui uma mitologia que revela características de sua personalidade e sua relação com a natureza. Iemanjá, considerada a rainha do mar, e Xangô, entidade ligada aos raios e trovões, assim como ao fogo, são orixás populares no Brasil, por isso presentes em diversas canções, livros e pinturas. O artista argentino naturalizado brasileiro, Hector Julio Páride Bernabó (1911-1997), conhecido como Carybé, deixou uma extensa obra em que registra sua paixão pela cultura e religiosidade afro-brasileira. Pela análise de seus quadros, esculturas, gravuras e desenhos é possível mergulhar nessa experiência africana em território brasileiro.

No Brasil, o candomblé exerceu forte influência na música de todo o país e é conhecido nas diversas regiões por nomes diferentes. No Maranhão, o culto é conhecido como *tambor de mina*, sendo que do Rio Grande do Norte até Sergipe recebe o nome de *xangô*, enquanto no Rio Grande do Sul o nome corrente é simplesmente *batuque*.

Regiões de origem dos povos bantus e sudaneses

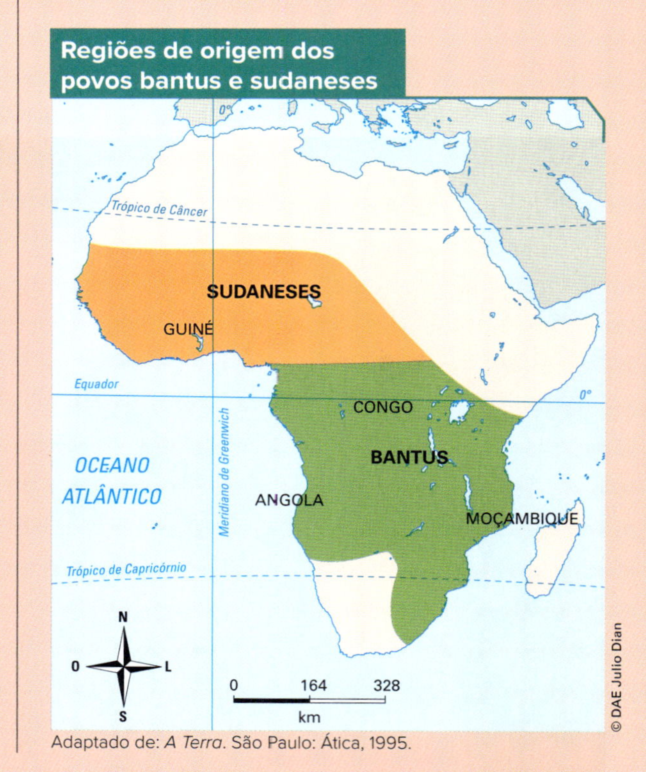

Adaptado de: *A Terra*. São Paulo: Ática, 1995.

Karla Braga/Opção Brasil Imagens

Festa de Iemanjá em Cachoeira (BA), 2013.

Fernando Araújo/Futura Press

Apresentação de Carimbó em Belém (PA), 2011.

Carlos Delagusta/Tyba

Apresentação de tambor de crioula em São Luís (MA), 2013.

Batuque também é uma denominação genérica utilizada para se referir às danças de origem afro-brasileiras como carimbó, tambor de crioula, jongo e samba de roda. O carimbó é uma das mais tradicionais expressões culturais do estado do Pará e da Amazônia brasileira, reunindo influências africanas, indígenas e ibéricas. Já o tambor de crioula, originário do estado do Maranhão, é uma expressão afro-brasileira que integra canto, percussão de tambores e dança circular. Ambas as tradições culturais fazem parte do Patrimônio Imaterial Brasileiro: o tambor de crioula foi inserido em 2007 e o carimbó em 2014.

- Na sua cidade é possível perceber essas tradições? Há outras manifestações de origem afro-brasileira presentes na região? Quais? O que elas revelam da história desse lugar e como as pessoas se relacionam com essa herança? Anote suas reflexões, depois converse com a turma.

____

____

____

____

____

Alexandre Acioli Jr.

Viola machete feita pelo *luthier* Rodrigo Veras. Foto de 2013.

Quitanda

Capa do álbum *Vozes da purificação*, de Dona Edith do Prato, 2003. Gravadora Quitanda.

Há ainda os instrumentos de percussão, classificados como *membrafones*, pelo fato de o som ser produzido pelo toque em membranas, tal qual o pandeiro, o atabaque e o timbal. Por último, os *idiofones* são instrumentos de percussão em que o som é retirado do próprio corpo do objeto sonoro, como o triângulo, o reco-reco, a maracá e o prato e faca. A cantora e percussionista Dona Edith do Prato (1916-2009), que nasceu em Santo Amaro da Purificação, importante cidade do Recôncavo Baiano, era reverenciada pela maestria com que manejava o prato e a faca, instrumento característico do samba de roda santamarense.

O samba de roda pode ser dançado em qualquer momento e ambiente, mas originalmente está associado às festas populares do calendário religioso católico, como as do Senhor de Santo Amaro e da Senhora da Purificação, que ocorrem nos meses de janeiro e fevereiro em Santo Amaro da Purificação; a de Nossa Senhora da Boa Morte, na cidade de Cachoeira, no mês de agosto; ou então nas festas religiosas afro-brasileiras, como São Cosme e Damião, que ocorrem em setembro em todo o Recôncavo Baiano. Além de presente nas festividades religiosas, muitos grupos de capoeira, após fecharem a roda, propõem o samba de roda como maneira de descontrair os convidados e participar desse momento com eles.

Luthier
Profissional especializado na confecção de instrumentos de cordas.

O samba de roda baiano reúne música, dança e poesia, e contém elementos não somente de origem africana, mas também da cultura portuguesa. Além da viola machete, muitas músicas fazem referência a Portugal, principalmente ao mar e à figura dos marinheiros. O compositor Caetano Veloso (1942-), nascido em Santo Amaro da Purificação, adaptou para o disco *Caetano Veloso* (1969), uma cantiga popular muito dançada na Bahia, chamada "Marinheiro só".

Eu não sou daqui
Marinheiro só
Eu não tenho amor
Marinheiro só
Eu sou da Bahia
Marinheiro só
De São Salvador
Marinheiro só

Marinheiro, marinheiro,
Marinheiro só
Quem te ensinou a nadar
Marinheiro só
Foi o tombo do navio
Marinheiro só
Ou foi o balanço do mar
Marinheiro só
Lá vem, lá vem,
Marinheiro só
Como ele vem faceiro
Marinheiro só
Todo de branco
Marinheiro só
Com seu bonezinho
Marinheiro só

"Marinheiro só", Caetano Veloso. Warner Chappell Edições Musicais Ltda.

Em 2004, o samba de roda do Recôncavo Baiano foi proclamado pelo Iphan como Patrimônio Imaterial Brasileiro, tal qual ocorreu com o jongo. Em 2005, a Unesco deu ainda mais visibilidade ao samba de roda ao declará-lo Obra-Prima do Patrimônio Oral e Imaterial da Humanidade.

As bonecas Karajá como Patrimônio Imaterial Brasileiro

Acervo do Museu do Índio/FUNAI – Brasil, Rio de Janeiro

Mulher karajá confeccionando boneca karajá. Tocantins (TO), em 1948.

Segundo dados de 2010 do Instituto Brasileiro de Geografia e Estatística (IBGE), atualmente o povo Karajá tem uma população de aproximadamente 3 mil indígenas. Eles habitam as margens do Rio Araguaia, em aldeias distribuídas nos estados do Pará, Mato Grosso, Goiás e Tocantins. A Ilha do Bananal, a maior ilha fluvial do mundo, localizada no Araguaia, é um território muito importante para o grupo por ser a referência territorial para seus mitos e sua organização social. Entre as diversas tradições culturais destacam-se as bonecas Karajá, conhecidas no grupo como as *ritxòkò*. No ano de 2012, elas se tornaram Patrimônio Imaterial Brasileiro.

As bonecas karajás são utilizadas como instrumentos de socialização e de educação das crianças indígenas sobre os costumes, as tradições e os ensinamentos do grupo. São confeccionadas exclusivamente pelas mulheres Karajá, e há bonecas para meninas e meninos. Com elas, as crianças aprendem as fases da vida desde o nascimento até a transição para o mundo adulto, a forma como devem se comportar perante o grupo em cada uma dessas fases e os valores culturais que devem ser preservados.

As bonecas foram registradas pelo Iphan nas categorias ofício e modos de fazer e formas de expressão por serem transmitidas de geração em geração por meio de condutas e práticas tradicionais. Isso significa que, mais que o objeto em si, o que o Instituto do Patrimônio Histórico e Artístico Nacional levou em consideração foi o modo de produção das bonecas karajás.

Para fazê-las, as mulheres karajás seguem as seguintes etapas: extraem as matérias-primas básicas que são a argila, retirada do fundo dos rios, as cinzas de árvores como a da cega-machado, que serve para diminuir a plasticidade da argila, e a água, utilizada para dar o ponto de modelagem do material. Com o barro preparado, elas modelam as figuras, depois queimam a argila e, para finalizar, pintam as peças com cores e grafismos mitológicos ou relacionados aos rituais, ao cotidiano ou à fauna do território ocupado.

Bonecas karajás. Ilha do Bananal (TO), 2009.

Fabio Colombini

As bonecas karajás são uma importante estratégia da preservação da cultura tradicional indígena, ao mesmo tempo que, comercializadas, constituem fonte de renda para as comunidades. Essa nova função alterou o processo de confecção e trouxe modificações na forma de algumas delas. Ao mesmo tempo que bonecas tradicionais continuam sendo criadas para a manutenção da tradição karajá, outras são confeccionadas como objetos decorativos e disponibilizadas principalmente para venda a turistas.

Você acredita que os títulos concedidos pelo Iphan ou pela Unesco podem efetivamente colaborar na preservação do patrimônio cultural? Qual seria o nosso papel nesse processo?

Visita virtual

Instituto do Patrimônio Histórico e Artístico Nacional

<http://portal.iphan.gov.br>
Acesso em: 21 out. 2015.

O Iphan é um órgão federal vinculado ao Ministério da Cultura, criado em 1937 com o objetivo de preservar os diferentes elementos que compõem a sociedade brasileira. Visite o *site* do instituto e acesse o tópico referente a Patrimônio Cultural; em seguida, veja as definições de:

- Patrimônio Material e Tombamento.
- Patrimônio Mundial e Patrimônio Cultural Imaterial da Humanidade. Nesse item, é possível conhecer os cinco patrimônios brasileiros que receberam esse título (Samba de Roda no Recôncavo Baiano, Arte Kusiwá – Pintura Corporal e Arte Gráfica Wajãpi, Frevo: expressão artística do Carnaval do Recife, Círio de Nossa Senhora de Nazaré, Roda de Capoeira).
- Anote suas reflexões e dúvidas e discuta-as em sala de aula com a turma.

Percursos de criação

Abre a roda que eu quero dançar

Agora que você conhece um pouco do jongo e do samba de roda da Bahia, organize com a turma uma roda de dança e explore esses ritmos. Para isso, pesquise e selecione músicas ligadas a essas tradições ou, se for possível, estimule os instrumentistas da sala ou convidados a tocar ao vivo.

Tanto no samba de roda quanto no jongo todos os participantes, inclusive os tocadores, formam um círculo ou semicírculo. No samba de roda, instrumentos como o pandeiro, o prato e faca e a viola dão o ritmo da dança enquanto no jongo predominam o som dos tambores. No famoso jongo da Serrinha, o caxambu, de som mais grave, e o candongueiro, tambor de som mais agudo, chamam as pessoas para a festa. Independentemente dos tambores ou instrumentos de percussão que vocês escolherem, seria interessante que houvesse variações de altura. Ou seja, sons agudos e graves.

As danças acontecem no interior da roda ao som dos instrumentos e das palmas dos outros participantes. No samba de roda, há um passo muito conhecido, o miudinho. Ele consiste num movimento de sapatear indo para a frente e para trás com os pés rentes ao chão enquanto os quadris acompanham o ritmo. A umbigada, gesto que sinaliza a troca da dupla ou de um dos dançarinos do centro da roda, está presente tanto no samba de roda quanto no jongo. Entretanto, na umbigada do jongo os dançarinos se aproximam menos que na do samba de roda, em que muitas vezes eles chegam a literalmente encostar a barriga.

Ao longo do tema, foram apresentadas obras, imagens, vídeos e textos descritivos que procuram ajudar a perceber os elementos constitutivos tanto do jongo quanto do samba de roda do Recôncavo Baiano. Retome os itens que considerar importantes para o sucesso da proposta.

A espontaneidade é um elemento fundamental nas manifestações populares. Portanto, para deixar a atividade ainda mais animada, após finalizar os preparativos, a turma pode fazer uma grande roda no pátio e convidar outros alunos da escola para participar.

Por causa do caráter imaterial da proposta, registre em vídeo ou em fotografias a roda de dança, depois apresente os documentos à sala e converse com os colegas sobre a experiência.

Valter Ferrari

Virou notícia

"As danças populares sofrem o preconceito de um Brasil que as considera uma cultura menor"

Antônio Nóbrega fala sobre o novo espetáculo Humus

João Carlos Mazella/AgênciaJCM/FotoArena

O multiartista Antônio Nóbrega, no Recife (PE), em 2014.

"Acho que se o trabalho versátil for benfeito ele melhora a qualidade."

Há cerca de dois anos, 13 bailarinos mergulharam na linguagem desenvolvida pelo multiartista Antônio Nóbrega. Foi desta imersão que nasceu *Humus*. O espetáculo, baseado no estudo e na vivência das matrizes corporais encontradas nas danças e nas manifestações populares brasileiras, marca o lançamento da Cia. Antônio Nóbrega de Dança.

Esta é a primeira vez que Nóbrega cria um espetáculo em que não atua. Ele é responsável pela concepção e direção geral de *Humus*, além de ser um de seus coreógrafos. A ideia de criar a companhia surgiu justamente da vontade do artista, segundo ele próprio, de compartilhar seu trabalho de pesquisa e criação em dança brasileira com um grupo.

Nóbrega conta que *Humus* é dividido em três partes: "Semeando", "Fertilizando" e "Florescendo". As matrizes aparecem de certa maneira cruas em "Semeando" e passam a ser trabalhadas de forma mais íntima em "Fertilizando". Em "Florescendo", terceiro e último momento, justamente a partir dessa intimidade, são criadas outras possibilidades. As matrizes são, assim, como o húmus: "Do elemento primitivo cria-se uma seiva rica", diz.

No palco, o frevo, o caboclinho, a congada e a capoeira, entre outros, são incorporados aos elementos provenientes da cultura ocidental da dança. Trata-se de se colocar em cena um ponto de equilíbrio entre as manifestações de cultura popular e erudita.

[...]

Leia a seguir a entrevista concedida por Antônio Nóbrega ao *site* da CULT.

CULT – A partir dos anos 1970, você percorreu o Brasil estudando as manifestações populares. Quais as principais mudanças nas manifestações culturais da época para agora?

Antônio Nóbrega – Quase todas as danças que visitei naquela época eu posso encontrar ainda hoje. No entanto, o que ainda falta é dedicar uma atenção a elas. Elas ainda não foram compreendidas, principalmente no campo da dança. Por estarem no universo da cultura popular, ainda sofrem o preconceito de um Brasil que considera cultura popular como uma cultura menor.

Como melhorar essa compreensão?

Por meio de políticas que favoreçam sua visualização, que estejam atreladas aos meios de difusão cultural. Com a globalização, a mídia acaba se pautando por eventos internacionais e se esquece das manifestações populares. Acredito que a internet já esteja fazendo o papel de diminuir a distância entre essa cultura e o público.

Acredita que é uma característica do artista contemporâneo transitar entre diversos ramos da arte?

Me parece uma tendência. É uma forma de agregar novos fazeres e saberes. Com maior acessibilidade às coisas, por meio da internet, tornou-se mais fácil ser mais versátil.

Na sua opinião, a versatilidade interfere na qualidade?

Acho que se o trabalho versátil for benfeito ele melhora a qualidade. Mas é uma questão de harmonia. No meu caso, por exemplo, estou estreando *Humus*, mas também trabalho em *Lua*, *show* dedicado a Luiz Gonzaga. Porém, há uma unidade que garante esteio a isso tudo: estou dentro do meu território, que é o da cultura brasileira.

Você começou como instrumentista no Quinteto Armorial e passou, em 1976, a trabalhar com dança também. Convive bem com as duas ocupações?

Sim, pois gosto muito de ambas. O conflito que encontro é de como organizar as minhas horas e como colocar as coisas nos seus devidos lugares. Equilibrar e adequar isso dentro de uma disciplina de trabalho e de prazer.

Numa época em que o Brasil se mostra atraído com shows internacionais, como acha que o público receberá um espetáculo como *Humus*?

Gozo de certo reconhecimento, não sinto grande dificuldade de divulgar o espetáculo. Me parece que há um interesse por parte do público. Mas acho que o Brasil tem que ter cuidado com o excesso de espetáculos internacionais. Nada contra eles. Só acho que devemos favorecer também festivais e eventos que mostrem uma dinâmica brasileira de arte.

Disponível em: <www.revistacult.uol.com.br/home/2013/05/%E2%80%9Cas-dancas-populares-sofrem-o-preconceito-de-um-brasil-que-as-considera-uma-cultura-menor%E2%80%9D/>. Acesso em: 24 set. 2015.

Com base no texto lido, faça as atividades:

1. Circule as palavras ou conceitos que você não conhece, bem como as manifestações populares citadas no texto. Depois, organize-as em ordem alfabética no espaço abaixo, identificando seus significados.

____

____

2. Antônio Nóbrega afirma que as danças populares ainda não são compreendidas no Brasil. Por que ele faz essa afirmação? Segundo o artista, o que é necessário fazer para mudar esse panorama?

____

____

____

3. Você concorda com a opinião de Antônio Nóbrega? No Brasil existe preconceito em relação à cultura popular? Como é possível percebermos isso?

____

____

____

Hélio Oiticica e o diálogo com a cultura popular

A cultura popular é uma rica e inesgotável fonte de inventividade, o que fez com que ao longo da história brasileira ela servisse de inspiração para inúmeros artistas, entre eles Hélio Oiticica (1937-1980). Uma de suas mais famosas criações, os Parangolés, surgiu do seu envolvimento com o samba carioca. Nascida na Bahia, mas popularizada no século XX no Rio de Janeiro, a tradição do samba foi fundamental para despertar no artista novas percepções sobre a criação artística.

Na década de 1960, Hélio Oiticica foi levado por amigos à Escola de Samba Estação Primeira de Mangueira, onde se envolveu com a comunidade e iniciou uma série de experiências que iriam desembocar nos parangolés, que são capas, bandeiras, tendas ou estandartes para serem vestidos ou carregados pelos participantes. Ou seja, são pensados como manifestação coletiva, tal como ocorre no samba e nas outras tradições populares. Confeccionados com tecidos coloridos, alguns parangolés apresentam imagens ou textos. A obra só existe quando quem a carrega se movimenta e explora a potencialidade das cores, dos cortes do tecido e do ritmo, fundindo as linguagens das artes visuais, da poesia, da música e da dança.

Hélio Oiticica afirmava que a aproximação com o samba ocorreu por causa de "uma necessidade vital de desintelectualização, de desinibição intelectual, da necessidade de uma livre expressão". Para que a ação aconteça, exige-se a participação inventiva e espontânea do espectador, como acontece no samba. Esse sentimento foi o gatilho para que o artista passasse da experiência focada apenas na visualidade para a exploração de outras percepções captadas pelos sentidos. Os parangolés estimulam o público a deixar de ser espectador para tornar-se, segundo o próprio artista, participador. Inclusive, ele afirma que eles não foram pensados como obras, mas como experiência.

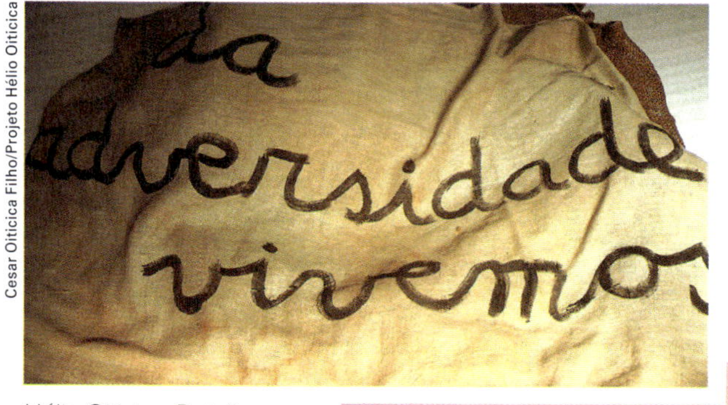

Cesar Oiticica Filho/Projeto Hélio Oiticica

Hélio Oiticica. Detalhe de poema escrito em Parangolé.

Sérgio Zalis/Projeto Hélio Oiticica

Hélio Oiticica. *Parangolé P4 Capa 1*, 1964.

Acervo Museu de Arte Moderna do Rio de Janeiro

Oficina de Parangolés Oiticica – Faça você mesmo, realizada no Museu de Arte Moderna do Rio de Janeiro (RJ), em 2010.

Para conferir

OITICICA FILHO, Cesar (Org.). *Hélio Oiticica*: Museu e o mundo. Rio de Janeiro: Azougue Editorial, 2011.

Se os parangolés não foram pensados para serem expostos como obras em um museu, de que maneira manter sua força expressiva como obra de arte e ao mesmo tempo preservá-los para as novas gerações?

Hélio Oiticica questionou o conceito tradicional do que seria arte, artista e exposição. Defendia que o importante seria criar espaços e situações em que os participantes pudessem fazer e explorar os próprios parangolés. Sua obra dialoga com várias questões da arte contemporânea, como a desmaterialização do objeto artístico, o questionamento do estatuto da arte, a obra como criação mental e a relação entre público e obra de arte. No entanto, antes de examinarmos esses assuntos, vamos refletir um pouco sobre a questão da preservação.

Arte contemporânea

Contemporâneo diz respeito à época em que vivemos. O dramaturgo inglês William Shakespeare (1564-1616) e o pintor espanhol Diego Velásquez (1599-1660) foram contemporâneos. Viveram em países diferentes, mas acompanharam as transformações culturais, políticas e científicas promovidas com o Renascimento e o fortalecimento das monarquias europeias. Suas obras refletem o espírito do tempo em que viveram. Essa capacidade dos artistas de perceber o que ocorre a sua volta faz com que muitos os apontem como as antenas da sociedade, captando sensibilidades e questões que nos ajudam a compreender o mundo.

No entanto, quando falamos de arte contemporânea, tratamos de algo que ultrapassa as questões cronológicas ou semânticas. Isso não significa que essa arte não esteja ancorada em um período histórico, mas que pensá-la somente com base em recortes cronológicos não nos permitirá compreender sua complexidade. É importante perceber a arte contemporânea não como estilo, mas como modo de pensar, de organizar os pensamentos sobre o mundo. Cronologicamente, podemos afirmar que ela sucede a arte moderna e o projeto da modernidade. Mas que projeto é esse? Quando termina a arte moderna e começa a arte contemporânea?

Veja o que o curador e crítico de arte Paulo Sergio Duarte fala a esse respeito:

O que é ser contemporâneo? Qual é o limite da modernidade?

Arquivo pessoal

Paulo Sergio Duarte, em foto de 2010.

Há fatores que indicam que certos limites foram alcançados na modernidade. Do ponto de vista moral e ético, há o limite dado por dois fenômenos históricos marcantes: o holocausto e as bombas atômicas sobre Hiroshima e Nagasaki. O holocausto porque nunca antes uma máquina do Estado havia sido colocada a serviço de uma ideologia que pretendia a pureza étnica e que sacrificou 6 milhões de pessoas. O outro limite (o das bombas) é dado quando os Estados Unidos, a maior democracia do mundo, a mais avançada estrutura política e econômica, decidem matar dezenas de milhares de civis em poucos segundos para acabar com a Segunda Guerra. No campo da arte, a maturidade da modernidade se dá logo no início do século XX. Vemos três aspectos completamente diferentes. O primeiro é dado por um sujeito da razão. Ele atua na arte acreditando fortemente nas conquistas da ciência e da técnica e pensa que isso pode resultar num universo mais harmonioso, numa vida melhor. Esse horizonte é marcado pelo movimento **construtivista**. Um segundo ponto é o sujeito da vontade, que critica esse universo da razão, aponta para a sociedade e mostra que toda a ciência e a técnica não melhoraram a vida. É uma forma de romantismo que se manifesta com muita clareza no predomínio dos valores da existência humana sobre os puramente racionais, e que é muito forte no **expressionismo** alemão. Essa linha é bastante clara em todo o século XX. Um terceiro aspecto, que tem grande força até hoje, é o sujeito da crítica radical da cultura. Ele aparece na Primeira Guerra, no dadaísmo, que se desdobra no surrealismo. Trata-se de uma clara negação de que os valores racionais governam o ser humano. Para essa corrente, somos governados por forças interiores às quais não temos acesso. É o inconsciente, impregnado pela descoberta freudiana. A questão trazida por Duchamp é tão importante que merece um capítulo à parte. Embora ele atue na crítica radical da cultura, também coloca problemas do ponto de vista cognitivo e até epistemológico da arte [...].

Trecho de uma entrevista concedida por Paulo Sergio Duarte. Revista Continuum *Itaú Cultural*, dez. 2007. Disponível em: <http://novo.itaucultural.org.br/materiacontinuum/marco-abril-2009-a-arte-aponta-aquilo-que-falta-em-voce/>. Acesso em: 24 set. 2015.

Construtivismo

Movimento artístico que ocorreu entre 1913 e 1930, tendo se espalhado pela Rússia para outros países europeus. Vinculado ao período revolucionário, o Construtivismo propõe o fim da arte como elemento exclusivo da elite para incentivar uma arte popular, funcional e que dialogue com todos os setores da sociedade.

Expressionismo

Movimento artístico surgido na Alemanha, no início do século XX, antecedendo a Primeira Guerra Mundial, um período conturbado da história alemã que se refletiu nas artes. Nele, o essencial não era a realidade, mas sim o que se escondia o mais secretamente possível no interior da natureza humana.

A década de 1960 é apontada pelos historiadores e críticos de arte como o ponto de nascimento da arte contemporânea. A obra de Hélio Oiticica, como vimos, é resultado das experimentações e inquietações artísticas do período. As criações passam a dispor de vários suportes, o cenário da arte é transformado pela interface com outras linguagens, quando ganham espaço as performances, as instalações e o diálogo com as novas mídias. Os suportes tradicionais, como a tela, o bronze e o mármore, não são abolidos, mas dividem espaço com novos campos de criação.

A inventividade e a ousadia das obras de Hélio Oiticica ainda provocam debates críticos e reações acaloradas no público. Isso nos revela que, mesmo passados tantos anos, suas criações continuam vivas e provocadoras. O diálogo entre linguagens artísticas, a busca de novas experiências sensoriais entre o público e a obra, o questionamento dos limites da criação, a relação entre a arte e a vida são elementos presentes na expressão contemporânea que foram explorados em inúmeras obras do artista, como os penetráveis *Tropicália* (1967) e *Cosmococas* (1973).

Hélio Oiticica deu o nome de penetráveis a espaços criados para serem explorados pelo público e que reúnem de objetos retirados do cotidiano a imagens e sons diversos, com o objetivo de estimular memórias e proporcionar uma experiência diferenciada ao espectador. A obra *Tropicália* (1967), tal como os parangolés, é resultado das vivências do artista nos morros cariocas e da sua admiração pelo ambiente que encontra. Elementos naturais como areia, plantas e araras explicitam o teor tropical apontado pela criação e despertam o tato, a audição, a visão e o olfato dos espectadores, que são convidados a percorrer o espaço criado pelo artista. O impacto da obra extrapolou o universo das artes visuais e influenciou outras criações, como o álbum coletivo *Tropicália* (1967), encabeçado por Caetano Veloso e Gilberto Gil.

Já *Cosmococas* surgiu na década de 1970, em parceria com o cineasta mineiro Neville D'Almeida (1941), quando Oiticica e ele moravam em Nova York. São ambientes sensoriais compostos de objetos, trilhas sonoras e projeções de imagens. Eles batizaram a experiência de "quase-cinema", devido ao diálogo que estabeleceram entre o universo das artes visuais e o das artes cinematográficas. Atualmente, cinco cosmococas podem ser vivenciadas pelo público no Centro de Arte Contemporânea Inhotim, localizado em Brumadinho, no estado de Minas Gerais. A instituição criou uma galeria específica para abrigar as cosmococas, batizadas pelos artistas de *Trashiscapes, Onobject, Maileryn, Nocagions e Hendrix-War.*

Projeto Hélio Oiticica/Instituto Inhotim. Foto: Ricardo Mallaco

Hélio Oiticica. *Cosmococa 5 Hendrix-war*, 1973. Técnica mista. Instituto Inhotim, Brumadinho (MG).

César e Claudio Oiticica/Projeto Hélio Oiticica

Hélio Oiticica. *Tropicália*, *Penetráveis 2* e *Penetráveis 3*, (1967). Instalação com plantas, areia, araras, aparelho de televisão, tecido e madeira. Itaú Cultural, São Paulo (SP).

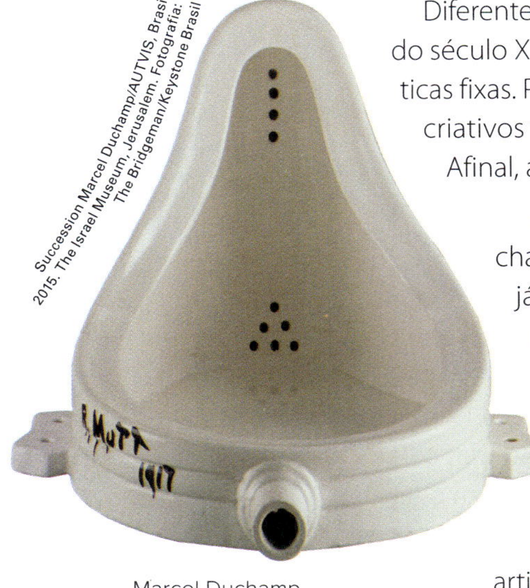

Succession Marcel Duchamp/AUTVIS, Brasil, 2015. The Israel Museum, Jerusalem. Fotografia: The Bridgeman/Keystone Brasil

Marcel Duchamp. *Fonte*, 1917. Réplica, 1964.

Diferentemente do que ocorreu na maior parte da história da arte ocidental até o início do século XX, é impossível classificarmos a arte contemporânea com base em características fixas. Por ser ela o território da experimentação e da diversidade, todos os processos criativos foram permitidos, incluindo os que a princípio parecem incompreensíveis. Afinal, a provocação faz parte dessa arte.

É nesse contexto que podemos pensar a obra *Fonte* (1917), de Marcel Duchamp. Cronologicamente, ela é anterior à produção contemporânea, mas, como já afirmamos, não é possível analisar a arte contemporânea apenas por um recorte no tempo e no espaço. As questões lançadas pela obra de Duchamp são fundamentais para refletirmos sobre a produção artística de nossa época.

Em 1917, em Nova York, o artista francês inscreveu a obra *Fonte* na Exposição dos Artistas Independentes. A obra consistia em um urinol branco com a assinatura de R. Mutt, alusão a Mott, loja em que ele comprara o objeto. A ideia de Marcel Duchamp era questionar o conceito de arte e de artista. O interessante é que, mesmo a exposição sendo organizada por artistas que desejavam romper com a tradição e as ideias preconcebidas sobre o objeto artístico, a obra foi vista como uma afronta e, por isso, recusada. Nunca exposta ao público, a peça original foi perdida. Porém, ela havia sido documentada pelo fotógrafo Alfred Stieglitz (1864-1946), que, por seu reconhecimento como artista e galerista, agregou prestígio e visibilidade à obra de Duchamp. Não se sabe o que aconteceu com a primeira peça, mas 15 exemplares foram refeitos e comercializados pelo artista, estando hoje no acervo de importantes instituições.

Ready-made

Marcel Duchamp foi o primeiro a tirar objetos do cotidiano de sua função original e transformá-los em arte, dando a esse processo o nome de *ready-made*. A ação de inserir um objeto do dia a dia no circuito artístico trouxe a defesa de uma arte em que o conceito era tão importante quanto a forma. Se antes o suporte como a tela ou a pedra conduzia o trabalho do artista e determinava suas ideias, Duchamp inverteu o processo: de início viria a ideia, depois a definição de qual suporte seria mais adequado para expressá-la. Em *Roda de bicicleta* (1913), primeiro *ready-made* do artista, Duchamp, ao inserir uma roda de bicicleta em um banco, retira a função original dos objetos e os transforma em objeto artístico aberto a inúmeras interpretações.

Grande parte da produção do artista está inserida no dadaísmo, movimento artístico surgido na Europa em 1916, que propõe uma arte livre de regras, espontânea e desvinculada do racionalismo.

As questões que Marcel Duchamp levou para o universo artístico influenciaram artistas e inspiraram muitas orientações e procedimentos presentes na arte contemporânea, como podemos ver na produção de dois artistas brasileiros: o paraibano José Rufino (1965-), que em suas criações utiliza objetos relacionados à memória familiar para reorganizá-los visualmente e criar novas relações, e o paulista Sidney Amaral (1973-), artista que subverte a materialidade e a função dos objetos em obras muitas vezes enigmáticas.

Succession Marcel Duchamp/AUTVIS, Brasil, 2015. The Israel Museum, Jerusalem. Fotografia: The Bridgeman/Keystone Brasil

Marcel Duchamp. *Roda de bicicleta*, 1913.

Marcel Duchamp também foi precursor da chamada arte conceitual, categoria que prioriza a atitude mental em detrimento da aparência da obra de arte. O crítico de arte Edward Lucie-Smith (1933-) afirma que a arte conceitual é uma forma de expressão que tenta o máximo possível abolir o físico, para evitar que a estimulação ótica se sobreponha aos processos intelectuais por meio dos quais o artista procura estimular o público.

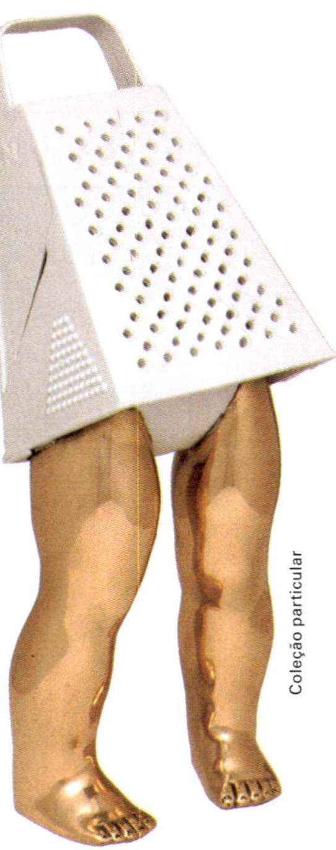

Coleção particular

Sidney Amaral. Sem título, 2012. Bronze, polido e pintura eletrostática.

Arte conceitual

A arte conceitual surge na segunda metade da década de 1960. A obra *Uma e três cadeiras* (1965), de Joseph Kosuth (1945-), exemplifica bem esse procedimento ao colocar em questão a representação artística. A representação é um conceito que diz respeito a fazer presente alguém ou alguma coisa ausente. É uma interpretação da realidade que as pessoas elaboram com base em suas concepções de mundo, algo muito explorado na arte desde os registros rupestres. Uma ideia também pode ser representada por um objeto ou por uma imagem.

Observe a imagem. Em qual desses três elementos citados acima o objeto está mais bem representado?

Kosuth, Joseph/Licenciado por AUTVIS, Brasil, 2015. Museu de Arte Moderna (MoMA), Nova York. Fotografia: Scala, Florence

Joseph Kosuth. *Uma e três cadeiras*, 1965. Madeira, fotografia e painel, 82 × 38 × 53 cm (cadeira), 91 × 61 cm (fotografia), 61 × 76 cm (painel).

São três possibilidades de registro: a imagem fotográfica da cadeira, a cadeira como objeto e um painel fotográfico com a definição da palavra cadeira extraída de um dicionário. Para o artista, o item em si, sua representação e sua descrição verbal teriam o mesmo valor. Joseph Kosuth não fotografou a cadeira, não a criou nem escreveu a definição dela no dicionário, apenas selecionou elementos e os reuniu. Tal como Duchamp, ele questiona o próprio ofício: se antes um artista era reconhecido pelo domínio da técnica, agora ele não precisa obrigatoriamente executar a obra de arte ou os objetos que a compõem. A arte conceitual modifica a forma de pensar a materialidade da obra artística, indo além de pincéis, tintas, telas, ferro. A própria ideia torna-se matéria.

Para conferir

LUCIE-SMITH, Edward. *Os movimentos artísticos a partir de 1945*. Trad. Cássia Maria Nasser. São Paulo: Martins Fontes, 2006.

Percursos de criação

PROPOSTA 1. *Ready-made*

Muitos ainda pensam a arte como algo distante de suas vidas, direcionada somente a algumas pessoas ou presente apenas nos museus, nos teatros ou em outras instituições artísticas. A arte contemporânea procura romper com esse pensamento, e seus seguidores tentam se aproximar cada vez mais do cotidiano, inserindo objetos do dia a dia em suas obras, ressignificando ações corriqueiras, propondo uma arte que se confunda com a vida.

A arte muda nosso olhar sobre as coisas. Analise os objetos que você carrega dentro da bolsa ou que estão sobre sua mesa. É possível dar um novo significado a eles? Escolha um ou mais objetos e, tal qual fazem os artistas, crie novas interpretações e ideias sobre eles. Depois, apresente seu trabalho para os colegas.

PROPOSTA 2. As coisas

Essa proposta é dividida em algumas etapas:

1. Escolha na sua casa um objeto qualquer. Pode ser um vaso, um porta-retrato, um utensilio doméstico. Leve-o para a sala de aula.
2. Na sala, todos os objetos levados deverão ser trocados entre os alunos.
3. Após a realização das trocas, leia o texto da canção "As coisas", composta por Arnaldo Antunes (1960-) e Gilberto Gil (1942-). Nela, os compositores refletem sobre a materialidade e o sentido dos objetos.

As coisas têm peso,
massa, volume, tamanho,
tempo, forma, cor,
posição, textura, duração,
densidade, cheiro, valor.
Consistência, profundidade,
contorno, temperatura,
função, aparência, preço,
destino, idade, sentido.
As coisas não têm paz.

4. Na composição os artistas não especificam objetos, eles apontam características presentes em todas "as coisas". Entretanto, você possui um objeto específico resultado da troca realizada em sala de aula. Com base nele, identifique:

Peso ____________________

Massa ____________________

Volume ____________________

Tamanho ____________________

Tempo ____________________

Forma ____________________

Cor ____________________

Posição ____________________

Textura ____________________

Duração ____________________

Densidade ____________________

Cheiro ____________________

Valor ____________________

Consistência ____________________

Profundidade ____________________

Contorno ____________________

Temperatura ____________________

Função ____________________

Aparência ____________________

Preço ____________________

Destino ____________________

Idade ____________________

5. Apoiado nas informações levantadas sobre o objeto e tendo como inspiração o texto da canção de Arnaldo Antunes e Gilberto Gil, proponha um poema/música para o objeto que destaque algumas das características registradas. Dê um título a ele e depois apresente a criação para a sala.

Ilustrações: Valter Ferrari

Imagens e pensamento

Fotos: Katrin Schoof

Xavier Le Roy. *Self unfinished*, 1998. Berlim, Alemanha.

- Os movimentos que o bailarino executa não são condizentes com o ambiente em que ele se encontra. Qual seria o motivo ou a ideia que o levou a se movimentar dessa maneira?

____

____

- As imagens são um registro da coreografia. Elas são suficientes para dar conta da dança como linguagem? Por quê?

____

____

____

Xavier Le Roy

A dança contemporânea também é o território da experimentação, da provocação e do diálogo entre diferentes expressões artísticas. Para Carlos R. Briganti, a transgressão do espaço, da forma, do gesto e da estética cria nova identidade para a dança contemporânea. Diferentemente do balé clássico e da dança moderna, em que os bailarinos exploram técnicas já consolidadas, na contemporaneidade os corpos dos intérpretes estão abertos a novas possibilidades oferecidas pelo teatro, pela *performance*, pelo circo, pelas danças populares e principalmente pela pesquisa de movimentos.

Observe como o bailarino e coreógrafo francês Xavier Le Roy (1963-) explora o corpo na coreografia intitulada *Self unfinished* (1998).

- Que tipo de relação ou atitude um espetáculo igual ao de Xavier Le Roy exige do público? Seria o mesmo que o estimulado por qualquer outra linguagem da dança?

A dança contemporânea brasileira

A dança contemporânea produzida no Brasil é rica em diversidade e experimentações. Mais que uma combinação de passos, ritmos e estilos, ela é uma linguagem que expressa, por meio dos movimentos, ideias, anseios e inquietações do mundo ao nosso redor. Cada companhia ou intérprete possui interesses e pesquisas próprias que dialogam com inúmeras possibilidades coreográficas, tais como a utilização do espaço, os limites do corpo e do movimento, a narratividade, o diálogo com a cultura popular ou a relação música e dança. Entre as diversas companhias brasileiras destacamos o Grupo Corpo, a Cia. de Dança Deborah Colker, o Grupo Cena 11 e a Pulsar Cia. de Dança.

O **Grupo Corpo** foi fundado em 1975, em Belo Horizonte, tendo à frente os irmãos Paulo e Rodrigo Pederneiras, sendo que este último se tornaria o mais importante coreógrafo da companhia. Desde seus primeiros espetáculos, o grupo firmou parceria com diversos músicos brasileiros, que criaram trilhas especialmente para suas coreografias, como Arnaldo Antunes, José Miguel Wisnik, Tom Zé, João Bosco, Caetano Veloso, Lenine e Samuel Rosa. A mistura de estilos e técnicas coreográficas que tanto marca a dança contemporânea é uma das características das coreografias do grupo, nas quais movimentos extraídos dos bailados populares das várias regiões do país combinados com a técnica clássica resultam numa pesquisa de movimento singular na dança brasileira.

No ano de 2015, para celebrar os 40 anos de fundação, o Grupo Corpo estreou *Suíte branca*, com trilha de Samuel Rosa, vocalista da banda Skank, e coreografia de Cassi Abranches, antiga bailarina da companhia que retornou ao grupo em outra função.

Cia. Deborah Colker, *4 por 4* (2002), coreografia de Deborah Colker. Teatro Alfa, São Paulo.

Cia. de Dança Deborah Colker

Jaime Acioli

A escolha do branco como ponto de partida tanto para a criação coreográfica quanto para a identidade visual do balé marcou o início de uma nova trajetória de uma companhia que hoje é celebrada no mundo todo.

A **Companhia de Dança Deborah Colker** foi fundada em 1994 pela coreógrafa e bailarina carioca Deborah Colker. Os movimentos de suas coreografias aliam força, leveza e equilíbrio e extrapolam a verticalidade do palco e do chão, que pode ser substituído pelas paredes ou simplesmente flutuar com ajuda de objetos até então impensados no mundo da dança. Para alcançar o domínio técnico necessário para seus espetáculos, os bailarinos realizam aulas de dança clássica, moderna, dança de rua, ao mesmo tempo que se aproximam muitas vezes do universo esportivo. Segundo a coreógrafa, o movimento precisa ser pensado, experimentado, disciplinado e conscientizado para sensibilizar o corpo que pensa, muda, sente e dança. O diálogo entre linguagens artísticas como o circo e as artes visuais é uma constante nos seus trabalhos, como vemos em *4 por 4* (2002), espetáculo que reúne quatro coreografias inspiradas em artistas plásticos brasileiros e que explora a relação movimento e espaço. As coreografias "Cantos", "Mesa", "Povinho" e "Vasos" foram baseadas respectivamente na obra de Cildo Meireles, Coletivo Chelpa Ferro, Victor Arruda e Gringo Cardia.

Espetáculo *Indefinidamente indivisível*, 2010, da Pulsar Cia. de Dança. Rio de Janeiro (RJ).

O **Grupo Cena 11** foi fundado em 1993 na cidade de Florianópolis, no estado de Santa Catarina, pelo bailarino e coreógrafo Alejandro Ahmed. O grupo estabelece relações entre a dança e várias linguagens da arte, como o teatro, a música, as artes visuais, a moda e a tecnologia. Em seus últimos espetáculos, como *Monotonia de aproximação* e *Fuga para 7 corpos* (2014), o grupo continua explorando os limites e as possibilidades do corpo em coreografias vigorosas e experimentais, mas agrega uma investigação do espaço cênico, já que os bailarinos dançam num espaço em arena com o público à sua volta. A trilha sonora é uma única faixa, a *Fuga nº 2*, de Bach, que tem cinco minutos de duração, mas é desmembrada e mixada para contemplar os 50 minutos de coreografia. O questionamento dos padrões estéticos também é recorrente nos espetáculos do grupo, que valoriza a diversidade de corpos e experiências, algo que também podemos ver na Pulsar Cia. de Dança.

Fundada em 2000 na cidade do Rio de Janeiro por Teresa Taquechel, a **Pulsar Cia. de Dança** é formada por bailarinos com e sem deficiência. Influenciada pelo trabalho dos coreógrafos e educadores corporais Klauss Vianna (1928-1992) e Angel Vianna (1928), a companhia investiga as múltiplas possibilidades do corpo e da dança contemporânea. *Indefinidamente indivisível* (2010), uma das coreografias mais importantes da companhia, explora movimentos no solo, deslocamentos por meio de apoios ou cadeira de rodas e inúmeras possibilidades de movimento com base no uso de objetos.

Investigação

Com base nas discussões levantadas no capítulo, selecionamos alguns temas que poderiam ser aprofundados. A relação é apenas uma possibilidade entre muitas do rico universo da arte e da cultura. Essa lista contempla algum tema de seu interesse? Gostaria de acrescentar outros? Quais? Anote a seguir.

- Grupos parafolclóricos.
- Ritmos regionais brasileiros.
- Povos e sociedades tradicionais da África de matriz bantu.
- Patrimônio Imaterial Brasileiro.
- A obra de Luís da Câmara Cascudo.
- A diversidade dos instrumentos na música brasileira.
- A presença da cultura popular na música brasileira contemporânea.
- A obra de Hélio Oiticica.
- Arte moderna e contemporânea: diálogos e rupturas.
- Marcel Duchamp e a contemporaneidade.
- A obra de Joseph Kosuth.
- A dança contemporânea e grupos brasileiros.
- Arte contemporânea e público.

Trajetórias

Passado, presente e futuro são três tempos históricos fundamentais na experiência humana. Sendo a arte e a cultura maneiras de compreender o mundo, de que maneira a sociedade contemporânea pode ser pensada com base nas obras artísticas e nas tradições culturais de nosso tempo? Registre suas reflexões a seguir.

Valter Ferrari

Sempre atento!

1. Enem 2014

O Brasil é sertanejo

Que tipo de música simboliza o Brasil? Eis uma questão discutida há muito tempo, que desperta opiniões extremadas. Há fundamentalistas que desejam impor ao público um tipo de som nascido das raízes socioculturais do país. O samba. Outros, igualmente nacionalistas, desprezam tudo aquilo que não tem estilo. Sonham com o império da MPB de Chico Buarque e Caetano Veloso. Um terceiro grupo, formado por gente mais jovem, escuta e cultiva apenas a música internacional, em todas as vertentes. E mais ou menos ignora o resto.

A realidade dos hábitos musicais do brasileiro agora está claro, nada tem a ver com esses estereótipos. O gênero que encanta mais da metade do país é o sertanejo, seguido de longe pela MPB e pelo pagode. Outros gêneros em ascensão, sobretudo entre as classes C, D e E, são o *funk* e o religioso, em especial o *gospel*. *Rock* e música eletrônica são músicas de minoria.

É o que demonstra uma pesquisa pioneira feita entre agosto de 2012 e agosto de 2013 pelo Instituto Brasileiro de Opinião Pública e Estatística (Ibope). A pesquisa Tribos musicais – o comportamento dos ouvintes de rádio sob uma nova ótica faz um retrato do ouvinte brasileiro e traz algumas novidades. Para quem pensava que a MPB e o samba ainda resistiam como baluartes da nacionalidade, uma má notícia: os dois gêneros foram superados em popularidade. O Brasil moderno não tem mais o perfil sonoro dos anos 1970, que muitos gostariam que se eternizasse. A cara musical do país agora é outra.

GIRON, L. A. *Época*, n. 805, out. 2013 (fragmento).

O texto objetiva convencer o leitor de que a configuração da preferência musical dos brasileiros não é mais a mesma da dos anos 1970. A estratégia de argumentação para comprovar essa posição baseia-se no(a)

a. apresentação dos resultados de uma pesquisa que retrata o quadro atual da preferência popular relativa à música brasileira.

b. caracterização das opiniões relativas a determinados gêneros, considerados os mais representativos da brasilidade, como meros estereótipos.

c. uso de estrangeirismos, como *rock*, *funk* e *gospel*, para compor um estilo próximo ao leitor, em sintonia com o ataque aos nacionalistas.

d. ironia com relação ao apego a opiniões superadas, tomadas como expressão de conservadorismo e anacronismo, com o uso das designações "império" e "baluarte".

e. contraposição a impressões fundadas em elitismo e preconceito, com a alusão a artistas de renome para melhor demonstrar a consolidação da mudança do gosto musical popular.

2. Enem 2011

A dança é um importante componente cultural da humanidade. O folclore brasileiro é rico em danças que representam as tradições e a cultura de várias regiões do país. Estão ligadas aos aspectos religiosos, festas, lendas, fatos históricos, acontecimentos do cotidiano e brincadeiras e caracterizam-se pelas músicas animadas (com letras simples e populares), figurinos e cenários representativos.

SECRETARIA DA EDUCAÇÃO. *Proposta Curricular do Estado de São Paulo*: Educação Física. São Paulo, 2009. (adaptado)

A dança, como manifestação e representação da cultura rítmica, envolve a expressão corporal própria de um povo. Considerando-a como elemento folclórico, a dança revela

a. manifestações afetivas, históricas, ideológicas, intelectuais e espirituais de um povo, refletindo seu modo de expressar-se no mundo.

b. aspectos eminentemente afetivos, espirituais e de entretenimento de um povo, desconsiderando fatos históricos.

c. acontecimentos do cotidiano, sob influência mitológica e religiosa de cada região, sobrepondo aspectos políticos.

d. tradições culturais de cada região, cujas manifestações rítmicas são classificadas em um *ranking* das mais originais.

e. lendas, que se sustentam em inverdades históricas, uma vez que são inventadas, e servem apenas para a vivência lúdica de um povo.

3. UEL-PR – Adaptada

Observe a imagem a seguir, dos Parangolés de Hélio Oiticica (1964):

Sérgio Zalis/Projeto Helio Oiticica

Hélio Oiticica. *Parangolé P4 Capa 1*, 1964.

Com base na imagem e nos conhecimentos sobre a arte brasileira, é correto afirmar sobre os Parangolés:

a. São criações de roupas coloridas que o artista usou para estabelecer a ruptura com a arte neoconcreta.

b. São criações complexas em cores saturadas, cuja finalidade é exaltar o carnaval brasileiro.

c. O artista, querendo romper com a tradição, criou essas peças para mostrar que pintura também pode ser isso.

d. Não é possível afirmar que essas obras estavam livres do raciocínio matemático, pois apresentam uma técnica mecânica, exata, anti-impressionista.

e. Tendo uma sensação de expansão, ao vestir um Parangolé, o espectador passa a fazer parte da obra e de sua criação. É uma experiência sensorial cujos movimentos daquele que o veste revelam novas características de tal manifestação artística.

4. Unicamp-SP 2001

Para o crítico norte-americano Clement Greenberg, Marcel Duchamp, inventor dos *ready-mades*, foi o responsável pela "devastação da arte pelo conceito". Duchamp, com efeito, sempre se mostrou contrário à "demasiada importância dada ao retiniano na arte" a partir da segunda metade do século XIX. Discorra sobre as principais características da produção de Duchamp, analisando alguns de seus trabalhos e examinando sua contribuição para a arte do século XX.

Para aprofundar os temas

Livros

DINIZ, André. *Almanaque do samba*. Rio de Janeiro: Jorge Zahar, 2012.

O livro traz de maneira bem-humorada e ilustrada a história do samba no Brasil e suas especificidades regionais. Apresenta curiosidades, histórias e uma discografia comentada sobre os discos e os compositores mais relevantes desse gênero musical.

KLEIN, Jack; KLEIN, Susy. *O que é arte contemporânea?* São Paulo: Claro Enigma, 2013.

Com base na obra de 70 artistas contemporâneos, o livro explica os procedimentos utilizados e a maneira como cada um se relaciona com a contemporaneidade. A obra ainda traz indicações de *sites* e museus que possuem em seus acervos obras dos artistas analisados.

SANTOS, José Luiz dos. *O que é cultura popular*. São Paulo: Brasiliense, 2006.

Livro da Coleção Primeiros Passos que discute o conceito de cultura e de que maneira esta se ressignifica ao longo dos tempos. Discute as relações entre cultura erudita e popular, compreendendo a cultura como território de poder e de diversidade.

FRUNGILLO, Mário D. *Dicionário de percussão*. São Paulo: Ed. da Unesp, 2003.

Dicionário que abrange um universo de centenas de instrumentos de percussão, milhares de composições e de manifestações populares, assim como inúmeras técnicas de execução.

Sites

Cia. de Dança Andora
<http://andoraufes.com>

A Cia. de Dança Andora, da Universidade Federal do Espírito Santo, possui repertório diversificado, que abrange danças folclóricas de diversas regiões do Brasil. No *site*, é possível conhecer sua trajetória artística e seu trabalho social, além de ter acesso a imagens e vídeos de suas apresentações.

Ludovicus – Instituto Luís da Câmara Cascudo
<www.cascudo.org.br/home>

Instituição cujo objetivo é a preservação, a divulgação e a gestão do patrimônio cultural de Luís da Câmara Cascudo. Funciona na casa em que o pesquisador residiu por cerca de 40 anos e produziu sua monumental obra. Nela, estão 10 coleções, além de todo o acervo bibliográfico e documental desse estudioso do nosso folclore. O *site* disponibiliza parte do acervo, além de textos sobre cultura popular e sobre o trabalho de Câmara Cascudo.

Museu do Samba
<www.museudosamba.org.br>

O Museu do Samba foi fundado em 2011, na cidade do Rio de Janeiro, tendo como núcleo o antigo Centro Cultural Cartola (2001). Recupera a história do samba, principalmente o carioca, por meio do resgate, da preservação e da difusão dos conhecimentos relativos às matrizes do samba, tendo como referência as políticas de salvaguarda do patrimônio imaterial brasileiro. No *site*, é possível ter acesso a vídeos e publicações.

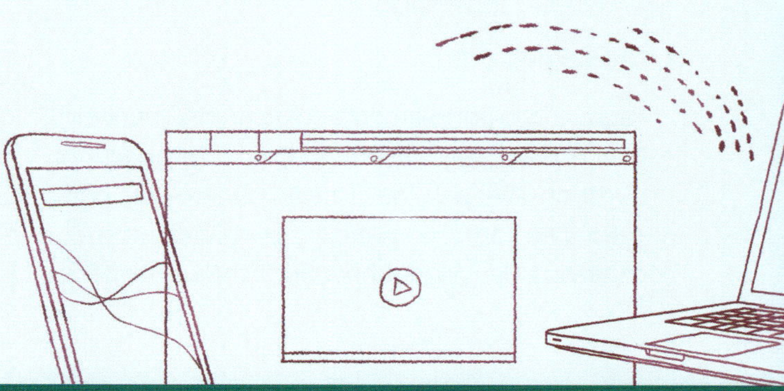

Suryara Bernarde

Unesco – Organização das Nações Unidas para a Educação, a Ciência e a Cultural (no Brasil)
<www.unesco.org/new/pt/brasilia>

O *site* da representação da Unesco no Brasil disponibiliza diversas informações sobre diversidade cultural, patrimônio mundial, cultura imaterial, além de várias outras notícias e publicações sobre as ações que a organização desenvolve no Brasil e no mundo.

Projeto Hélio Oiticica
<www.heliooiticica.org.br/home/home.php>

Criado em 1981 pelos irmãos do artista, o Projeto Hélio Oiticica tem a missão de guardar, preservar, estudar e difundir a obra desse grande inovador. No *site*, são disponibilizados imagens, vídeos e publicações diversas sobre a obra e a vida de Oiticica.

MoMA – Museu de Arte Moderna de Nova York (em inglês)
<www.moma.org/collection/artist.php?artist_id=1634>

O Museu de Arte Moderna de Nova York possui um importante acervo de Marcel Duchamp e Joseph Kosuth. É possível visitar a galeria virtual e conhecer diversas obras dos artistas, além de aproveitar a oportunidade para descobrir outros criadores emblemáticos do século XX.

Memorial da Resistência de São Paulo
<www.memorialdaresistenciasp.org.br>

Site do Memorial da Resistência de São Paulo que apresenta imagens, vídeos e depoimentos sobre a repressão no Brasil durante o regime militar.

Xavier Le Roy (em francês ou em inglês)
<www.xavierleroy.com>

Site oficial do bailarino e coreógrafo Xavier Le Roy que oferece informações e imagens em ordem cronológica sobre suas criações e participações em trabalhos colaborativos.

Cia de Dança Deborah Colker
<www.ciadeborahcolker.com.br/>

Site oficial da companhia que disponibiliza informações e imagens de seus espetáculos.

Grupo Cena 11 Cia. de Dança
<www.cena11.com.br/>

Site oficial que privilegia as produções e pesquisas atuais da companhia com relatos e textos sobre o seu processo criativo.

Grupo Corpo
<www.grupocorpo.com.br/>

Site oficial da companhia que exibe informações e imagens de seus espetáculos.

Pulsar Cia. de Dança
<www.pulsardanca.art.br/>

Site oficial da companhia que oferece informações e imagens de seus espetáculos.

Acessos em: 6 mar. 2016.

TEMA 5

CIDADES VISÍVEIS

Neste tema, você irá:

- Refletir sobre a utilização do espaço urbano e sobre maneiras de potencializar seu uso pela população.
- Compreender o urbanismo como disciplina que se propõe a pensar a cidade como um organismo vivo e em transformação.
- Conhecer as reformas urbanas ocorridas em Paris e no Rio de Janeiro entre o século XIX e início do XX.
- Reconhecer obras artísticas e literárias que discutem a urbanização e os conflitos vivenciados pelos moradores.
- Estabelecer relações entre a produção artística e cultural de tempos históricos diferentes.
- Reconhecer a importância do patrimônio artístico nacional para a preservação da memória e da identidade nacional.
- Compreender a linguagem do grafite e da arte urbana em suas diferentes expressões.
- Perceber como as produções dos artistas se relacionam com os territórios onde vivem.
- Criar obras em grupo com base na técnica do estêncil.

Praça Batista Campos, construída na década de 1950, em Belém (PA). Foto de 2015.

Anderson Barbosa / Fotoarena

Acho que o quintal onde a gente brincou é maior que a cidade. A gente só descobre isso depois de grande. A gente descobre que o tamanho das coisas há que ser medido pela intimidade que temos com as coisas.

Manoel de Barros.

Achadouros. In: *Memórias inventadas:* a infância. Planeta, 2003.

Marcos André/Opção Brasil Imagens

Praça da Liberdade, Belo Horizonte (MG). Foto de 2012.

O que torna uma cidade um lugar agradável para viver? Uma boa cidade é aquela que faz com que os moradores se sintam pertencentes a ela e estimule o convívio e a ocupação do espaço urbano. Por isso, é fundamental que nas cidades existam lugares para os encontros e para a vida comunitária. Nesse sentido, as praças desempenham importante função, uma vez que revelam as diversas manifestações da vida urbana e constituem locais onde as pessoas se reúnem para fins comerciais, políticos, culturais, assim como para a troca de experiências. Praças são ambientes públicos que refletem as cidades onde estão inseridas.

Há muitas praças na cidade onde você mora? Como as pessoas se relacionam com elas? Você costuma frequentá-las?

As praças como ponto de encontro e cultura

Uma cidade é formada por diversos elementos e consiste em um organismo vivo sempre em transformação. Cada uma possui territorialidade e identidade próprias, ancoradas na história e na cultura. Nenhuma cidade é igual a outra. Entretanto, algumas são consideradas melhores para viver. Fatores como planejamento urbano, distribuição de renda, acessibilidade, segurança e serviços influenciam decisivamente a qualidade de vida dos moradores e têm impacto na maneira como eles percebem as cidades onde moram.

As praças sempre constituíram pontos de encontro, de trocas comerciais e de cultura. Ao longo do tempo, elas foram perdendo suas funções originais, mas, nos últimos anos, pode-se ver um movimento de revitalização do espaço urbano e, consequentemente, do uso delas. O arquiteto e urbanista dinamarquês Jan Gehl (1936-) afirma que as praças são os espaços urbanos mais funcionais do mundo, mas para isso precisam estimular as pessoas a terem diferentes experiências.

A Praça Batista Campos, em Belém do Pará, construída na década de 1950, reúne muitos dos elementos destacados pelo urbanista, como espaços para caminhar, permanecer, sentar, conversar, olhar, e possibilita experiências estéticas e sensoriais agradáveis com base em três qualidades fundamentais para o espaço urbano: a proteção, o conforto e o prazer.

O arquiteto Jan Gehl defende que alguns fatores são fundamentais para a funcionalidade e a qualidade dos espaços urbanos, tais como a segurança e a proteção aos pedestres, ambientes públicos cheios de vida, proteção contra experiências sensoriais desconfortáveis como a poluição e o barulho, acessibilidade e ausência de obstáculos para caminhar, oportunidades para ouvir música, conversar e praticar atividades físicas.

Pisaphotography/Shutterstock.com

A Piazza del Campo, em Siena, na Itália, é considerada por diversos urbanistas uma das melhores praças do mundo. Foto de 2013.

Para conferir

GEHL, Jan. *Cidades para pessoas*. São Paulo: Perspectiva, 2013.

A principal praça da sua cidade possui os fatores de qualidade apontados por Jan Gehl? Se necessário, anote no caderno os itens que precisariam ser revistos para melhorar a experiência das pessoas no espaço urbano. Depois, converse com os colegas sobre o assunto.

O urbanismo e o planejamento das cidades

Ao longo da história, diversas culturas e sociedades organizaram seus espaços urbanos a fim de adequá-los a suas necessidades econômicas, sociais e de sobrevivência. Porém, o urbanismo como área de conhecimento surgiu no final do século XIX, na Europa, como uma das consequências da Revolução Industrial. A transferência de grandes populações do interior para as metrópoles, a mudança dos sistemas produtivos, o novo cenário urbano resultante da industrialização e da mecanização do trabalho aliado à ideia de progresso defendida pela modernidade foram determinantes para o surgimento dessa área de estudo. Assim, o urbanismo despontou com a função de buscar soluções para os problemas da cidade, propondo alternativas capazes de viabilizar uma maneira mais saudável e organizada de pensar e gerir os espaços urbanos. Paris, na França, iria se tornar um símbolo desse tipo de ação. Georges-Eugène Haussmann (1809-1891), conhecido como Barão Haussmann, prefeito da capital francesa entre 1853 e 1870, coordenou uma série de mudanças urbanas que tinham por finalidade resolver dois problemas recorrentes das cidades: a insalubridade e a dificuldade na circulação de pessoas. Haussmann criou um novo traçado urbano para Paris, derrubando casas, construindo avenidas, bulevares e obras de infraestrutura, como sistema de esgoto, distribuição de água, gás e iluminação pública.

Reconhecida como uma das cidades mais bonitas do mundo, Paris ganhou, no século XIX, o traçado urbano que possui hoje. Em destaque, a Avenida Champs-Élysées. Foto de 2014.

Dragan Jovanovic/Shutterstock.com

A reforma urbana empreendida por Haussmann inspirou transformações em várias outras cidades do mundo, inclusive no Rio de Janeiro, na época em que era a capital do Brasil. A partir de 1903, o então prefeito Pereira Passos (1836-1913) iniciou uma série de mudanças com o objetivo de inserir a cidade na modernidade e superar o estigma de atraso que carregava. Como parte dessas mudanças, derrubou construções do período colonial visando redefinir o espaço urbano.

Coleção Gilberto Ferrez/Instituto Moreira Salles, Rio de Janeiro

Avenida Central, no Rio de Janeiro (RJ), vista para o sul, c. 1905-1906. Foto de Marc Ferrez.

Coleção particular

Morro da Providência, antes conhecido como Morro da Favela, Rio de Janeiro (RJ), c. 1920. Foto de Augusto Malta.

A Avenida Central, hoje chamada Rio Branco, o Teatro Municipal, o Museu Nacional de Belas-Artes e a Biblioteca Nacional se tornariam símbolos dessa nova fase. Novas praças e ruas, assim como a estrutura de saneamento básico, facilitaram a circulação de pessoas e automóveis.

O processo de desapropriação imobiliária fez com que muitas pessoas tivessem de ir morar nos morros. O termo *favela* popularizou-se no Rio de Janeiro no início do século XX, após a volta dos soldados que foram lutar na Guerra de Canudos. Favela era o nome de uma planta daquela região e do morro onde havia sido construído o povoado de Canudos. Ao voltar do interior da Bahia para o Rio de Janeiro, os soldados não receberam os recursos prometidos pelo governo para instalar-se em casa própria, então resolveram construir suas moradias no Morro da Providência, batizada pelos próprios moradores de "favela carioca".

Segundo o historiador Nicolau Sevcenko (1952-2014), quatro princípios regeram as transformações do espaço público promovidas por Pereira Passos: a condenação dos costumes e dos hábitos da sociedade tradicional, a negação da cultura popular, a valorização da cultura burguesa europeia e a promoção de uma política de exclusão da população pobre do centro da cidade. Nesse período, foram proibidas festas e tradições populares, como a malhação de Judas e o bumba meu boi, e manifestações de origem africana, como a capoeira e o candomblé. Também foi proibido o uso de fantasias de índio no Carnaval – tentou-se transformá-lo em uma festa mais comedida e semelhante ao carnaval europeu, daí o incentivo de fantasias inspiradas nos pierrôs, nos arlequins e nas colombinas, personagens populares da festa carnavalesca europeia.

Para conferir

SEVCENKO, Nicolau. *Literatura como missão*: tensões sociais e criação cultural na Primeira República. São Paulo: Companhia das Letras, 2003.

DIÁLOGOS

Os Sertões

> [...] feitas de pau a pique e divididas
> em três compartimentos minúsculos,
> as casas eram paródia grosseira
> da antiga morada romana:
> um vestíbulo exíguo,
> um átrio servindo ao mesmo tempo de cozinha,
> sala de jantar e de recepção;
> e uma alcova lateral, furna escuríssima mal revelada
> por uma porta estreita e baixa.

CUNHA, Euclides da. *Os Sertões*. 23. ed. Rio de Janeiro: Paulo Azevedo, 1954. p. 162.

O texto acima sobre as construções do arraial de Canudos foi escrito pelo escritor Euclides da Cunha (1866-1909) na obra *Os Sertões* (1902), que aborda a Guerra de Canudos, confronto que ocorreu no interior do estado da Bahia de 1896 a 1897 entre o exército brasileiro e a comunidade religiosa liderada pelo beato Antônio Conselheiro (1830-1897), acusado pelo governo de liderar um movimento antirrepublicano e subversivo.

Lenise Pinheiro/Folhapress

No detalhe, *Os Sertões: A terra* (2002), dirigido por José Celso Martinez Côrrea. São Paulo (SP), 2004.

A obra é dividida em três partes: "A terra", em que o autor descreve em detalhes as características geológicas, biológicas e climáticas do território onde se passou o conflito; "O homem", em que ele esmiúça a formação étnico-racial do brasileiro com base na Antropologia, afirmando que ela é o amálgama de várias culturas; e "A luta", parte final em que apresenta a história de Antônio Conselheiro e do arraial de Canudos desde sua formação até a destruição final pelo exército brasileiro, em 1897, após três tentativas frustradas.

Os Sertões foi adaptado para o teatro pelo diretor José Celso Martinez Corrêa (1937-), do Teatro Oficina Uzyna Uzona, e esteve em cartaz entre 2002 e 2006. Em vez de três partes, o diretor dividiu o espetáculo em cinco peças: A terra; O homem 1: do pré-homem à re-volta; O homem parte 2: da revolta ao trans-homem; A luta 1; e A luta 2. A série tornou-se marco do teatro contemporâneo brasileiro pela inventividade e pela relação que o diretor estabeleceu entre o Brasil do fim do século XIX e o dos dias atuais, em que a especulação imobiliária e a violência ainda são muito presentes. Zé Celso concebeu a adaptação teatral de *Os Sertões* como uma grande ópera popular em que música, dança, circo e tecnologia ajudaram a materializar a obra de Euclides da Cunha, que foi incluído na montagem como personagem e narrador.

O autor Euclides da Cunha foi ao interior da Bahia como correspondente do jornal *O Estado de S. Paulo* a fim de compreender e explicar a força que o arraial de Canudos vinha demonstrando contra as investidas do exército brasileiro. Euclides se surpreendeu com o que encontrou e com a violência empregada pelo exército na tentativa de destruir o movimento, e acabou mudando sua percepção sobre o arraial, considerado pelo governo um movimento antirrepublicano a ser duramente combatido. Na montagem do Teatro Oficina, Euclides da Cunha é retratado como um intelectual sensível à causa sertaneja e crítico da política conduzida pela recém-implantada República.

A formação humanista e o ofício de jornalista marcaram a escrita de *Os Sertões*, que dialoga com o relato jornalístico e o depoimento histórico e exibe alta qualidade literária. É considerado o livro que inaugura o pré-modernismo na literatura brasileira.

Adaptações de textos literários para o palco são recorrentes no teatro contemporâneo. Diversos romances, contos, crônicas e artigos jornalísticos já serviram de base para inúmeros espetáculos. Você já viu ou conhece outros textos literários que tenham sido adaptados para o palco? O que você acha disso? Na sua opinião, quais devem ser as dificuldades para adaptar textos que inicialmente não foram pensados para o teatro?

____

____

____

____

____

____

Que cidade queremos?

A discussão sobre o planejamento da cidade e o uso do espaço urbano pela população não é algo restrito ao Rio de Janeiro ou a períodos históricos específicos. Hoje, novas transformações sociais e econômicas exigem nova maneira de olhar para as cidades. É o caso do Movimento Ocupe Estelita, existente desde 2012 na cidade do Recife, em Pernambuco.

Formado por pessoas das mais diversas áreas, em 2015 ele se mantinha contrário à proposta do poder público de demolir o Cais José Estelita, área de 10 hectares próxima ao centro histórico da capital pernambucana, para a construção de um novo empreendimento imobiliário. Segundo os integrantes do movimento, a demolição do Cais José Estelita destruiria parte importante da memória da cidade e privatizaria uma área pública que deveria ser ocupada por toda a população. Para despertar a atenção da sociedade civil, o grupo lançava mão de palestras públicas, apresentações artísticas e debates virtuais em torno da ideia de apropriação do espaço urbano.

Para conferir

MARICATO, Ermínia et al. *Cidades rebeldes*: passe livre e as manifestações que tomaram as ruas do Brasil. São Paulo: Boitempo/ Carta Maior, 2013.

A proposta do Movimento Ocupe Estelita dialoga com as questões levantadas pela população de diversas cidades brasileiras nas manifestações que ficaram conhecidas como "Jornadas de Junho". Entre as diversas reivindicações que tomaram conta das ruas do país em 2013, destacavam-se as relativas ao transporte público e ao uso democrático do espaço urbano. De caráter popular e político, as Jornadas de Junho nos impediram de continuar inertes e anestesiados em relação às demandas e às urgências que a urbanidade atual nos impõe e ajudaram a levantar o questionamento sobre o modelo de cidade na qual queremos viver e o que podemos fazer para reocupar significativamente o espaço.

E você? Em que modelo de cidade deseja viver? Como o planejamento urbano pode potencializar o uso do espaço público? Dialogue com os colegas.

Anderson Barbosa/Fotoarena

Grupo de manifestantes reivindica a revogação do aumento das passagens de ônibus, trens e metrô. Avenida Paulista, São Paulo (SP). Foto de 2013.

Adolfo Santos Sonteria/D.A Press

Movimento Ocupe Estelita, no Cais José Estelita, na cidade do Recife (PE). Foto de 2012.

Visita virtual

Museu da Inconfidência

<www.museudainconfidencia.gov.br>
Acesso em: 17 set. 2015.

André Dib/Pulsar Imagens

Fachada do Museu da Inconfidência, Praça Tiradentes, Ouro Preto (MG). Foto de 2015.

Minas Gerais foi um estado muito importante no período colonial brasileiro. Suas cidades históricas preservam a memória do período da mineração e da arte barroca dos séculos XVII e XVIII, marcada pela arquitetura e pela arte religiosas. Patrimônio cultural do Brasil, cidades como Ouro Preto, Mariana, São João del-Rei e Tiradentes preservam um pouco da cultura e da história de uma importante fase do Brasil.

Acesse o *site* do Museu da Inconfidência, instituição localizada em Ouro Preto e dedicada à preservação da memória da Inconfidência Mineira (1789). Pelo seu acervo, é possível compreender a sociedade e a estrutura de uma cidade colonial.

Entre no ícone "Museu" e explore os itens:

- "Histórico e apresentação" (A criação do Museu da Inconfidência, A Casa de Câmera e Cadeia, O Museu da Inconfidência hoje, Modernização);
- "Exposição" (Concepção geral, Sala por sala);
- "Acervo" (Descrição geral, Inconfidência, Peça em destaque, Acervo museológico).

Agora, anote:

- O que mais chamou sua atenção no Museu da Inconfidência?
- Qual peça do acervo você destacaria e por quê?
- Como você descreveria a sociedade de Ouro Preto no século XVIII e no início do XIX?

Imagens e pensamento

Fotos: Cortesia Jorge Macchi. Foto: Francisca Lopez

Jorge Macchi. *Cidade cansada*, 2004. Papel, 40 × 20 cm.

- Como você descreveria as obras de Jorge Macchi?

____

____

____

____

____

- O que elas sugerem a respeito do planejamento urbano?

____

____

____

____

____

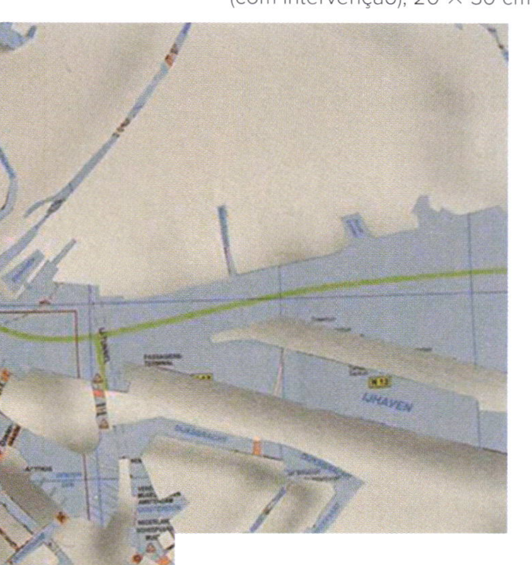

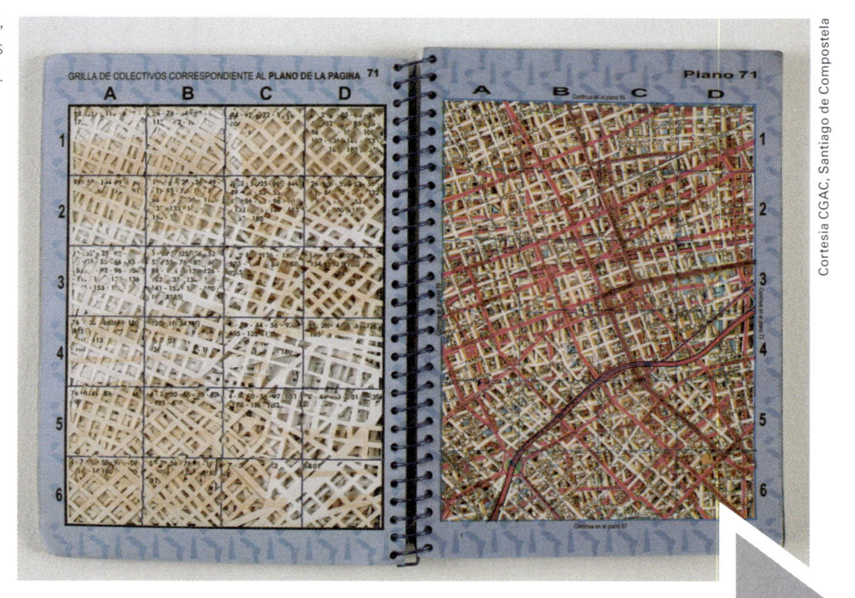

Jorge Macchi. *Guia da imobilidade*, 2003. Guia de ruas de Buenos Aires (com intervenção), 20 × 30 cm.

Cortesia CGAC, Santiago de Compostela

Jorge Macchi

O artista argentino Jorge Macchi (1963-) estudou na Escola Nacional de Belas-Artes de Buenos Aires, na Argentina, cidade onde vive e trabalha. Ele explora as possibilidades da tecnologia e das diversas mídias na criação artística, já tendo participado de diversas bienais internacionais. Apropria-se das contradições e dos conflitos presentes na cidade para problematizar o espaço urbano. Muitas de suas obras são intervenções em mapas de cidades ou de metrôs. Destituídos de sua funcionalidade, os mapas despertam novas percepções sobre o território representado. Eles são criados com o objetivo de ajudar as pessoas a conhecer e a percorrer os territórios. Ao poetizá-los e dar novo sentido a eles, o artista consegue propor questões que ultrapassam a função informativa original.

- Qual é sua opinião sobre o procedimento do artista de se apropriar de elementos do cotidiano para criar novos significados? É uma estratégia interessante? Justifique.

Virou notícia

Músicos largam os empregos e encontram realização tocando nas ruas do DF

Comuns em vários lugares do mundo, como Nova York e Londres, apresentações de músicos de rua também ocupam os espaços públicos de Brasília

Entre passos apressados, as suaves notas do violoncelista Francisco Rafael, de 24 anos, ecoam pelo subsolo da Rodoviária do Plano Piloto. Os acordes disputam espaço com os vendedores de pipoca e cocada, mas atraem cada vez mais espectadores curiosos pela excentricidade da cena. Quem passa por ali tem a oportunidade de presenciar, duas vezes por semana, um verdadeiro concerto de música clássica em um dos lugares mais movimentados da capital federal.

Rafael descobriu a paixão pela música aos 12 anos, quando foi presenteado com um CD do maestro alemão Johann Sebastian Bach. Desde então aprendeu a tocar trompete, violão, guitarra, baixo acústico, trombone e saxofone. Autodidata, toca violoncelo há dois anos e em agosto decidiu que precisava compartilhar sua paixão pela música clássica com os brasilienses. Quem aprecia o trabalho, é claro, acaba colaborando com dinheiro.

Mas ele não vive só disso. O músico trabalha como faxineiro em um prédio residencial da Asa Norte e, nas segundas e sextas-feiras, se apresenta no horário de maior circulação de pessoas na Rodoviária, das 17h às 20h. Embora tenha preferido não revelar quanto ganha, Rafael admite que "dá para ficar bastante feliz" com o "retorno" que recebe nas ruas. Quando questionado sobre o que vale mais, a caixinha cheia ou o reconhecimento das pessoas, ele é enfático: "A maior satisfação do músico é tocar. Muita gente para e ouve. Isso não tem preço, é realmente gratificante".

Assim como seu público, Francisco também é gente passageira, se desloca de ônibus e passa um sufoco para transportar o instrumento no veículo. Os 7 kg do violoncelo são carregados nas costas, enquanto o banquinho e o suporte de partituras são levados nas mãos. O repertório inclui clássicos de grandes nomes da música erudita, como Vivaldi, Beethoven e Bach.

Já quem curte *rock 'n' roll* certamente irá gostar de R. Bob Seixas, nome artístico adotado por Rildo Dias de Oliveira, figura conhecida das ruas da cidade. O compositor se apresenta com seu violão em frente a dois tradicionais shoppings do centro de Brasília. Nascido no Rio de Janeiro, casado e pai de sete filhos, ele vive em Brasília há quatro anos.

Depois de tocar em bandas e se apresentar em cidades como Manaus (AM), Santarém (PA), São Luís (MA), Fortaleza (CE), decidiu seguir carreira solo. Além do violão, Rildo toca guitarra, contrabaixo, sax e bateria. Ele acredita que já nasceu músico, aprendendo a tocar antes mesmo de fazer aulas. O repertório inclui músicas de Raul Seixas, Bob Marley, Wando e Tim Maia, além de canções próprias. "Eu toco e componho de tudo. Menos *rap* e *funk*, que não fiz ainda", diz.

Arquivo pessoal

O cantor Phillip Sales.

O músico revela que consegue viver apenas da música, arrecadando, em média, R$ 70 por dia. Mas isso não é o que motiva Rildo a seguir a carreira. "O povo que me conhece reclama no dia em que não me apresento. Já fiz muitos amigos por causa da música", recorda.

Coragem

O cantor Phillip Sales, de 24 anos, percebeu, depois de passar por vários empregos, que sua felicidade realmente está na música. "O mundo será melhor quando as pessoas decidirem fazer o que elas amam", defende. Motivado por essa ideia, o jovem pediu demissão da empresa de seguros em que trabalhava e decidiu sair pela cidade mostrando seu trabalho.

Influenciado por bandas como U2, Coldplay e The Beatles, Phillip costuma se apresentar no Setor Bancário Sul e na Galeria dos Estados. Em sua página em uma rede social, os mais de 1,6 mil fãs acompanham as aventuras do músico por Brasília e, além de reconhecer seu talento, escrevem palavras motivadoras. [...]

O que diz a lei

Em algumas cidades como Rio de Janeiro e São Paulo existem leis que regulamentam as atividades dos artistas de rua. Recentemente, a deputada Janete Pietá (PT-SP) apresentou um projeto de lei que estende essa regulamentação para todo o país. O texto determina que as apresentações sejam gratuitas e realizadas entre 10h e 22h, sempre respeitando os níveis de ruídos definidos em lei. Além disso, as manifestações não poderão impedir o trânsito nem a circulação dos pedestres.

Para Pietá, a proposta vai contribuir para evitar ações arbitrárias de autoridades públicas e assegurar aos artistas o pleno exercício da liberdade de manifestação artística.

Correio Braziliense, 6 jan. 2015. Disponível em: <www.correiobraziliense.com.br/app/noticia/cidades/2015/01/06/interna_cidadesdf,464191/musicos-largam-os-empregos-e-encontram-realizacao-tocando-nas-ruas-do.shtml>. Acesso em: 1º ago. 2015.

Com base no texto, responda às questões.

1. Uma das características dos músicos de rua apontada no texto é a diversidade das referências musicais destes artistas. Aponte os compositores, músicos e ritmos que são citados na matéria.

____

____

2. Você conhece os artistas, compositores e estilos citados no texto? O que acha das músicas criadas por eles?

____

3. A matéria registra artistas de rua da cidade de Brasília, uma cidade projetada. Destaque no texto palavras que se relacionam a esse projeto, depois pesquise seu significado e registre a informação encontrada.

____

____

____

4. Você considera interessante o trabalho dos músicos de rua? Acredita ser importante existir uma legislação que trate do assunto? Por quê?

____

____

Percursos de criação

PROPOSTA 1. Imagens da cidade

Em duplas ou trios, percorram algumas ruas da cidade ondem moram e, com uma câmera fotográfica, registrem o cotidiano e elementos que chamarem a atenção de vocês.

Algumas questões podem ajudá-los a despertar o olhar para a cidade onde vivem:

- É possível perceber os problemas urbanísticos que ela enfrenta? Como?
- Quais são as principais características da cidade? Como são a arquitetura, os muros, as fachadas dos prédios e os centros comerciais? Há características em comum? Quais?
- As pessoas parecem gostar de morar nela? Como elas se relacionam com o espaço urbano? Há praças ou espaços para o lazer? Há crianças brincando nesses espaços?
- Como são as pessoas da cidade? São parecidas? Elas se vestem e se comportam da mesma maneira?
- Os monumentos ou esculturas públicas são preservados? O que eles representam ou homenageiam?
- Há artistas de rua na cidade? O que eles apresentam? As pessoas param para vê-los?
- Quais são as ruas ou avenidas principais da cidade? Qual é a origem dos nomes dessas vias?
- Quais são os sons e ruídos que se destacam? O que eles revelam sobre a cidade?

Façam imagens fotográficas dos pontos que vocês consideram mais relevantes e apresentem os resultados para a sala em um mural, vídeo ou outro suporte. Para deixar a apresentação ainda mais interessante, vocês poderão escolher uma música que se relacione com as imagens capturadas.

Após as apresentações, conversem com a sala sobre as imagens apresentadas. Elas possibilitam um mosaico de olhares e percepções sobre a cidade? Quais pontos poderiam ser destacados? O que mais chamou a atenção das pessoas?

Com base nos registros, é possível afirmar que ela é uma boa cidade para se viver? Por quê? O que poderia ser feito para potencializar a relação das pessoas com a cidade?

PROPOSTA 2. Músicas da cidade

Você conhece músicas do cancioneiro nacional que cantam a cidade? Muitas já serviram de inspiração para compositores de diversos estilos. Músicas que destacam belezas, memórias, vivências ou até mesmo fazem denúncia das mazelas das cidades. Em grupo, tentem lembrar de algumas dessas composições e conversar sobre o que elas revelam da experiência das pessoas com o espaço urbano ou rural.

Depois, apresentem para a sala o resultado da conversa do grupo. Vocês podem aproveitar a seleção para ensaiar e interpretar algumas dessas músicas. Caso alguém da sala toque violão ou outros instrumentos, poderá ajudá-los no acompanhamento.

A cidade como tela

Se olharmos com atenção para o cenário das grandes cidades, veremos que muros, paredes, postes, prédios e até árvores se tornaram suportes artísticos. Desde a década de 1960, com o movimento de **contracultura**, é comum os muros das cidades se tornarem espaço de reivindicações e protestos.

Entre as muitas manifestações urbanas, destaca-se o grafite, nascido na década de 1970 em Nova York como linguagem visual que expressava a opressão vivida por determinados grupos, como os afrodescendentes e os moradores das periferias. Os grafiteiros utilizavam, entre outros espaços, os trens e as estações de metrô da cidade como tela para suas frases de protestos e imagens críticas ao sistema social.

O grafite é a arte das ruas por excelência, mas, a partir da década de 1980, nomes como o de Keith Haring (1958-1989) e Jean-Michel Basquiat (1960-1988) adentraram o universo das galerias de arte e passaram a confundir o público a respeito das fronteiras entre o que seria grafite e arte urbana. A maioria dos críticos e até mesmo dos grafiteiros acredita que, para ser considerada grafite, a imagem deve ser feita na rua, sem autorização prévia, e se relacionar com o espaço em que foi inserida. A partir do momento em que o grafiteiro produz uma imagem em espaço fechado e sob condições específicas, ele realiza uma obra que dialoga com a linguagem do grafite, mas que não pode ser considerada grafite por inexistir o caráter transgressor e público inerente a essa manifestação artística.

Contracultura
Corrente de ideias representada por grupos de jovens que questionavam os valores sociais, políticos e econômicos da sociedade do período, que teve seu auge na década de 1960, marcada pelo conservadorismo, patriarcalismo e capitalismo. O movimento *hippie* é um dos mais conhecidos exemplos de contracultura.

AP Photo/Glow Images

O grafite em Nova York, nos Estados Unidos, surge ligado à rebeldia e à contestação social. Foto de 1972.

Arquivos Nacionais, Washington/Foto: Erik Calonius

Estação de metrô Times Square, em Nova York, Estados Unidos. Foto de 1973.

O artista Jean-Michel Basquiat, em Nova York, Estados Unidos. Foto de 1985.

Jean-Michel Basquiat: das ruas para as galerias

Em nove anos de carreira, Jean-Michel Basquiat (1960-1988) passou de grafiteiro de rua a um dos nomes mais valorizados das artes visuais da década de 1980. Filho de imigrantes – mãe porto-riquenha e pai haitiano –, Basquiat nasceu no Brooklyn, em Nova York, e, aos 17 anos, já marcava os muros dos prédios abandonados da cidade com grafites que intercalavam figuras e escritas sempre assinadas como Samo.

Convidado para participar da exposição coletiva *Nova York/Nova Onda*, em 1981, expôs obras que transferiam para as telas a força de seus grafites. Palavras, máscaras, frases desconexas e símbolos irrompiam das pinturas e ganharam o público e a crítica especializada. Em 1985, aos 25 anos, chegou ao auge da carreira, tornando-se capa da *The New York Times Magazine*, que o apontou como o maior nome surgido na arte estadunidense daquela década. A fama e o sucesso vieram e com o consumo cada vez maior de drogas. E em 1988, aos 27 anos, Basquiat morreu, interrompendo sua fulminante carreira artística.

Intervenções públicas

As intervenções de Alexandre Orion (1978-) na cidade de São Paulo chamam atenção. Elas são criadas com pintura e fotografia. Em *Metabiótica* (2002), o artista criou imagens nas paredes que dialogavam com as pessoas anônimas que passavam por elas. Misturando elementos reais e ficcionais, as imagens transformavam os transeuntes da cidade em personagens. Mas para isso acontecer era necessário que o artista esperasse o momento certo para registrar a cena.

Alexandre Orion. *Metabiótica 8*, de 2003. Intervenção urbana seguida de registro fotográfico. São Paulo (SP).

A arte urbana é impermanente. Diferentemente de obras expostas em museus ou em galerias, as obras que ocupam a rua são efêmeras. Embora algumas delas sejam pensadas para um período mais longo de exposição, o caráter fugaz da arte urbana torna fundamental a documentação fotográfica.

Para criar as imagens de *Metabiótica*, Alexandre Orion utilizou a técnica do estêncil, que consiste em criar moldes das imagens, geralmente em chapas de radiografia velhas, e preencher os espaços vazados com tinta. Essa técnica é muito utilizada pelo inglês Banksy (1974-), considerado referência na arte urbana internacional.

O espanhol Pejac (1977-) também é bastante reconhecido na cena internacional. Suas obras, encontradas principalmente nas ruas da Espanha e da França, são muitas vezes comparadas às de Banksy. Entretanto, as imagens de Pejac se diferenciam por interagirem com elementos que já fazem parte da fisiologia urbana, como detalhes decorativos, rachaduras e manchas nas paredes. Em algumas obras, o artista utiliza ferramentas para lixar as paredes, inserir objetos ou criar efeitos nelas antes de aplicar suas imagens.

Coaster/Alamy/Latinstock

Banksy. *Varrendo a sujeira para debaixo do tapete*, 2006. Londres, Inglaterra.

Pejac

Pejac. *Venezianas*, s/d. Istambul, Turquia.

Pejac

Pejac. *Formigas*, s/d. Paris, França.

Percursos de criação

Técnica do estêncil

Em grupos, proponham uma intervenção artística nos muros da escola. Inicialmente, observem com atenção os possíveis espaços para a intervenção e, tal como sugere o artista urbano Pejac, tentem se apropriar das rachaduras ou das marcas presentes na parede.

- Após definir o espaço, pensem em uma imagem que dialogue com o entorno ou com os elementos encontrados na parede ou no muro.
- Façam esboços das figuras que pretendem inserir na parede e, coletivamente, decidam quais imagens serão utilizadas.
- Utilizem chapas de radiografia velhas para produzir o molde das figuras. A maneira mais prática é colocar a folha de sulfite ou a cartolina sobre a chapa de radiografia e cortá-la com um estilete.
- Com o molde pronto, utilizem tinta acrílica ou lata de *spray* para transferir as imagens para a parede.
- Após finalizar o trabalho, façam registros fotográficos da intervenção artística criada pelo grupo.

Reinaldo Martins Portella

Arquitetura e novas tecnologias na arte urbana

Muros, paredes de prédios, postes, vagões de metrô e de trem são alguns dos suportes utilizados na arte urbana. A fachada da sede da Federação das Indústrias do Estado de São Paulo (Fiesp), na Avenida Paulista, em São Paulo, por exemplo, foi tomada em 2014 pela terceira edição do SP_Urban Digital Festival. Foram instalados 26 241 ***clusters***, cada um deles composto de quatro lâmpadas de LED, formando uma cadeia elétrica que transmitia milhares de combinações de cores.

Cluster
Sistema que relaciona dois ou mais computadores para que estes trabalhem de maneira conjunta no processamento de uma tarefa.

Entre as obras mostradas nessa edição do evento, destacou-se a *0.25 FPS* (2014), criada pelos artistas brasileiros Thiago Hersan e Radamés Ajna e inspirada na sensação de cegueira que as pessoas têm com os *flashes* das câmeras fotográficas. A fachada do prédio parecia piscar, e a cada "piscada" uma nova imagem de pessoas que circulavam pela Avenida Paulista era projetada. Uma câmera posicionada em um espelho à frente do prédio captava, a cada quatro segundos, a imagem de quem ou o que estivesse posicionado à sua frente. A brevidade das imagens e das informações na sociedade contemporânea foi abordada na obra.

Beto Moussalli

Thiago Hersan e Radamés Ajna. *0.25 FPS*, 2014. Prédio da Fiesp, em São Paulo (SP).

Novos espaços para a arte

No ano de 2014, na cidade de Natal, no Rio Grande do Norte, ocorreu a terceira edição do projeto ArtePraia. A proposta do evento é aproximar a arte contemporânea da vida das pessoas, inserindo as criações artísticas em situações e locais que extrapolam os territórios institucionais do universo da arte, como museus, centros culturais ou galerias. As intervenções artísticas do projeto ArtePraia ocupam trechos da orla de Natal, convidando o público a enxergar o ambiente e a interagir com ele de forma inusitada. É o que ocorre na obra *Rizoma* (2014), do Coletivo Praias do Capibaribe, de Pernambuco. As pessoas são convidadas a entrar em uma bolha de plástico inflável e a vivenciar uma nova experiência com a paisagem.

Coletivo Praias do Capibaribe. Foto: Zaca Ferreira

Coletivo Praias do Capibaribe. *Rizoma*, 2014. Praia da Redinha, Natal (RN).

Hélio Melo e a experiência amazônica

Ligada aos aspectos da cultura nortista, a obra de Hélio Melo (1926-2001) dialoga com as tradições indígenas da região e revela uma maneira diferenciada de se relacionar com a cidade e o território. Nascido no município de Boca do Acre, no estado do Acre, Melo viveu em um seringal até 1959, quando se mudou para a cidade de Rio Branco, onde trabalhou como catraieiro levando passageiros de uma margem à outra do rio Acre, e depois tornou-se barbeiro ambulante e vigia noturno. Durante esse período, já desenhava e fazia algumas obras, entretanto só mais tarde começou a ser reconhecido como artista plástico e violeiro, pois a viola era outra de suas paixões.

A técnica de produção de tintas que emprega elementos naturais, tão característica da criação indígena, foi utilizada pelo artista como recurso expressivo. Em suas obras, o látex é usado como aglutinante, e sementes, frutos e cascas de árvores tornam-se pigmentos. Ao observar como os povos indígenas da Amazônia exploravam os recursos naturais, o artista passou a se interessar pela defesa da natureza e pela transformação de seus elementos em matéria-prima para a arte.

Exposta em 2006 na 27ª Bienal de São Paulo, com o título "Como viver junto", a obra *Estrada da floresta* trata do processo de extração da borracha e do cotidiano do seringueiro, ao mesmo tempo que dialoga com a história e a cultura da região amazônica. Nela, um seringueiro se aproxima de uma grande árvore, formada por galhos que apontam trilhas na selva. Os braços de árvores seriam os caminhos possíveis, os ramos remeteriam a árvores que seriam sangradas em busca de látex e os nós indicariam paragens de descanso para o trabalhador.

Explorada em pequena escala desde o início do século XIX, a extração da borracha intensificou-se na Amazônia a partir de 1850. Com a comercialização do produto em âmbito internacional, principalmente entre 1905 e 1912, época de seu auge, toda a economia brasileira, e em particular a do Amazonas, passou a depender unicamente da extração do látex.

Fundação de Cultura e Comunicação Elias Mansour, Rio Branco

Hélio Melo. *Estrada da floresta*, 1983. PVA sobre compensado 102 × 197 cm.

Coleção Sesc Acre, Rio Branco

Hélio Melo. *Sem título*, 1981. Nanquim e sumo de folhas sobre cartolina, 27 × 33 cm.

Porém, na segunda metade do século XIX, ingleses levaram sementes selecionadas de seringueiras para suas colônias do Sudeste Asiático, onde se desenvolveram rapidamente. Já no início do século XX, começou a chegar ao mercado internacional sua primeira produção, causando queda dos preços da borracha na Amazônia. A partir daí, a produção asiática entrou em ascensão, e a da Amazônia, em declínio.

Enquanto no Brasil a presença de fungos exigia que as seringueiras fossem plantadas em distâncias de cerca de 100 metros umas das outras, as seringueiras asiáticas, imunes à ação dos fungos, ficavam próximas, o que diminuía o tempo de extração do látex e, consequentemente, aumentava a produção. Além desse problema, no Brasil havia a dificuldade de locomoção na mata, o atraso na entrega da produção por causa da distância entre o seringal e o posto de venda e a falta de replantio de mudas.

Diante dessa concorrência desigual, a borracha do Amazonas não resistiu à competição do produto asiático, que, em poucos anos, substituiu quase inteiramente os mercados produtores. Daí em diante, o governo brasileiro iniciou a implantação de planos de desenvolvimento da Amazônia com o objetivo de recuperar a decadente produção do látex. Apoiado pelos Estados Unidos, o país criou, a partir de 1941, um programa de incentivo à extração do látex e à produção da borracha.

O universo da extração da borracha e do trabalho do seringueiro é uma temática recorrente na produção visual de Hélio Melo.

Se você tivesse de desenhar uma trilha do percurso que faz de sua casa até a escola tal como fez Hélio Melo na obra *Estrada da floresta*, de que maneira ela seria? Como você representaria os caminhos e as ações que realiza no trajeto?

Utilize uma folha de sulfite ou outro suporte para registrar o percurso.

Sons que vêm do interior do Brasil

O Brasil é um país que apresenta enorme diversidade cultural. Cada região possui tradições e hábitos culturais muito próprios. E até em uma mesma região é possível percebermos grandes diferenças. Isso ocorre porque a cultura não é um elemento estático – está sempre em movimento e em diálogo com as experiências das pessoas que vivem em determinados territórios. Atualmente, a globalização e as redes sociais aproximam e muitas vezes confundem culturas locais e globais, fazendo com que elementos culturais de um local atravessem fronteiras e acabem se instalando de forma diferente em outro espaço.

O mesmo poderíamos pensar em relação às culturas que marcam a experiência urbana ou interiorana. Mesmo que uma tradição cultural ou uma música sejam muito valorizadas em determinado território, não significa que não possam ser vivenciadas por pessoas que vivam em outros espaços.

A música sertaneja, originária da cultura caipira do interior do Brasil, transformou-se e hoje é apreciada em grande parte do país, além de ser um dos gêneros musicais mais ouvidos pelos moradores das grandes metrópoles. O folclorista Luís da Câmara Cascudo (1898-1986) afirma que o termo "caipira" é originário do tupi e está relacionado ao "morador do mato", aquele que vivia nos interiores do Brasil, na região Sudeste, Centro-Oeste e no estado do Paraná. Para ele, o caipira seria um desdobramento dos antigos bandeirantes paulistas que, após o declínio da extração de ouro na região de Minas Gerais, acabaram fixando moradia e criando o que configurou no século XIX a cultura caipira. O pintor paulista Almeida Júnior (1850-1899) eternizou em sua obra imagens da cultura caipira do interior de São Paulo, como a vida simples do homem do campo que alterna o trabalho agrícola com os momentos de contemplação, contação de histórias e de moda de viola, canto falado de origem portuguesa que se popularizaria no interior do Brasil.

Pinacoteca do Estado de São Paulo, São Paulo

Almeida Júnior. *O violeiro*, 1899. Óleo sobre tela, 141 × 172 cm.

A moda de viola caracteriza-se pelo uso da viola de machete, instrumento trazido da Ilha da Madeira, Portugal, e pelo canto falado. As primeiras duplas da música caipira – também conhecida como música de raiz – a alcançar projeção nacional foram Tonico (1930-1994) e Tinoco (1920-2012), que seguiam o formato da moda de viola. As primeiras gravações desse gênero musical aconteceram na década de 1930, mas foi com a popularização do rádio, a partir de 1950, que Tonico e Tinoco alcançaram novos públicos e se firmaram como referência para as duplas que viriam a surgir.

As modas de viola possuem temas recorrentes, como histórias de amor infelizes e "causos" relacionados à cultura caipira ou a agricultores e boiadeiros da Região Centro-Oeste. Inclusive são dessa região dois grandes nomes da viola nacional: Helena Meirelles (1924-2005) e Almir Sater (1956-).

Helena Meirelles nasceu em Campo Grande, no Mato Grosso do Sul, e desde pequena sentia-se atraída pela viola caipira, nome que a viola de machete recebeu no Brasil. Como o instrumento estava associado ao ambiente masculino, sua família não permitiu que ela se dedicasse a ele. Contrariando a vontade familiar, Helena Meirelles aprendeu sozinha e às escondidas a tocar viola. Entretanto, sua carreira profissional só ocorreria décadas mais tarde. Só depois dos 60 anos a artista foi descoberta pelas gravadoras e pelo público. O sucesso foi tão grande que alcançou projeção internacional, e a artista foi aclamada pela revista estadunidense *Guitar Player* como uma das mais talentosas instrumentistas do mundo. *Helena Meirelles* (1994), *Flor de Guavira* (1996), *Raiz pantaneira* (1997) e *De volta ao Pantanal* (2003), seus quatro álbuns gravados, revelam seu amor pelo Pantanal.

Clóvis Cranchi Sobrinho/Estadão Conteúdo

Dupla sertaneja Tonico e Tinoco.

Hélcio Nagamine/Folhapress

Helena Meirelles.

Amana Salles/Fotoarena

Almir Sater.

Almir Sater, também nascido em Campo Grande (MS), é outra referência da viola caipira e da cultura do homem e da mulher pantaneiros. O instrumentista é conhecido por agregar influências sonoras de estilos estrangeiros, como o *blues*, de origem estadunidense, e a música paraguaia, misturando elementos eruditos e populares à viola caipira. Além de exímio violeiro, Almir Sater é reconhecido como compositor, sendo a música "Tocando em frente" (feita em parceria com Renato Teixeira), gravada pela primeira vez em 1990 pela cantora Maria Bethânia e depois por outros intérpretes, seu maior sucesso.

Leia um trecho da canção:

Tocando em frente

Ando devagar
Porque já tive pressa
E levo esse sorriso
Porque já chorei demais

Hoje me sinto mais forte
Mais feliz, quem sabe
Só levo a certeza
De que muito pouco sei
Ou nada sei
Conhecer as manhas
E as manhãs
O sabor das massas
E das maçãs
É preciso amor
Pra poder pulsar
É preciso paz pra poder sorrir
É preciso a chuva para florir

Penso que cumprir a vida
Seja simplesmente
Compreender a marcha
E ir tocando em frente

Como um velho boiadeiro
Levando a boiada
Eu vou tocando os dias
Pela longa estrada, eu vou
Estrada eu sou

SATER, Almir; TEXEIRA, Renato. Tocando em frente. Intérprete: Almir Sater. In: *Almir Sater ao vivo*. Columbia/Sony Music: 1992.

Para conferir

Maria Bethânia 25 anos, de Maria Bethânia. Gravadora Universal Music, 1990.

Ibope. Tribos musicais. Disponível em: <www.ibope.com.br/pt-br/noticias/Documents/tribos_musicais.pdf>. Acesso em: 13 out. 2015.

Atualmente, a música de raiz divide espaço com outros estilos, como o sertanejo. A música sertaneja tem sua origem na tradição musical caipira; entretanto, em vez da viola, o sertanejo valoriza o violão e outros instrumentos musicais. Além disso, as composições não ficam restritas ao universo interiorano e abarcam as experiências das pessoas que vivem em centros urbanos, motivadas principalmente pela migração a partir da década de 1970 da população rural para as metrópoles em busca de novas oportunidades de vida. Esse cenário surge em composições cantadas por duplas como Milionário e José Rico, Chitãozinho e Xororó e Zezé Di Camargo & Luciano.

Se naquela década a migração era uma alternativa econômica muito valorizada, hoje, em razão do crescimento de muitas cidades do interior brasileiro, as pessoas podem encontrar oportunidades na própria região, fazendo com que essa nova realidade apareça nas novas composições da música sertaneja.

Atualmente, esse estilo é muito consumido pela população jovem e até um subgênero foi criado para alcançar esse público: o sertanejo universitário. Diferentemente do sertanejo romântico de décadas anteriores, duplas como João Bosco e Vinícius e Jorge e Matheus misturam a música sertaneja ao *pop*, ao *rock*, ao forró, entre outros estilos.

De acordo com os dados da pesquisa Tribos Musicais, realizada pelo Ibope em 2003, nas grandes capitais e regiões metropolitanas, 73% das pessoas ouvem rádio, sendo a música sertaneja a preferida. Observando seu dia a dia e suas práticas culturais, você se sente contemplado nesses dados? Converse com a turma a respeito.

Investigação

Qual dos assuntos a seguir, relacionados às cidades, ao planejamento urbano ou à cultura urbana, você gostaria de aprofundar?

- O planejamento da cidade onde moro.
- A cultura visual presente na cidade.
- Projetos de revitalização do espaço público.
- Artistas que problematizam a cidade em suas obras.
- As cidades históricas e o patrimônio cultural.
- Novos territórios e suportes para a arte urbana.
- Criação artística com a cidade como tema.
- As variações da música sertaneja.

Confira se mais pessoas da classe se interessaram pelo tema escolhido e, juntos, investiguem e apresentem os resultados para a turma.

Trajetórias

O escritor italiano Italo Calvino (1923-1985) escreveu, em 1972, o livro *As cidades invisíveis*, no qual cria um diálogo imaginário entre o viajante Marco Polo (1254--1324) e o líder do império mongol Kublai Khan (1215-1294).

Na obra, não podendo realizar grandes viagens, Kublai Khan faz de Marco Polo seu canal para conhecer o mundo. Assim, o viajante veneziano inicia a descrição de 55 cidades por onde teria passado, agrupando-as em 11 temas: as cidades e os desejos, as cidades e a memória, as cidades e os símbolos, as cidades delgadas, as cidades e as trocas, as cidades e os olhos, as cidades e os nomes, as cidades e os mortos, as cidades e o céu, as cidades contínuas, as cidades ocultas.

Caso você tivesse de escrever uma carta para Kublai Khan descrevendo sua cidade, de que maneira ela seria? Experimente realizar esse desafio.

Reinaldo Martins Portella

Sempre atento!

1. Enem 2014

Hélio Melo. Sem título, 1981. Nanquim e sumo de folhas sobre cartolina, 27 × 33 cm. Coleção SESC Acre, Rio Branco.

Na criação do texto, o chargista Iotti usa criativamente um intertexto: os traços reconstroem uma cena de *Guernica*, painel de Pablo Picasso que retrata os horrores e a destruição provocados pelo bombardeio a uma pequena cidade da Espanha. Na charge, publicada no período de carnaval, recebe destaque a figura do carro, elemento introduzido por Iotti no intertexto. Além dessa figura, a linguagem verbal contribui para estabelecer um diálogo entre a obra de Picasso e a charge ao explorar

a. uma referência ao contexto, "trânsito no feriadão", esclarecendo-se o referente tanto ao texto de Iotti quanto da obra de Picasso.

b. uma referência ao tempo presente, com o emprego da forma verbal "é", evidenciando-se a atualidade do tema abordado tanto pelo pintor espanhol quanto pelo chargista brasileiro.

c. um termo pejorativo, "trânsito", reforçando-se a imagem negativa de mundo caótico presente tanto em *Guernica* quanto na charge.

d. uma referência temporal, "sempre", referindo-se à permanência de tragédias retratadas tanto em *Guernica* quanto na charge.

e. uma expressão polissêmica, "quadro dramático", remetendo-se tanto à obra pictórica quanto ao contexto de trânsito brasileiro.

2. Enem 2013

No dia 1º de julho de 2012, a cidade do Rio de Janeiro tornou-se a primeira do mundo a receber o título da Unesco de Patrimônio Mundial como Paisagem Cultural. A candidatura, apresentada pelo Instituto do Patrimônio Histórico e Artístico Nacional (Iphan), foi aprovada durante a 36ª Sessão do Comitê do Patrimônio Mundial. O presidente do Iphan explicou que "a paisagem carioca é a imagem mais explícita do que podemos chamar de civilização brasileira, com sua originalidade, desafios, contradições e possibilidades". A partir de agora, os locais da cidade valorizados com o título da Unesco serão alvo de ações integradas visando à preservação da sua paisagem cultural.

Disponível em: <www.cultura.gov.br>. Acesso em: 7 mar. 2013. (Adaptado).

O reconhecimento da paisagem em questão como patrimônio mundial deriva da

a. presença do corpo artístico local.

b. imagem internacional da metrópole.

c. herança de prédios da ex-capital do país.

d. diversidade de culturas presente na cidade.

e. relação sociedade-natureza de caráter singular.

3. Unama-PA 2010

Tema:

Bienal abre as portas para o vandalismo que pretende ser arte.

A 29ª Bienal de Arte de São Paulo, um dos momentos culturais mais importantes do Brasil, em setembro de 2010, vai tratar do tema arte e política. O evento deve reunir sob um mesmo *slogan* – o da arte de rua – as várias linguagens estéticas da urbe: o grafite, o "pixo", os *stickers* (adesivos) e os lambe-lambes. A ideia é instituir no calendário cultural da cidade uma grande mostra que celebre essa produção contemporânea periodicamente. Para fazer companhia a obras de nomes consagrados e aos convidados internacionais – Banksy, o grafiteiro britânico que se consagrou como o artista de rua mais famoso da atualidade, e o italiano Blu –, os curadores do evento convidaram dois pichadores e um fotógrafo do "movimento do pixo". Os três são os mesmos que, em 2008, estiveram no ataque às paredes da faculdade Belas Artes, às obras da galeria

Choque Cultural e à própria Bienal. Acusados de vandalismo e terrorismo, vão entrar na 29ª edição da mostra com credencial de artista. A iniciativa gera, no mínimo, muita polêmica.

(Milene Chaves, 6 de maio de 2010, adaptado)

Proposta de Redação: Com base no texto e na coletânea, posicione-se a respeito do tema B, a favor ou contra a proposta da Bienal.

Arte ou transgressão? De acordo com a Lei de Crimes Ambientais (nº 9.605), quem "pichar, grafitar ou por outro meio conspurcar edificação ou monumento urbano" está sujeito a pena de prisão que varia de três meses a um ano, além de multa. Em prédios tombados, a punição é mais severa: vai de seis meses a um ano". (Em *VEJA* de 05/12/2009: Grafite para colecionadores)

A Bienal 2010: "O que realmente queremos incluir aí é a pixação, ou simplesmente o pixo, com 'x' mesmo, grafia usada por seus praticantes para diferenciar o que fazem hoje em São Paulo e outras capitais das pichações político-partidárias, religiosas, musicais, ou mesmo ligadas à propaganda que há vários anos enchem os muros e paredes da cidade, a despeito do quão 'limpa' ela queira apresentar-se. (Moacir dos Anjos, curador da 29ª Bienal de São Paulo)

Arte/não arte: "Isto traz de volta a velha questão: o que é arte, o que não é. Grafite é arte. Pichação é adrenalina, é vandalismo, é proibido... Grafite também já foi, agora é permitido, é bonito, é expressão artística... Grafite é desenho, cuja preocupação é de ordem estética. Pichação não é. Não é mesmo? Por quê? Se letras são desenhos, vieram de desenhos (basta saber um pouco da história da escrita). Algum dia a pichação será considerada arte. Nunca vamos conseguir resolver a oposição arte/não arte. Não podemos dispensá-la nem aceitá-la como ponto pacífico, como verdade absoluta, sem discutir seus limites de todas as formas que soubermos." (Olívia Niemeyer)

Jean-Michel Basquiat: Associados a diferentes movimentos e tribos urbanas, como o *Hip-Hop*, o grafite por muito tempo foi interpretado como transgressão. O *status* de arte veio graças ao trabalho de Jean-Michel Basquiat, "afilhado" de Andy Warhol, pai da *Pop Art*. Um dos pioneiros da chamada *Street Art* e, certamente, o mais célebre grafiteiro de todos os tempos. Basquiat tornou-se lenda no cenário artístico de Nova York e revolucionou o modo de ver a pintura nos Estados Unidos.

Tem algum deles que seja consentido?: "[...] Para muita gente não é arte, é transgressão, meio de conquista de espaço urbano. Para o coitado do funcionário da Prefeitura, que ganha salário mínimo, é sujeira na parede de equipamentos públicos, que tem de ser coberta por tinta por ordem de cima... Eu, cá com os meus botões, tenho ressalvas. Pichação me incomoda. Será que o tema da Bienal estimula o vandalismo? E o seu muro, ou o portão da sua loja já foi pixado? Ou pichado? Ou grafitado?". (Cesar Gobi)

Moda e arte andam juntas: "Só sei que não perco essa Bienal por nada. A gente adora uma polêmica! E fiquem ligados: com esta onda de pichação que está vindo por aí, não vai demorar muito para alguns estilistas começarem a se inspirar neste tema para as coleções e suas estampas. Afinal, moda e arte andam juntas e se abraçando. Beijos!" (Posted in Home | Tags: Arte, Fuja do Óbvio, Tá todo mundo Comentando!)

"Arte como crime, crime como arte": "O que quer que aconteça depois da mostra não vai garantir ascensão social à larga aos muitos que empunham uma latinha de *spray*, porque eles não são, afinal, artistas. A questão por trás de cada letra escrita no reboco ou na pastilha é a falta de um pacote básico que inclui lazer, saúde e educação – como o movimento mesmo pretende mostrar, o problema é a exclusão social, não a inclusão artística." (Em *Veja* de 05/12/2009: Grafite para colecionadores.)

Para aprofundar os temas

Filmes

Cidade cinza
Brasil, 2012. Direção: Marcelo Mesquita e Guilherme Valiengo. Duração: 85 min.

O documentário registra os conflitos entre os grafiteiros e o poder público na cidade de São Paulo, ocorridos em 2008, após a prefeitura da cidade implantar uma política de limpeza urbana, na qual os muros da cidade foram pintados de cinza para apagar as pichações e os grafites realizados. O filme sugere uma discussão sobre a arte urbana.

2 Filhos de Francisco
Brasil, 2005. Direção: Breno Silveira. Duração: 132 min.

O filme conta a vida dos músicos Zezé Di Camargo e Luciano desde pequenos, no interior de Goiás, e as dificuldades na carreira até o alcance do sucesso nacional no fim da década de 1980.

O menino da porteira
Brasil, 2009. Direção: Jeremias Moreira Filho. Duração: 94 min.

Inspirado na música homônima de 1955, composta por Teddy Vieira e Luisinho, o filme é uma refilmagem de *O menino da porteira*, obra cinematográfica de 1976. A história tem como pano de fundo a década de 1950 e os conflitos por terra no interior do Brasil. É centrada na relação de amizade entre um peão boiadeiro e Rodrigo, o menino da porteira.

Suryara Bernardi

Livros

CALVINO, Italo. *As cidades invisíveis*. São Paulo: Companhia das Letras, 1990.

A obra narra um diálogo fictício entre Marco Polo e o imperador Kublai Khan, no século XIII. A pedido deste, o viajante descreve as várias cidades que ele encontrou ao longo de suas viagens, detalhando as características físicas, a população e, principalmente, o impacto emocional despertado por cada uma delas.

CUNHA, Euclides. *Os Sertões*. Rio de Janeiro: Record, 2000.

Escrita por Euclides da Cunha como uma espécie de relatório sobre a Guerra de Canudos, a obra mistura gêneros literários. Dividido em três partes: "A terra", "O homem" e "A luta", o livro faz um registro profundo e uma análise sensível de um movimento marcante na história brasileira.

SILVA, Armando. *Atmosferas urbanas*: grafite, arte pública, nichos estéticos. São Paulo: Edições Sesc, 2014.

No livro, o pesquisador colombiano investiga as diferenças entre as diversas linguagens artísticas que tomam conta das grandes cidades. A origem do grafite, as características dos grafites nos países da América do Sul, a arte pública e a arte urbana são alguns dos temas analisados. Uma boa leitura para ampliar a compreensão de arte e dos suportes artísticos.

TIRAPELI, Percival. *Arte colonial*: Barroco e Rococó. São Paulo: Companhia das Letras, 2006.

O livro apresenta o processo de urbanização do Brasil a partir do século XVII, detalhando a arte e a cultura barrocas de diversas cidades brasileiras. Destaca artistas como o famoso escultor Antônio Francisco Lisboa, o Aleijadinho, e produções emblemáticas do período. A obra valoriza a importância da região de Minas Gerais para o florescimento da arte barroca no Brasil.

Sites

Museu de Arte do Rio de Janeiro
<www.museudeartedorio.org.br>

Localizado na Praça Mauá, na cidade do Rio de Janeiro, o museu se propõe a narrar a história da cidade por meio de uma abordagem interdisciplinar. Arte, História, Geografia e Literatura dialogam para discutir a cidade de ontem e de hoje. O *site* disponibiliza material sobre as exposições permanentes e temporárias.

Jorge Macchi
<www.jorgemacchi.com>

Página oficial do artista argentino Jorge Macchi, que estudou na Escola Nacional de Belas-Artes de Buenos Aires, cidade onde vive e trabalha. Ele explora as possibilidades da tecnologia e das diversas mídias na criação artística. Nessa página, é possível conhecer algumas de suas obras.

Keith Haring
<www.haring.com>

Site oficial do artista estadunidense Keith Haring, mantido pela fundação que leva seu nome. Disponibiliza informações sobre sua vida e suas obras, dando destaque a seu envolvimento com causas sociais.

Teatro Oficina
<www.teatroficina.com.br>

Página oficial do Teatro Oficina Uzyna Uzona. Disponibiliza textos, reportagens, imagens e vídeos sobre os trabalhos do grupo.

Alexandre Orion
<www.alexandreorion.com>

A página traz informações, vídeos, imagens e comentários críticos sobre a obra do artista paulistano Alexandre Orion. Nela, é possível conhecer outros projetos do artista que se relacionam com a cidade, como a intervenção urbana *Ossário* (2006), realizada com a fuligem dos carros.

SP_ Urban Digital Festival
<http://spurban.com.br/sp-urban-digital-festival-transforma-o-edificio-fiesp-sesi-numa-galeria-virtual-a-ceu-aberto>

Página oficial do SP_Urban Digital Festival que disponibiliza informações sobre o evento de arte eletrônica e sobre obras que participaram das últimas edições.

Banksy
<http://banksy.co.uk>

Página oficial do artista urbano inglês Banksy. Para manter o anonimato, Banksy não disponibiliza informações sobre sua biografia nem revela seu nome verdadeiro. Porém, muitas intervenções urbanas podem ser conferidas no *site*.

Pejac
<http://pejac.es/home/gallery-2>

Página oficial do artista espanhol, na qual é possível conhecer algumas das intervenções urbanas que realizou em diferentes cidades do mundo.

Acessos em: 5 mar. 2016.

TEMA

6

DESLOCAMENTOS E PERCURSOS NA ARTE

Neste tema, você irá:

- Compreender a arte como saber cultural e estético, gerador de significação e integrador da organização do mundo.
- Analisar as diversas produções artísticas que tematizam a arte e a cultura da América Latina e do Caribe como meio de explicar as diferentes culturas e compreensões de mundo.
- Compreender as linguagens corporal e musical como integradoras sociais e formadoras da identidade.
- Perceber a arquitetura de Brasília como resultado de um projeto político e cultural de modernização do Brasil.
- Analisar, interpretar e aplicar os recursos expressivos das linguagens, relacionando textos com seus contextos, mediante a natureza, a função e a estrutura das manifestações.
- Experimentar o procedimento de apropriação artística em propostas individuais de criação.
- Explorar possibilidades cênicas que usam espaços alternativos de encenação.
- Conhecer o conceito de paisagem sonora e explorá-lo pela linguagem teatral.

Yanagi Yukinori. *América*, 1994. Obra composta de formigas, areia colorida, caixas, tubos e canos de plástico.

Cortesia Miyake Fine Art/Foto: Shigeo Muto

Quando vejo a forma da América no mapa, amor, é a ti que eu vejo [...]

Pablo Neruda.

Pequena América. In: *Os versos do capitão*. Rio de Janeiro: Bertrand Brasil, 1997.

Camila Cunha/Indicefoto

Yanagi Yukinori. *Mercosul*. 8ª Bienal do Mercosul: Mostra Geopoéticas, 2011. Porto Alegre (RS). Detalhe da obra: as formigas são colocadas em caixas de acrílico atrás dos painéis e, graças aos tubos plásticos, circulam entre as bandeiras.

No poema "Pequena América", o poeta chileno Pablo Neruda exalta o amor à mulher amada e a sua terra de origem. Já o artista japonês Yanagi Yukinori criou uma série de obras que discutem o tema das fronteiras e das migrações, como *América* (1994), a obra que abriu esse tema, e uma outra versão também com bandeiras, chamada *Mercosul* (2011). O artista defende a ideia de que atualmente, em consequência da globalização, os limites geográficos devem ser questionados. Para ele, existe uma contradição na nossa sociedade: ao mesmo tempo que há o incentivo à livre circulação de produtos e serviços entre países, há o enrijecimento das regras que permitem a circulação de pessoas entre os territórios.

Se você prestar atenção às notícias veiculadas pelos meios de comunicação, perceberá o intenso deslocamento de pessoas pelo mundo motivado por inúmeros fatores, entre eles os econômicos ou os relacionados a conflitos. Os dicionários afirmam que fronteira pode ser compreendida como um marco que limita e separa. Um rio, uma ponte, uma linha podem ser utilizados para definir fronteiras. Mas, além desse conceito, podemos pensar a fronteira também sob o ponto de vista da cultura.

Quais fronteiras existem entre uma cultura e outra? Por que artistas discutem a questão das fronteiras e dos territórios em suas obras?

A Bienal do Mercosul

A Bienal do Mercosul é um evento que ocorre na cidade de Porto Alegre, no Rio Grande do Sul, desde 1997. O evento tem o objetivo de valorizar a arte latino-americana e a troca entre os artistas desses países. Entretanto, artistas de outras nacionalidades também são convidados a participar da mostra, desde que suas obras dialoguem com as questões propostas pela curadoria.

A cada edição, um ou mais curadores apontam temas que discutem a sociedade contemporânea e a própria linguagem da arte. Chama-se curador o profissional responsável por criar o tema ou a ideia que vai permear toda a exposição. Com base no recorte escolhido pelo curador para a exposição, os artistas são selecionados, a **expografia** é criada e a mostra ganha forma. As obras escolhidas visam despertar a sensibilidade do público para as questões propostas pela curadoria.

Expografia
Forma de organizar e de expor os objetos ou obras artísticas a fim de criar um ambiente expositivo de acordo com a ideia da exposição e, ao mesmo tempo, adequado à fruição do público.

A 8ª Bienal do Mercosul, que ocorreu em 2011, foi inspirada nas tensões entre territórios locais e transnacionais e recebeu da equipe de curadores o nome de *Ensaios de geopoética*, título que faz referência à compreensão que os artistas têm de território, pela qual a poesia e a arte subvertem mapas, fronteiras e identidades.

Em todas as suas edições, a Bienal do Mercosul propõe atividades e projetos que desejam aproximar a arte contemporânea do público não especializado. Desse modo, uma rede formada por artistas estrangeiros e nacionais, estudantes, professores e público em geral é convidada a participar de vivências, encontros e visitas mediadas a obras artísticas que invadem os diversos espaços da cidade.

Na 8ª Bienal do Mercosul, foi criada a Casa M, um espaço de integração com a comunidade composto de diversos ambientes, como biblioteca, sala de leitura, ateliês e espaço de convivência, que estimulavam o encontro entre as pessoas e o diálogo sobre as obras e as ideias presentes na exposição.

Área externa. Casa M, na 8ª Bienal do Mercosul, 2011. Porto Alegre (RS).

DIÁLOGOS

O Mercosul

A obra *Mercosul* (2011), de Yanagi Yukinori, é composta de caixas de acrílico, nas quais areias coloridas formam as bandeiras dos países que participam do bloco econômico cujo nome dá título ao trabalho. O Mercosul surgiu de uma iniciativa do Brasil e da Argentina com vistas à formação de um mercado regional. A esse esforço de integração uniram-se Paraguai e Uruguai. Juntos, os quatro países formularam o projeto de criação do Mercado Comum do Sul, o Mercosul, consolidado na assinatura do Tratado de Assunção, em 26 de março de 1991.

Países associados ao Mercosul

Fonte: *Mercosul*. Disponível em: <www.mercosul.com.br>. Acesso em: 5 nov. 2015.

Esse tratado afirma que o Mercosul se caracteriza pelo regionalismo aberto tendo por objetivo não só o incremento do comércio entre seus membros, mas o estímulo às trocas simbólicas com outros países. São estados associados do Mercosul a Bolívia e o Chile (desde 1996), o Peru (desde 2003), a Colômbia e o Equador (desde 2004). Além disso, o Tratado de Assunção é aberto, mediante negociação, à adesão dos demais países-membros da Aladi (Associação Latino-Americana de Integração). Nesse sentido, foi assinado, em 4 de julho de 2006, o protocolo de adesão da Venezuela ao Mercosul.

Na obra *Mercosul*, Yanagi Yukinori acrescentou as bandeiras das Guianas, territórios também localizados na América do Sul. As bandeiras são conectadas por tubos de plástico, nos quais formigas cruzam os limites e misturam os grãos e as cores das bandeiras, criando pontes entre as nações e as culturas, fazendo uma relação direta com os movimentos migratórios na contemporaneidade e a ideia do Mercosul como território de livre circulação e de integração cultural.

- O percurso das formigas ao longo dos tubos e caixas de acrílico provoca mudanças constantes na obra *Mercosul*. Quem a vê no início da exposição e no seu término encontra a mesma proposta, porém com imagens diferentes. O que essas mudanças revelam do processo migratório e da própria arte contemporânea? Por qual razão o artista resolveu incluir as Guianas?

____

____

A bandeira de Emmanuel Nassar

Museu de Arte do Rio, Rio de Janeiro

Emmanuel Nassar. *Bandeira*, 2011. Chapas metálicas, 3,90 × 5,40 m.

Na obra *Bandeira* (2011), o artista paraense Emmanuel Nassar (1949-) cria uma composição com nove chapas metálicas que desconstroem a bandeira brasileira. As placas foram recolhidas do lixo reciclável, pintadas e depois montadas sem obedecer ao desenho original. O artista substituiu a frase inscrita na bandeira pelas iniciais de seu nome e deixou apenas uma estrela representando o Estado do Pará, em vez das 27 que correspondem aos 26 estados brasileiros mais o Distrito Federal.

Ao criar uma nova obra utilizando imagens e objetos já existentes, Nassar faz uso da *apropriação*, procedimento muito presente na arte contemporânea. Qual teria sido a ideia por trás da criação da obra *Bandeira*?

Uma criação artística pode suscitar muitas interpretações, por isso a reflexão sobre a arte nunca se encerra. Cada pessoa percebe o que vê de um jeito próprio, influenciada por seu repertório, sua cultura e sua sensibilidade. Mas voltar-se para o objeto artístico é uma boa estratégia para tentar compreendê-lo. Ao olhá-lo com atenção, identificamos pistas que nos auxiliam a compreender a obra.

É possível intuirmos que Emmanuel Nassar vê o Brasil como um país cindido, em que as partes não compõem um todo harmônico. A ênfase que dá à materialidade rústica, transformando em arte sucata e materiais retirados do lixo, pode indicar a força de transformação necessária para a reconstrução do país. Outra possibilidade é pensarmos a obra com base na tradição artística brasileira que valoriza a geometria. As formas geométricas foram muito enfatizadas no projeto modernista brasileiro, que buscava apresentar o Brasil como símbolo de desenvolvimento e modernidade. Também a construção de Brasília fez parte desse pensamento. Outra chave de leitura da obra de Nassar é sua relação com a cultura popular, principalmente a da Região Norte, cujas cores fortes da natureza e formas geométricas das casas teriam servido de inspiração para o artista.

DIÁLOGOS

Brasília

Ao assumir a Presidência do Brasil em 1956, Juscelino Kubitschek (1902-1976) prometeu uma época de progresso e de modernização, que foi traduzida no lema "50 anos em 5". Entre os projetos desenvolvimentistas do presidente estava a transferência da capital federal do Rio de Janeiro para o Planalto Central do Brasil. Em 1957, após definir o local onde seria instalada a nova capital federal, Juscelino Kubitschek promoveu um concurso para a seleção do projeto de construção de Brasília. Das 25 propostas inscritas, foi escolhida a que tinha o projeto arquitetônico de Oscar Niemeyer (1907-2012) e o projeto urbanístico, também chamado de Plano Piloto, de Lúcio Costa (1902-1998).

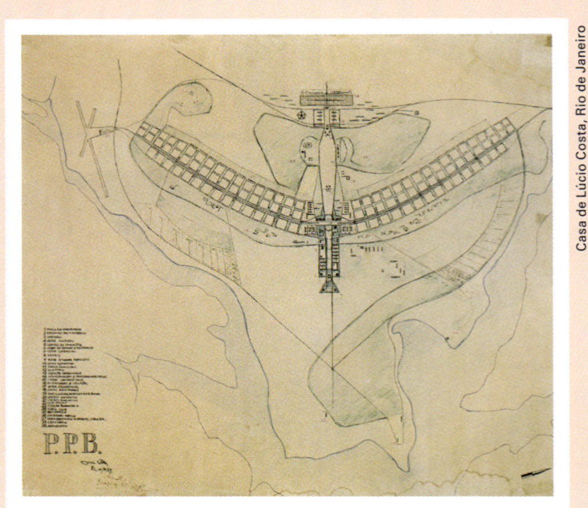

Casa de Lúcio Costa, Rio de Janeiro

Plano Piloto criado por Lúcio Costa.

O Plano Piloto, popularmente associado ao desenho de um avião, visava se adaptar à topografia local. É centrado em dois grandes eixos de circulação, o eixo rodoviário-residencial, que vai de norte a sul e é cortado transversalmente pelas vias locais, e o eixo monumental, que vai de leste a oeste. É nele que está o conjunto arquitetônico projetado por Oscar Niemeyer, do qual fazem parte o Congresso Nacional, o Palácio da Alvorada, o Palácio do Planalto, o Itamaraty, a Catedral Metropolitana, a Praça dos Três Poderes, o Superior Tribunal Federal e o Teatro Nacional.

Inaugurada em 21 de abril de 1960, Brasília nasceu como símbolo de modernização e de valorização do interior do país depois de séculos de investimentos concentrados na região litorânea. Por sua importância histórica e urbanística, recebeu em 1987 o título de Patrimônio Mundial pela Unesco, e em 2007, o título de cidade tombada pelo Iphan – Instituto do Patrimônio Histórico e Artístico Nacional.

Embora tenha sido uma cidade planejada, a aglomeração urbana em seu entorno fez com que surgissem ao longo do tempo as cidades-satélites, expressão que designa os centros urbanos em torno da cidade. Elas não têm autonomia política e são dirigidas por administradores nomeados pelo governador local, portanto não são consideradas municípios.

- A formação de centros urbanos ao redor das grandes metrópoles é comum no Brasil e muitas vezes faz com que pessoas morem em um lugar e trabalhem em outro. Você conhece cidades que possuem esse perfil? Quais? Na cidade onde mora é possível perceber essa relação? O que isso revela da história da região? Anote abaixo suas respostas.

____

____

____

____

A América Latina (re)construída por Regina Silveira

Nascida em Porto Alegre, Regina Silveira (1939-) é um dos nomes mais conhecidos da arte contemporânea brasileira. Suas obras fazem parte de importantes coleções nacionais e internacionais. A artista trabalha diversos suportes e linguagens e, tal como ocorre no trabalho de Emmanuel Nassar, também se apropria de imagens preexistentes para lhes dar novos sentidos. Na obra *Para ser continuado... (quebra-cabeça latino-americano)*, ela explora a imagem e a representação que as pessoas têm da América Latina. Quando pensa nessa região, quais são as imagens que lhe vêm à mente?

Com sua obra, Regina Silveira quer discutir as narrativas e as imagens construídas sobre a América Latina, principalmente as que revelam preconceito e estereótipos. O estereótipo relaciona-se às ideias e imagens consolidadas com base no senso comum, que não passam pelo crivo crítico. Ele exagera alguns traços da realidade e omite outros, criando compreensões falseadas do real. No discurso do dia a dia, nas produções cinematográficas, nas imagens veiculadas na televisão e nas diversas mídias, somos bombardeados por estereótipos que, muitas vezes, minimizam a imagem da mulher, dos negros, dos indígenas e mesmo a de nosso país. Ao afirmarmos que "toda mulher é de determinado jeito", ou que no Brasil certos valores sobressaem a outros, fortalecemos estereótipos e preconceitos. É disso que a obra de Regina Silveira trata.

Renato Pera

Regina Silveira. *Para ser continuado... (quebra-cabeça latino-americano)*, 1998. Vinil adesivo sobre espuma. 40 × 50 cm cada peça, 110 peças.

O que você conhece a respeito da cultura e da arte da América Latina? Por que sabemos tão pouco sobre esses países?

Renato Pera

Regina Silveira. *Para ser continuado... (quebra-cabeça latino-americano)*, 1998. Vinil adesivo sobre espuma, 40 × 50 cm, 110 peças. No detalhe, Carmen Miranda, Carlos Gardel e Che Guevara.

No quebra-cabeça da artista, a América Latina é um território em permanente construção, cujas peças, mesmo tendo encaixe perfeito, não conseguem criar uma imagem adequada da região. Regina Silveira critica principalmente o olhar estrangeiro sobre a América Latina, que não consegue ir além dos estereótipos que se baseiam no imaginário sobre Carmen Miranda, Che Guevara, Carlos Gardel, Evita Perón, as frutas tropicais, o carnaval, o futebol ou os animais considerados exóticos.

Silveira chama a atenção para a necessidade de apurarmos o olhar, tornando-nos críticos do que vemos. Quando conseguimos entender a razão pela qual percebemos alguns objetos ou temas de determinada forma, estamos pensando sobre o pensar e indo além dos estereótipos que muitas vezes tentam aprisionar nosso entendimento.

Percursos de criação

Apropriação artística

Das colagens de Pablo Picasso (1881-1973) à produção artística contemporânea, passando pelo *ready-made* de Marcel Duchamp (1887-1968), a apropriação de materiais não convencionais na arte é algo recorrente desde o início do século XX. Recortes de jornais, pedaços de madeira, chapas metálicas, embalagens de produtos e outros objetos já foram incorporados a obras de arte.

Experimente esse procedimento artístico numa criação que explore a temática da territorialidade na arte. Um país, uma região, uma cidade ou até mesmo um bairro podem tornar-se tema para sua criação. Investigue algo que gostaria de expressar com sua obra e os materiais mais adequados para comunicar a ideia. Ao finalizá-la, dê um título e apresente a criação aos colegas.

Vicente Mendonça

Visita virtual

Instituto Inhotim

<www.inhotim.org.br>
Acesso em: 16 nov. 2015.

Projeto Hélio Oiticica/Instituto Inhotim, Brumadinho/Foto: Ricardo Mallaco

Vista aérea do Instituto Inhotim, em Brumadinho (MG). Em destaque, obra de Hélio Oiticica. *Invenção da cor, Penetrável Magic Square # 5, De Luxe*, 1977.

O Instituto Inhotim, localizado em Brumadinho, Minas Gerais, é considerado o maior museu a céu aberto do mundo. Dedicado à arte contemporânea, possui uma série de pavilhões e de galerias com obras criadas pelos mais importantes artistas do cenário internacional, entre eles, vários brasileiros. Nele, suportes tradicionais como tela, ferro ou papel convivem com criações híbridas que misturam linguagens artísticas e novos suportes, como os meios tecnológicos e digitais.

Além de valorizar a arte contemporânea e sua diversidade, Inhotim oferece ao público uma experiência diferente da disponibilizada pelos museus tradicionais. As obras dialogam com o exuberante jardim botânico onde está localizado o Instituto. As pessoas são convidadas a percorrer jardins, lagos, florestas e colinas, o que estimula uma experiência que ultrapassa a contemplação artística e envolve todos os sentidos.

Para conhecer um pouco da proposta, acesse o *site* da instituição e siga o roteiro abaixo.

- No ícone *Inhotim*, clique em *Arte contemporânea*. Você terá acesso a três seções. Navegue em duas delas: 1. *Obras e galerias permanentes* e 2. *Coleção*.
- Explore as obras de arte disponíveis nas seções, percebendo suas composições, técnicas e o modo como se relacionam com o espaço onde estão inseridas.
- Identifique se há mais de uma obra do mesmo artista e se é possível perceber elementos em comum entre elas. Aproveite para verificar se no acervo há artistas que conhece ou de quem já ouviu falar.
- Identifique as obras que mais despertam sua atenção ou curiosidade e reflita sobre a razão de isso acontecer.
- Após navegar e conhecer mais do museu, redija uma reflexão sobre a experiência vivenciada inserindo as questões levantadas no roteiro.

____

____

____

____

____

Imagens e pensamento

Paulo Nazareth. Sem título, da Série *Notícias de América*, 2011/2012. Impressão fotográfica sobre papel algodão, 30 × 40 cm.

- O que você achou da Série *Notícias de América* (2011/2012), de Paulo Nazareth?

- Nas duas imagens, o artista segura uma placa com a frase "Vendo minha imagem de homem exótico". O que ele pretende dizer com isso?

Paulo Nazareth. Sem título, da série *Notícias de América*, 2011. Instalação artística. Art Basel, em Miami Beach, Estados Unidos, em 30 de novembro de 2011.

Galeria Mendes Wood DM, São Paulo/Lynne Sladky/AP Photo/Glow Images

Galeria Mendes Wood DM, São Paulo

Paulo Nazareth

Em 2011, Paulo Nazareth (1977-) saiu de onde morava, na periferia de Belo Horizonte, rumo aos EUA. A viagem, feita a pé e de carona, durou quase sete meses, período em que ele deixou de lavar os pés como estratégia para transportar a poeira da América Latina. Ao chegar a Nova York, lavou os pés no Rio Hudson.

Nazareth enfrentou dificuldades nos países pelos quais passou, mas também encontrou paisagens e pessoas inspiradoras. Tudo que viveu foi registrado e transformado em arte. A experiência inspirou a Série *Notícias de América* (2011/2012), formada por registros da viagem, por fotos em que o artista surge com placas provocadoras ao lado de pessoas que como ele seriam descendentes da mistura de indígenas, negros e europeus, e pela instalação *Mercado de bananas*. Na frente de uma Kombi verde lotada de bananas, o artista vendia a fruta ao público por um preço acima do que seria encontrado em qualquer mercado.

- Por que o artista decidiu vender bananas numa feira de arte contemporânea?

As múltiplas possibilidades no uso do espaço cênico

O teatro, a dança, o circo e a ópera são consideradas artes cênicas ou artes performáticas porque necessitam de um espaço de representação e de público para se materializarem. Ao longo da história das artes cênicas, diversos espaços tornaram-se palco para a apresentação de espetáculos. Além dos tradicionais, praças, ruas, galpões e prédios desativados transformaram-se em território para a experimentação cênica.

As transformações do lugar teatral

O lugar teatral é o espaço onde é apresentado o espetáculo cênico. No século V a.C., na Grécia, os espetáculos eram exibidos numa construção de pedra ao ar livre. Os intérpretes ficavam num espaço circular e concêntrico chamado proscênio. Atrás dele, uma parede maior que o diâmetro do círculo central servia para a entrada e a saída dos atores. O público ficava instalado ao redor do círculo central, num espaço formado por degraus. O lugar teatral romano era inspirado no grego, porém o público era dividido por classe social e o proscênio era maior e de formato semicircular. Outra diferença importante é que o edifício teatral romano era fechado.

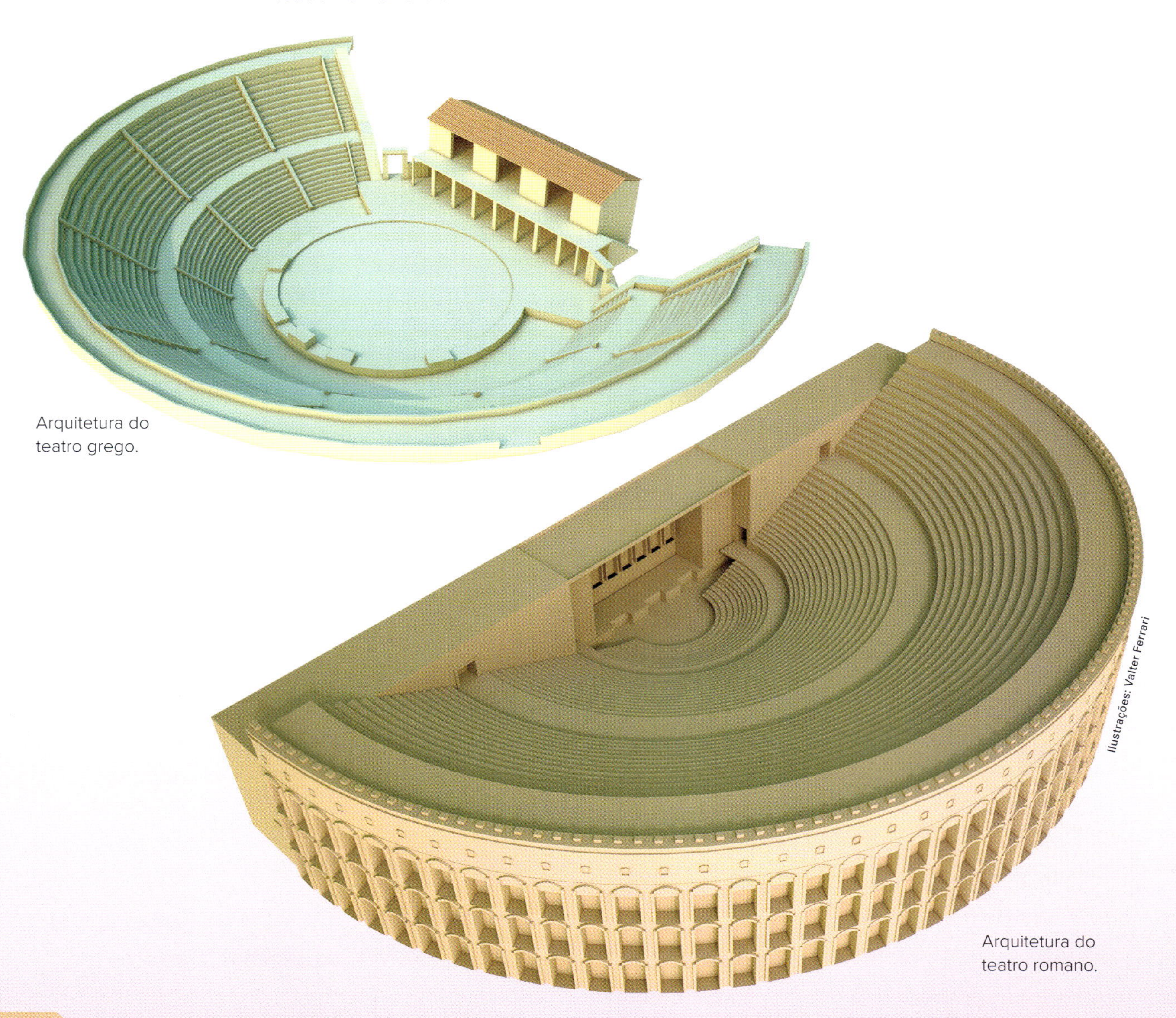

Arquitetura do teatro grego.

Arquitetura do teatro romano.

Ilustrações: Valter Ferrari

Na Idade Média, os espetáculos deixaram de ser montados em teatros e ganharam as ruas e as praças, sendo apresentados por atores mambembes chamados saltimbancos. Misturando teatro, música, dança e circo, esses artistas perambulavam pelas cidades e se apresentavam principalmente nas feiras, reunindo um bom número de espectadores.

A partir do século X, a Igreja Católica, que exerceu grande poder durante a Idade Média e via o teatro como uma manifestação profana, começou a utilizar a linguagem teatral para dramatizar fatos religiosos. Chamados "mistérios", esses espetáculos tinham a função de sensibilizar os fiéis e de fortalecer a fé. Os mistérios foram inicialmente montados nas portas e escadarias das igrejas, depois no interior dos edifícios religiosos.

A partir do século XV, o teatro não religioso começou a ganhar força novamente e passou a ser exibido nos salões dos palácios reais. No século XVI, surgiu na Inglaterra o teatro elisabetano, assim chamado por ter sido criado durante o reinado de Elisabete I (1533-1603). O teatro elisabetano era um edifício composto de três andares voltados para um grande pátio, onde se localizava o palco. Nos andares em que ficava o público, também aconteciam cenas, o que aproximava ainda mais atores e plateia. As peças do dramaturgo inglês William Shakespeare (1564-1616) foram escritas para esse tipo de espaço cênico.

Valter Ferrari

Arquitetura do teatro elisabetano.

Espaços não convencionais

Nos últimos tempos, diversos grupos teatrais passaram a explorar espaços não convencionais em suas montagens. Um dos mais conhecidos é a companhia brasileira Teatro da Vertigem, fundada em 1991, na cidade de São Paulo. Seu primeiro projeto artístico foi a trilogia bíblica formada por *Paraíso perdido* (1992), de Sérgio de Carvalho, *O livro de Jó* (1995), de Luís Alberto de Abreu, e *Apocalipse 1,11* (2000), de Fernando Bonassi.

Guto Muniz/Foco in Cena

Companhia Teatro da Vertigem em cena. *Paraíso perdido*. Dramaturgia de Sérgio de Carvalho, direção de Antônio Araújo. Igreja Nossa Senhora do Carmo, Belo Horizonte (MG), 2004.

Na trilogia, é possível perceber características marcantes do trabalho da companhia, como a experimentação da linguagem teatral, a pesquisa aprofundada, assentada em fontes literárias e históricas que ajudam a pensar a sociedade contemporânea, a dramaturgia colaborativa, que consiste em convidar escritores para roteirizar e escrever o texto dramático ao longo das improvisações dos atores nos ensaios, e o uso de espaços alternativos que se relacionam com a temática dos espetáculos. Na cidade de São Paulo, a montagem *Paraíso perdido* foi apresentada na Igreja de Santa Ifigênia, *O livro de Jó*, no Hospital Humberto Primo e *Apocalipse 1,11*, no antigo presídio do Hipódromo.

A importância do espaço é tão grande que, quando os espetáculos são encenados em outras cidades, a companhia procura lugares semelhantes ao original. Para o Teatro da Vertigem, os lugares não são simples espaços para a representação. Eles fazem parte da dramaturgia das peças. As memórias e o significado social de cada lugar ampliam a comunicação dos espetáculos com o público, potencializando os sentidos em relação ao que é visto.

Uma das mais radicais experiências no uso de espaços alternativos foi o espetáculo *BR-3* (2006) encenado no poluído rio Tietê, em São Paulo. O título faz referência a três localidades, Brasília (capital brasileira), Brasilândia (bairro da periferia de São Paulo) e Brasileia (cidade no extremo sul do Acre, que faz fronteira com a Bolívia). A dramaturgia do espetáculo, estruturada com base na discussão sobre as desigualdades socioeconômicas do Brasil, ficou sob a responsabilidade do escritor Bernardo Carvalho. Por que será que a companhia escolheu usar esses três territórios como eixo para discutir o tema?

Eduaro Knapp/Folhapress

Teatro da Vertigem. *O livro de Jó*. Dramaturgia de Luís Alberto de Abreu, direção de Antônio Araújo. Hospital Humberto Primo, São Paulo (SP), 1996.

Lenise Pinheiro/Folhapress

Teatro da Vertigem. *Apocalipse 1,11*. Dramaturgia de Fernando Bonassi, direção de Antônio Araújo. Antigo presídio do Hipódromo, São Paulo (SP), 1999.

O espetáculo *BR-3* propõe uma reflexão sobre a relação entre centro e periferia e a identidade do Brasil, algo que pode ser percebido pela escolha dos três territórios: Brasília, Brasilândia e Brasileia. Durante o processo de montagem, os integrantes da companhia leram autores que discutem a história e a geografia do Brasil, como Gilberto Freyre (1900-1987), Sergio Buarque de Holanda (1902-1982) e Mílton Santos (1926-2001), além de terem feito uma pesquisa de campo em cada território, visando compreender o que eles revelam do nosso país.

Brasília é o centro político do Brasil, uma cidade moderna, construída longe de grandes centros como São Paulo e Rio de Janeiro, e que acabaria cercada por cidades-satélites, as quais não tiveram planejamento urbano. O bairro de Brasilândia, localizado na zona norte de São Paulo, revela o contraste que há na maior cidade da América do Sul, ao mesmo tempo a mais rica e uma das mais desiguais do país. Já Brasileia, na região amazônica, tornou-se símbolo tanto das fronteiras nacionais quanto da luta pela preservação da natureza e do incentivo à economia sustentável. Hoje, a cidade é importante porta de entrada de imigrantes, principalmente bolivianos e haitianos. No caso dos haitianos, a imigração foi potencializada a partir de 2010, depois do terremoto que, além de deixar milhares de mortos, destruiu a maior parte do país.

A escolha do rio Tietê como espaço cênico é emblemática, pois, ao longo da história das civilizações, os rios sempre foram um recurso natural importante para o abastecimento das populações e o escoamento de produtos, funcionando como canal de transporte e comunicação. Entretanto, boa parte das cidades brasileiras, como é o caso de São Paulo, descaracterizou seus rios, transformando-os em depósitos de lixo. É o caso do rio Tietê, cujo cheiro forte decorrente da sujeira e da poluição era sentido pelas pessoas que foram assistir a *BR-3*. Instaladas num barco, elas navegavam durante toda a duração do espetáculo, acompanhando cenas que aconteciam dentro do próprio barco, em outros barcos e nas margens do rio.

Abaixo e no pé da página, Teatro da Vertigem. *BR-3*, 2006 (ensaio da peça). Dramaturgia de Bernardo Carvalho, direção de Antônio Araújo. Rio Tietê, São Paulo (SP).

Bruno Miranda/Folhapress

Caio Guatelli/Folhapress

Percursos de criação

Improvisação teatral

> Foi um rio
> Que passou em minha vida
> E meu coração se deixou levar

Paulinho da Viola. Foi um rio que passou em minha vida. In: *Foi um rio que passou em minha vida*. Rio de Janeiro: Odeon, 1970.

No samba composto e cantado por ele, Paulinho da Viola (1942-) afirma que nossas emoções são como as águas de um rio e estão sempre em movimento. Na história humana, os rios sempre foram fundamentais para a sobrevivência das cidades, e, se pararmos para pensar, veremos que todos nós temos relação com algum rio e a partir dessa relação podemos estabelecer diálogos com nossa própria existência.

Em grupos, experimentem exercitar a linguagem teatral tendo os rios como tema gerador para improvisações coletivas. Para isso, sigam as orientações abaixo.

1. Pesquisem notícias veiculadas em jornais ou *sites* que abordem problemas enfrentados por algum rio da cidade ou da região. Caso o grupo ache interessante, vocês poderão escolher uma composição da música popular brasileira que discuta essa temática. Em 1981, a cantora Maria Bethânia gravou uma composição de seu irmão, o compositor Caetano Veloso, que problematiza a poluição do rio Subaé, localizado na cidade de Santo Amaro da Purificação (BA). Como essa, há diversas outras músicas que tratam da temática. Veja a letra da composição:

> Purificar o Subaé
> Mandar os malditos embora
> Dona d'água doce quem é?
> Dourada rainha senhora
> Amparo do Sergimirim
> Rosário dos filtros da aquária
> Dos rios que deságuam em mim
> Nascente primária
> Os riscos que corre essa gente morena
> O horror de um progresso vazio
> Matando os mariscos e os peixes do rio
> Enchendo o meu canto
> De raiva e de pena

Purificar o Subaé. Caetano Veloso.
Warner Chappell Edições Musicais Ltda.

Ilustrações: Vicente Mendonça

2. Depois de selecionar a notícia ou a música, discutam no grupo a importância da informação ou da crítica presente no material escolhido. Que rio é abordado? Qual é a ideia principal do texto jornalístico ou musical? No texto, é possível identificar fatos da história local ou nacional? Quais?

3. Após a conversa, pensem em como poderiam apresentar a notícia ou a letra da música escolhida e em como poderiam reforçar a ideia do texto. Algumas estratégias podem ser utilizadas para isso, tais como:
   a. Dramatização: com base no texto, os atores criam pequenas situações que ilustram, extrapolam ou criticam as questões propostas.
   b. Ação paralela: enquanto uma parte do grupo lê, canta ou declama o texto em voz alta, os outros realizam mímicas e ações físicas que se relacionam ao que está sendo dito ou ao que está subentendido no texto.
   c. Leitura cruzada: é necessário escolher dois textos sobre a temática. Podem ser duas notícias, duas músicas ou um de cada. Elas serão lidas de forma cruzada, como se fosse um diálogo no qual uma completa a outra, amplificando o sentido dos textos.
   d. Leitura musical: em vez de serem lidas, as notícias ou as músicas são cantadas após a escolha do ritmo mais apropriado para comunicar a ideia do texto. Caso o grupo tenha escolhido uma música, ela poderá ser cantada num ritmo ou estilo diferente da gravação original. Um samba poderá tornar-se um *rap*, um tango, um sertanejo ou vice-versa.

4. Com os textos e a estratégia de apresentação escolhidos, ensaiem o trabalho. É importante que todos estejam com roupas confortáveis e abertos à exploração teatral. Quanto mais o grupo discutir as notícias ou músicas selecionadas e investigar as possibilidades de improvisação, mais seguros todos ficarão em relação à exposição do trabalho.

5. Após apresentarem a criação coletiva, conversem com os colegas sobre o processo de construção do grupo e as diferenças entre os trabalhos apresentados, destacando qualidades e o que poderia ser aperfeiçoado em cada um deles.

Virou notícia

Programa de rádio feito por haitianos divulga a cultura caribenha no Paraná

'Haiti Universal' é transmitido por uma rádio comunitária em Cascavel. Ideia surgiu de uma participação deles em um outro programa da emissora.

Ivan de Souza/G1

Marcelin Geffrard, locutor principal, faz o programa em três idiomas.

A rotina de três haitianos que moram em Cascavel, no oeste do Paraná, mudou depois que eles passaram a comandar um programa em uma emissora de rádio. Além de entretenimento para os companheiros que vivem na cidade, familiares que moram no Haiti também podem acompanhar e ter notícias deles. O programa vai ao ar todo domingo, das 20 h às 21 h, e também é exibido pela internet.

"Eles se queixam que é muito caro as ligações para fazer contato com as famílias lá no Haiti. Então, é uma oportunidade através da internet e do *site* da rádio. E também para deixar o pessoal mais tranquilo lá do outro lado que está ouvindo e ter notícias dos familiares que estão aqui no Brasil", afirma o diretor da rádio Diogo Tamoio.

A ideia surgiu depois de uma participação do trio em outro programa da mesma emissora. O proprietário gostou da participação e os chamou para fazer parte da equipe. "A rádio sempre está procurando programas alternativos para interagir com a comunidade e a gente teve a ideia de colocar eles no ar. Existe um número muito grande de haitianos dentro da cidade, mas a gente pouco conhece os costumes e os estilos musicais deles", conta o diretor.

De acordo com a Polícia Federal de Cascavel, atualmente, 15.802 mil haitianos estão registrados e cerca de 1.300 moram na cidade. A PF informou, ainda, que são feitos pelo menos 20 pedidos de refúgio por mês na delegacia.

Radialistas

Marcelin Geffrard é o principal locutor. Ele mora no Brasil há dois anos e fala cinco idiomas, mas apresenta o programa em três: francês, português e inglês. A cada domingo, Geffrard conta com a ajuda dos colegas Johny Jeuty e Valando Luberisse para preparar o programa. Um convidado é chamado toda semana para fazer a interação.

O programa "Haiti Universal" só toca música do país de origem. "Os haitianos gostam de música. Essa é a vida deles. Passaram por toda a situação no Haiti, tudo o que aconteceu lá (se referindo ao terremoto que atingiu o país em 2010), ouvir música ajuda muito", comenta o locutor Marcelin

Geffrard, que se formou em arquitetura e letras no Haiti e trabalha como cobrador de ônibus em Cascavel.

Para ele, a intenção é incentivar seus conterrâneos através do entretenimento. "Eu quero fazer o programa para que todos escutem, para que eles tenham força e coragem para trabalhar no dia seguinte", explica.

Formado em comunicação no Haiti, auxiliar de produção em uma cooperativa e locutor aos domingos à noite, Valando Luberisse acredita que o programa pode ajudar a difundir a cultura caribenha. "Eu acho que as outras emissoras vão abrir as portas para nós, para a cultura haitiana", disse.

Longe do país natal, cada um busca no Brasil uma oportunidade para uma nova vida. "A gente quer estudar para conseguir ter uma vida melhor aqui, fazer uma faculdade", conta Geffrard.

Disponível em: <http://g1.globo.com/pr/oeste-sudoeste/noticia/2014/07/programa-de-radio-feito-por-haitianos-divulga-cultura-caribenha-no-parana.html>. Acesso em: 18 nov. 2015.

Ivan de Souza/G1

Programa vai ao ar todos os domingos das 20 h às 21 h.

Com base no texto, responda.

1. Qual a importância do programa "Haiti Universal" tanto para os haitianos quanto para os brasileiros?

____

____

____

____

2. Você acredita que a ideia dos imigrantes de difundir sua cultura por meio da música seja uma boa estratégia de aproximação cultural? Por quê? Você já ouviu alguma música do Haiti?

____

____

____

____

Ritmos do Caribe

Em 12 de janeiro de 2010, o Haiti, localizado no Caribe, sofreu um terremoto que, além de deixar milhares de mortos, destruiu a maior parte do país. O Brasil, que desde 2004 comandava a Força de Paz da ONU ali instalada para ajudar a restaurar a ordem após a turbulência política ocasionada pela deposição do presidente Jean-Bertrand Aristide, concedeu refúgio aos haitianos tendo em mente a crise humanitária instalada.

É considerada refugiada toda pessoa que, em razão de sua etnia, religiosidade, nacionalidade ou posição política, sofre perseguições e violências que a impedem de permanecer em seu país de origem. Ao receber um refugiado, o país acolhedor lhe garante direitos políticos e proteção. O Brasil concedeu um visto diferenciado de refúgio aos haitianos, o que provocou uma intensa onda migratória.

Esse movimento fez com que muitos brasileiros tivessem a oportunidade de conhecer um pouco da história e das práticas culturais do Haiti, entre elas a música. A colonização francesa, a escravização africana por meio do tráfico negreiro e a convivência com pessoas de Cuba e da República Dominicana impactaram a música haitiana, que abarcou essas diversas influências.

O *merengue* é uma música e uma dança popular não somente no Haiti, mas em todo o Caribe. Por ter origem africana e ter sido levada para a região pelos negros escravizados durante a colonização americana, é considerada um ritmo crioulo, termo utilizado para se referir às misturas culturais ocorridas no Caribe. O acordeom, o bumbo e a *guira* são os instrumentos típicos do *merengue*. Entretanto, ao longo do tempo, outros instrumentos, como teclados, violões e cordofones similares e saxofones, foram incorporados à música. O padrão rítmico do *merengue* é conhecido como "*el galopito*", por se assemelhar ao galope do cavalo.

O *compas* é outro estilo musical muito apreciado no Haiti. Sua popularização se deu principalmente a partir da década de 1960, com o trabalho do músico Nemours Jean-Baptiste (1918-1985). O *compas* constitui uma variante de ritmos como o *rock*, o *jazz* e o próprio *merengue* e é caracterizado por instrumentos de sopro e de percussão. Tal como acontece no *jazz*, solos de saxofone e momentos de improvisação musical são recorrentes nas apresentações dos grupos musicais.

JudyDillon/iStockphoto.com

Músicos tocando *merengue*, em Cayo Levantado, República Dominicana. Foto de 2009.

A música cubana, como a do Haiti e a de outros países do Caribe, é resultado da mistura de elementos culturais africanos, europeus e americanos. Em Cuba, os tambores da África, os violões espanhóis e os instrumentos de sopro do *jazz* dos Estados Unidos marcam a sonoridade da música nacional, como podemos encontrar num dos grupos musicais mais representativos do país, o Buena Vista Social Club. A música criada pelo grupo reúne diversos ritmos dançantes de Cuba e do Caribe como a rumba, o mambo e a *salsa*, e outros mais românticos, como o bolero.

Para conferir

Buena Vista Social Club. Direção de Win Wenders. Alemanha, França, Cuba, Reino Unido, 1999, 105 min.

Originalmente, Buena Vista Social Club era o nome de um antigo clube musical de Havana, em Cuba, fundado em 1932 e famoso por reunir os mais importantes músicos do período. Até a década de 1950, quando foi fechado, o clube era ponto de encontro da nova e da velha geração da música cubana, servindo como espaço de troca e de formação. No ano de 1996, o guitarrista e compositor estadunidense Ry Cooder (1947-), admirador da música tradicional cubana, viajou até o país para conhecer alguns dos músicos que frequentavam aquele espaço, como Compay Segundo (1907-2003), Ibrahim Ferrer (1927-2005), Ruben González (1919-2003), Eliades Ochoa (1946-) e Omara Portuondo (1930-).

Casal dançando *salsa*.

Necip Yanmaz/iStockphoto.com

No ano de 2008, Omara Portuondo fez uma parceria com a cantora brasileira Maria Bethânia (1946-), que resultou numa série de *shows* por cidades do Brasil.

Registrado em CD e DVD, o encontro também possibilitou o lançamento do livro *Omara & Bethânia: Cuba & Bahia* (2008), que reúne ensaios e fotografias que explicitam o diálogo cultural entre Cuba e Bahia.

Age Fotostock/Easypix Brasil

Orquestra cubana Buena Vista Social Club em apresentação que fez parte da turnê Adiós Tour em Praga, República Tcheca, em 2014.

Cartaz do filme *Buena Vista Social Club*, 1999.

Desse encontro, nasceu um disco coletivo que reuniu esses músicos mais o próprio Ry Cooder. O projeto foi batizado de Buena Vista Social Club em homenagem à história da cultura cubana. O disco gravado alcançou grande sucesso, revitalizando a carreira dos músicos e projetando internacionalmente a música cubana. O documentário do diretor alemão Wim Wenders (1945-) sobre o trabalho do grupo também foi decisivo para divulgar e consolidar os ritmos de Cuba mundo afora. Lançado no ano de 1999, recebeu diversos prêmios internacionais e tornou-se um importante registro da música e da cultura cubanas.

Daí em diante, o grupo iniciou uma série de turnês e até hoje continua ativo; entretanto, desde seu surgimento, já teve diversas formações, não só pela morte de alguns dos músicos da formação original, como pela decisão de abrir espaço para novos compositores e instrumentistas, dando continuidade às trocas entre gerações que tanto marcaram a história do clube cubano.

Paisagem sonora

O enredo do espetáculo *BR-3* conta a história de três gerações de uma mesma família. Por causa de acontecimentos familiares e sociais, cada geração muda-se de uma cidade para outra na tentativa de solucionar seus problemas. Ao longo do espetáculo, atores e público dividem o mesmo espaço do barco, rompendo a divisão tradicional entre palco e plateia. Juntos, exploram o rio na travessia imaginária entre Brasília, Brasilândia e Brasileia.

O rio Tietê interfere na peça com seu cheiro, sua imagem, seu som e seu ritmo, pois a correnteza e o volume de lixo nele ditam o ritmo de navegação do barco. Todos se tornam espectadores da paisagem de destruição de que ele faz parte.

Sons dos automóveis à margem do rio, do motor dos barcos, das batidas entre o barco e o lixo encontrado pelo caminho são *paisagens sonoras* integradas ao espetáculo, assim como as músicas e os sons criados pela sonoplastia. A paisagem sonora diz respeito aos sons e ruídos presentes num determinado ambiente, pois cada espaço possui sua sonoridade.

Para conferir

SCHAFER, Murray. *O ouvido pensante*. São Paulo: Ed. da Unesp, 2011.

O músico Murray Schafer (1933-) afirma que cada época da história teve uma paisagem sonora própria e que os sons e ruídos produzidos por uma sociedade podem dizer muito sobre ela. Nas pesquisas que desenvolveu, ele comprovou que a paisagem sonora no Ocidente se tornou cada vez mais barulhenta a partir da Revolução Industrial do século XIX. Os sons das máquinas, dos automóveis e dos eletrônicos impedem a percepção dos sons originais da natureza, provocando tanto o afastamento das pessoas entre si quanto delas com o entorno.

Você já assistiu a espetáculos em espaços alternativos? Foi possível perceber a paisagem sonora? Compartilhe a experiência.

Murray Schafer defende a ideia de que é necessário desenvolver uma escuta atenta do ambiente na tentativa de se criar uma paisagem sonora adequada às necessidades e ao bem-estar das pessoas. Esse raciocínio está presente em *BR-3*: a experiência de navegação para a qual o público é convidado busca não somente criar o efeito dramático que contribui para a narrativa, como fazer com que todos os envolvidos percebam a necessidade de mudança da paisagem vivenciada.

Percursos de criação

Proposta de encenação

Além do trabalho dos intérpretes e do diretor, que coordena toda a equipe envolvida e cria a proposta de encenação, um espetáculo teatral é resultado da contribuição de vários profissionais, tais como iluminador, sonoplasta, figurinista, maquiador, operador de luz, operador de som e contrarregra, que é quem organiza os objetos que serão utilizados em cena. Dependendo do espetáculo, outros profissionais são necessários. No caso de *BR-3*, houve a necessidade de um dramaturgo e de um preparador corporal e vocal, além de uma equipe de produção que conseguisse administrar todos os elementos envolvidos numa montagem que transformou o espaço urbano em cênico.

A valorização da paisagem sonora e a escolha por espaços alternativos de encenação são características do Teatro da Vertigem.

William Shakespeare (1564-1616) é considerado um dos mais importantes dramaturgos de todos os tempos. A qualidade de seus textos e o domínio que possuía da linguagem teatral aperfeiçoada durante anos como ator e diretor fizeram com que suas peças atravessassem gerações. *Romeu e Julieta* (1591), *A megera domada* (1593), *Sonho de uma noite de verão* (1595), *Hamlet* (1599) e *A tempestade* (1611) são algumas de suas obras. Na época de Shakespeare, suas peças eram encenadas no teatro elisabetano, mas hoje muitos grupos teatrais exploram espaços alternativos em suas montagens.

Hamlet é uma das peças mais famosas da literatura dramática mundial. Com a morte do rei Hamlet, seu irmão Cláudio casa-se com a rainha Gertrudes e transforma-se no novo soberano da Dinamarca. O príncipe Hamlet retorna para a corte de Elsinore. Ao chegar, é informado por guardas que o fantasma de seu pai ronda o castelo à noite e parece querer dizer algo. Levado ao local onde o fantasma aparecia, surpreende-se ao constatar que o fato era verídico. O fantasma do rei diz a Hamlet que fora envenenado por seu irmão Cláudio, que colocara veneno em seus ouvidos enquanto dormia, e que só iria descansar quando o novo rei fosse punido. Hamlet, então, elabora um plano de vingança fingindo-se de louco e desprezando o amor da bela Ofélia. Vários episódios terão lugar no castelo de Elsinore antes do final, quando Hamlet, Cláudio e a rainha Gertrudes morrem tragicamente.

- Criem, em dupla, uma proposta de encenação para uma cena de *Hamlet*, de William Shakespeare, que explore essas características.

João Caldas

O ator Thiago Lacerda interpretando Hamlet, na montagem dirigida por Ron Daniels, em 2013.

Leia a cena IV de *Hamlet*, em que o fantasma do rei aparece pela primeira vez para o príncipe da Dinamarca.

Ato 1
CENA IV
Entram Hamlet, Horácio e Marcelo.

HAMLET – O ar está cortante. Está realmente frio.
HORÁCIO – É um ar gelado, de fazer arrepiar.
HAMLET – Que horas são?
HORÁCIO – Falta um pouco pra meia-noite.
MARCELO – Não, já soou o sino.
HORÁCIO – É mesmo? Eu não ouvi.
Então já está quase na hora
Em que o espírito costuma caminhar.

Toques de trombetas e dois tiros de canhão.

Que significa isso, senhor?
HAMLET – O rei vai varar a noite e emborcar a taça,
Liderar o brinde e o bate-coxa grotesco,
E a cada talagada de vinho do Reno,
Vão bradar o tímpano e a trompeta anunciando
Que o copo está vazio.
HORÁCIO – Mas isso é um costume?
HAMLET – Sim, meu Deus, é sim.
Mas, a meu ver, ainda que nascido aqui
E criado nesses usos, está aí um costume
Que nos honra bem mais infringir que acatar.
Essa farra beberrona, de leste a oeste,
Custa-nos a crítica e a calúnia de outros povos.
Tratam-nos de borrachos, e, com frases porcas,
Enlodam nossos dons. E assim, por mais briosos
Que sejam nossos feitos, o nosso renome
É conspurcado em sua seiva e sua medula.
É muito comum que isto ocorra a certos homens:
Em virtude de um laivo ruim da natureza –
Mancha de nascença de que não são culpados
Pois ninguém pode escolher sua própria origem,
Por um inchaço de alguma compleição
Que muitas vezes rompe os muros da razão,
Ou por algum hábito que extrapola a forma
Dos costumes aceitáveis – ora, esses homens
Que carregam na tez o estigma de um defeito
De origem natural ou de influxo estelar,
Suas outras virtudes, por puras que sejam
E infinitas no grau possível ao ser humano
Serão, por esse único tisne, embotadas
Na opinião mais geral. Uma gota de mal

Vicente Mendonça

Muitas vezes estraga a mais nobre substância
E a torna infame.

Entra o Espectro.

HORÁCIO – Olhe, senhor, está vindo.
HAMLET – Ó anjos e emissários de Deus, defendei-nos!
Quer sejas um ente bom ou um duende maléfico,
Trazendo o ar celeste ou rajadas do inferno,
E sejam teus intentos maus ou caridosos,
Surges para nós numa forma tão ambígua,
Que só quero é falar. Vou te chamar de Hamlet,
De pai, de rei dinamarquês. Oh, me responde.
Não me deixes penar na ignorância, mas dize,
Por que tua ossada benta, selada na morte,
Rompeu a tua mortalha, e por que o teu sepulcro,
Onde te vimos calmo em teu sono enterrado
Descerrou a maciça bocarra de mármore
Te devolvendo ao mundo. E como compreender
Que tu, cadáver morto, armado por inteiro,
Visites novamente o rútilo da lua,
Horrorizando a noite e nos fazendo a nós,
Fantoches da natura, abalar nosso corpo
Com vãs cogitações pra além de nossa alma?
Por que isso? Qual a razão? Que devemos fazer?

O Espectro acena.

HORÁCIO – Está fazendo um gesto para que o acompanhe,
Como se desejasse confiar-lhe algo
A sós.
MARCELO – Observa só com que gesto cortês
Ele chama o senhor a um local retirado.
Mas não, não vá com ele.
HORÁCIO – Não, de modo algum.
HAMLET – Ele não vai falar. Eu vou ter de segui-lo.
HORÁCIO – Não vá, senhor.
HAMLET – Mas por quê? Tenho algo a temer?
Minha vida não vale o preço de uma agulha.
E que estrago pode sofrer a minha alma
Se ela é tão imortal quanto ele próprio é?
De novo, ele fez um sinal. Eu vou segui-lo.
HORÁCIO – Mas se ele o atrair pra dentro do oceano,
Ou para o tenebroso cimo do penhasco
Que avança como um queixo sobre o mar revolto;
Se depois assumir uma forma terrível,
Privando de razão a tua soberania,
Lançando-o na loucura? Senhor, pense bem.
O próprio lugar, sem maior razão, instila

Um frêmito de desespero em todo o cérebro
Que lance o olhar no vórtice profundo, ouvindo
O bramido do mar.

HAMLET – Não para de acenar.
Vai, que eu irei contigo.

MARCELO – Não vá lá, meu senhor.

HAMLET – Tire suas mãos de mim.

HORÁCIO – Controle-se, não vá.

HAMLET – Meu destino me chama,
Tornando as menores artérias do meu corpo
Tão fortes quanto o nervo do leão nemeu.
Continua chamando. Larguem-me, senhores.
Deus, quem me detiver eu transformo em fantasma.
Eu já disse, saiam! Vai, que eu te seguirei.

Saem o Espectro e Hamlet.

HORÁCIO – Ele está tomado pela imaginação.

MARCELO – Vamos atrás. Seria um erro obedecê-lo.

HORÁCIO – Eu sigo junto. Como isso vai acabar?

MARCELO – Há algo de podre no Estado da Dinamarca.

HORÁCIO – Que os céus o guiem.

MARCELO – Sim, mas vamos segui-los.

Saem.

SHAKESPEARE, William. *A tragédia de Hamlet, príncipe da Dinamarca*. Trad. Lawrence Flores Pereira. São Paulo: Penguin Companhia das Letras, 2015.

Em duplas, reflitam sobre as questões abaixo:

- Segundo Murray Schafer, a paisagem sonora também pode ser compreendida como o conjunto de sons descritos ou reproduzidos em um texto literário, algo que no texto dramático é sugerido pelas rubricas. Partindo dessa compreensão, qual a paisagem sonora da cena? Quais sons ou ruídos ambientam o encontro entre Hamlet e o fantasma de seu pai?
- Em que lugar da escola seria interessante encenar essa cena? Por quê?
- Como o público acompanharia a encenação?
- Como vocês imaginam os personagens?
- Quais recursos cênicos poderiam ser utilizados para enriquecer a apresentação da cena?
- Anotem as ideias e depois compartilhem com a turma a proposta de encenação pensada pela dupla. Vejam as ideias elaboradas pelas outras duplas e, juntos, discutam o que há de interessante nas propostas apresentadas, o que poderia ser melhorado e quais delas seriam mais adequadas para uma possível dramatização na escola.

Investigação

Eis alguns temas ou artistas vistos no capítulo que você poderia investigar mais:

- A poética artística de Yanagi Yukinori.
- As edições da Bienal do Mercosul.
- A poética artística de Emmanuel Nassar ou a de Regina Silveira.
- A arquitetura e a arte pública de Brasília.
- A cultura de países da América Latina.
- A representação do Brasil na arte e na cultura.
- O conceito de apropriação artística no século XX.
- A poética artística de Paulo Nazareth.
- As transformações do espaço cênico no decorrer da história do teatro.
- O uso de espaços não convencionais no teatro e na dança no Brasil ou na América Latina.
- A cultura e a arte do Haiti.
- Ritmos do Caribe.
- A obra de William Shakespeare.
- O conceito de paisagem sonora.

Trajetórias

Uma cidade é formada por pessoas vindas de diversas partes do mundo. Converse com alguém que não tenha nascido na cidade onde mora e investigue a razão dessa mudança e da escolha da nova localidade. Dê preferência a pessoas que se mudaram já adultas e motivadas por interesses pessoais. Procure conhecer a história de vida de cada uma delas, a forma como foram recebidas no novo território, as diferenças entre a cidade atual e a anterior e suas expectativas sobre o futuro.

Anote as informações e depois compartilhe com a turma a história ouvida, procurando perceber as semelhanças e as diferenças entre as histórias narradas.

___

___

___

Vicente Mendonça

Sempre atento!

1. Enem 2014

Era um dos meus primeiros dias na sala de música. A fim de descobrirmos o que deveríamos estar fazendo ali, propus à classe um problema. Inocentemente perguntei: – O que é música?

Passamos dois dias inteiros tateando em busca de uma definição. Descobrimos que tínhamos de rejeitar todas as definições costumeiras porque elas não eram suficientemente abrangentes.

O simples fato é que, à medida que a crescente margem a que chamamos de vanguarda continua suas explorações pelas fronteiras do som, qualquer definição se torna difícil. Quando John Cage abre a porta da sala de concerto e encoraja os ruídos da rua a atravessar suas composições, ele ventila a arte da música com conceitos novos e aparentemente sem forma.

SCHAFER, R. M. *O ouvido pensante*. São Paulo: Unesp, 1991 (adaptado).

A frase "Quando John Cage abre a porta da sala de concerto e encoraja os ruídos da rua a atravessar suas composições", na proposta de Schafer de formular uma nova conceituação de música, representa a

a. acessibilidade à sala de concerto como metáfora, num momento em que a arte deixou de ser elitizada.

b. abertura da sala de concerto, que permitiu que a música fosse ouvida do lado de fora do teatro.

c. postura inversa à música moderna, que desejava se enquadrar em uma concepção conformista.

d. intenção do compositor de que os sons extramusicais sejam parte integrante da música.

e. necessidade do artista contemporâneo de atrair maior público para o teatro.

2. Enem 2015

As narrativas indígenas se sustentam e se perpetuam por uma tradição de transmissão oral (sejam as histórias verdadeiras dos seus antepassados, dos fatos e guerras recentes ou antigos; sejam as histórias de ficção, como aquelas da onça e do macaco). De fato, as comunidades indígenas nas chamadas "terras baixas da América do Sul" (o que exclui as montanhas dos Andes, por exemplo) não desenvolveram sistemas de escrita como os que conhecemos, sejam alfabéticos (como a escrita do português), sejam ideogramáticos (como a escrita dos chineses) ou outros. Somente nas sociedades indígenas com estratificação social (ou seja, já divididas em classes), como foram os astecas e os maias, é que surgiu algum tipo de escrita. A história da escrita parece mesmo mostrar claramente isso: que ela surge e se desenvolvem qualquer das formas – apenas em sociedades estratificadas (sumérios, egípcios, chineses, gregos etc.).

O fato é que os povos indígenas no Brasil, por exemplo, não empregavam um sistema de escrita, mas garantiram a conservação e continuidade dos conhecimentos acumulados, das histórias passadas e, também, das narrativas que sua tradição criou, através da transmissão oral. Todas as tecnologias indígenas se transmitiram e se desenvolveram assim. E não foram poucas: por exemplo, foram os índios que domesticaram plantas silvestres e, muitas vezes, venenosas, criando o milho, a mandioca (ou macaxeira), o amendoim, as morangas e muitas outras mais (e também as desenvolveram muito; por exemplo, somente do milho criaram cerca de 250 variedades diferentes em toda a América).

D'ANGELIS, W. R. *Histórias dos índios lá em casa*: narrativas indígenas e tradição oral popular no Brasil. Disponível em: <www.portalkaingang.org>. Acesso em: 5 dez. 2012.

A escrita e a oralidade, nas diversas culturas, cumprem diferentes objetivos. O fragmento aponta que, nas sociedades indígenas brasileiras, a oralidade possibilitou

a. a conservação e a valorização dos grupos detentores de certos saberes.

b. a preservação e a transmissão dos saberes e da memória cultural dos povos.

c. a manutenção e a reprodução dos modelos estratificados de organização social.

d. a restrição e a limitação do conhecimento acumulado a determinadas comunidades.

e. o reconhecimento e a legitimação da importância da fala como meio de comunicação.

3. Enem 2012

Proposta de redação

A partir da leitura dos textos motivadores seguintes e com base nos conhecimentos construídos ao longo de sua formação, redija texto dissertativo-argumentativo em norma padrão da língua portuguesa sobre o tema *O Movimento imigratório para o Brasil no Século XXI*, apresentando proposta de intervenção, que respeite os direitos humanos. Selecione, organize e relacione, de forma coerente e coesa, argumentos e fatos para defesa de seu ponto de vista.

Ao desembarcar no Brasil, os imigrantes trouxeram muito mais do que o anseio de refazer suas vidas trabalhando nas lavouras de café e no início da indústria paulista. Nos séculos XIX e XX, os representantes de mais de 70 nacionalidades e etnias chegaram com o sonho de "fazer a América" e acabaram por contribuir expressivamente para a história do país e para a cultura brasileira. Deles, o Brasil herdou sobrenomes, sotaques, costumes, comidas e vestimentas.

A história da migração humana não deve ser encarada como uma questão relacionada exclusivamente ao passado; há a necessidade de tratar sobre deslocamentos mais recentes.

Disponível em: <www.museudaimigracao.org.br>. Acesso em: 19 jul. 2012 (adaptado).

Acre sofre com invasão de imigrantes do Haiti

Disponível em: <http://mg1.com.br>. Acesso em: 19 jul. 2012. Proposta de redação do Enem 2012 (Foto: Reprodução/Enem)

Nos últimos três dias de 2011, uma leva de 500 haitianos entrou ilegalmente no Brasil pelo Acre, elevando para 1 400 a quantidade de imigrantes daquele país no município de Brasileia (AC). Segundo o secretário-adjunto de Justiça e Direitos Humanos do Acre, José Henrique Corinto, os haitianos ocuparam a praça da cidade. A Defesa Civil do estado enviou galões de água potável e alimentos, mas ainda não providenciou abrigo.

A imigração ocorre porque o Haiti ainda não se recuperou dos estragos causados pelo terremoto de janeiro de 2010. O primeiro grande grupo de haitianos chegou a Brasileia no dia 14 de janeiro de 2011. Desde então, a entrada ilegal continua, mas eles não são expulsos: obtêm visto humanitário e conseguem tirar carteira de trabalho e CPF para morar e trabalhar no Brasil.

Segundo Corinto, ao contrário do que se imagina, não são haitianos miseráveis que buscam o Brasil para viver, mas pessoas da classe média do Haiti e profissionais qualificados, como engenheiros, professores, advogados, pedreiros, mestres de obras e carpinteiros. Porém, a maioria chega sem dinheiro.

Os brasileiros sempre criticaram a forma como os países europeus tratavam os imigrantes. Agora, chegou a nossa vez — afirma Corinto.

Disponível em: <www.dpf.gov.br>. Acesso em: 19 jul. 2012 (adaptado).

Trilha da Costura

Os imigrantes bolivianos, pelo último censo, são mais de 3 milhões, com população de aproximadamente 9 119 milhões de pessoas. A Bolívia em termos de IDH ocupa a posição de 114º de acordo com os parâmetros estabelecidos pela ONU. O país está no centro da América do Sul e é o mais pobre, sendo 70% da população considerada miserável. Os principais países para onde os bolivianos imigrantes dirigem-se são: Argentina, Brasil, Espanha e Estados Unidos.

Assim sendo, este é o quadro social em que se encontra a maioria da população da Bolívia, estes dados já demonstram que as motivações do fluxo de imigração não são políticas, mas econômicas. Como a maioria da população tem baixa qualificação, os trabalhos artesanais, culturais, de campo e de costura são os de mais fácil acesso.

OLIVEIRA, R.T. Disponível em: <www.ipea.gov.br>. Acesso em: 19 jul. 2012 (adaptado).

Para aprofundar os temas

Filmes

Hamlet
Estados Unidos, França e Reino Unido, 1990. Direção: Franco Zeffirelli. Duração: 135 min.

Há várias adaptações cinematográficas da peça *Hamlet*, de William Shakespeare. Nessa, o ator Mel Gibson interpreta o príncipe da Dinamarca. O filme é uma versão enxuta do texto dramático, mas cria ambientação cênica próxima à da desenhada pelo autor no texto original.

Romeu + Julieta
Estados Unidos, 1996. Direção: Baz Luhrmann. Duração: 120 min.

Adaptado da obra *Romeu e Julieta*, de William Shakespeare, o filme narra a história de amor entre dois jovens de famílias rivais, a Capuleto e a Montéquio. A versão cinematográfica transfere a história para o final do século passado, porém permanece fiel à estrutura do texto original do dramaturgo inglês. Os atores Leonardo DiCaprio e Claire Danes interpretam os jovens amantes, que enfrentam inúmeras dificuldades para viver sua paixão.

Livros

GALEANO, Eduardo. *As veias abertas da América Latina*. Porto Alegre: L&PM, 2010.

Originalmente publicado em 1971 pelo escritor e jornalista uruguaio Eduardo Galeano, o livro se tornou célebre por fazer uma crítica contundente ao colonialismo e à exploração da América Latina pelos europeus desde o processo colonizador que dizimou as populações indígenas tradicionais e implantou o tráfico negreiro até a segunda metade do século XX, quando os Estados Unidos procuravam interferir nos governos locais e impor seus valores culturais.

NAZARETH, Paulo. *Arte contemporânea*/LTDA. Rio de Janeiro: Cobogó, 2012.

O livro/catálogo traz diversas imagens e registros do processo de criação do artista mineiro Paulo Nazareth, além de textos e anotações realizados pelo próprio artista e análises críticas de curadores e críticos de arte. Na parte final do livro, estão reproduzidos fragmentos de conversas que ocorreram entre o artista e as pessoas que ele encontrou no longo percurso que fez a pé até os Estados Unidos e que resultou na série Notícias de América (2011/2012).

Sites

Fundação Bienal do Mercosul
<www.fundacaobienal.art.br/site>

O *site* disponibiliza informações sobre as várias edições da Bienal do Mercosul e sobre os artistas que integraram as exposições, além de artigos e documentos relacionados à arte contemporânea.

Memorial da América Latina
<www.memorial.org.br>

O Memorial da América Latina disponibiliza em sua página a programação dos eventos culturais e seminários que promove, assim como publicações, imagens, vídeos e notícias sobre os países da América Latina, além de contextualizar seu espaço físico, acervo e objetivos.

Mercosul
<www.mercosul.gov.br>

Página que reúne informações sobre o processo de integração regional proposto pelo Mercosul.

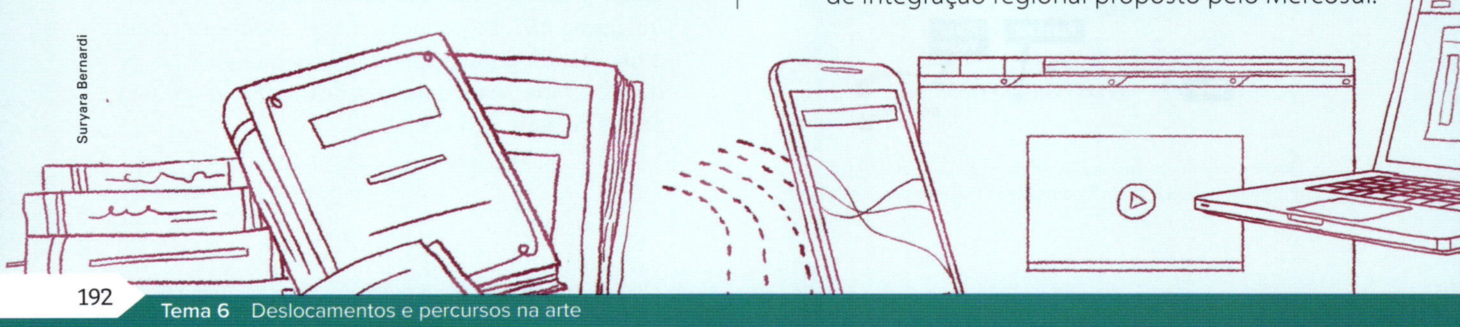

Suryara Bernardi

Estão disponíveis para consulta textos informativos acerca dos principais temas da agenda do bloco econômico, assim como documentos atualizados.

Emmanuel Nassar
<www.galeriamillan.com.br/pt-BR/artista/emmanuel-nassar>

A Galeria Millan, localizada em São Paulo, representante de Emmanuel Nassar, disponibiliza informações sobre a vida e a obra do artista contemporâneo nascido no estado do Pará.

Museu Virtual de Brasília
<www.museuvirtualbrasilia.org.br/PT>

O Museu Virtual de Brasília propõe despertar a atenção para o patrimônio cultural da cidade e seu projeto urbanístico, símbolo do Modernismo no Brasil. O *site* permite fazer um *tour* virtual de 360 graus pela cidade e seus principais monumentos, além de fornecer informações e imagens históricas da construção do projeto-piloto.

Regina Silveira
<http://reginasilveira.com>

Site oficial da artista Regina Silveira, que apresenta textos críticos e imagens de suas criações artísticas.

Paulo Nazareth
<http://artecontemporanealtda.blogspot.com.br>

Blog no qual o artista mineiro Paulo Nazareth detalha seus projetos artísticos e compartilha reflexões sobre o mundo e a arte. É possível conhecer os projetos finalizados, assim como acompanhar os que estão em andamento.

Teatro da Vertigem
<www.teatrodavertigem.com.br/site/index.php>

Site oficial do Teatro da Vertigem, que oferece informações e imagens dos diversos espetáculos e projetos realizados pela companhia.

Museu de Arte Latino-Americana de Buenos Aires
<www.malba.org.ar/pt>

O Malba é uma das mais prestigiosas instituições artísticas da América Latina. Localizado em Buenos Aires, capital da Argentina, possui uma coleção permanente de obras de artistas como Tarsila do Amaral, Diego Rivera, Frida Kahlo, Xul Solar, David Alfaro Siqueiros, Candido Portinari, Emilio Pettoruti, Antonio Berni e Joaquín Torres García, entre diversos outros nomes importantes da arte da região.

Museu Nacional de Colômbia
<www.museonacional.gov.co/Paginas/default.aspx>

O Museu Nacional da Colômbia está localizado na capital Bogotá. Fundado em 1823 por Simón Bolívar na época em que era presidente da Colômbia, é um dos mais antigos do continente americano. O acervo é composto de peças e obras antigas, modernas e contemporâneas, e possui obras de alguns dos artistas mais importantes da arte colombiana, como Fernando Botero, José María Espinosa, Ignacio Gómez Jaramillo e Enrique Grau.

Acessos em: 6 mar. 2015

TEMA 7

MEMÓRIAS PARA CONTAR

Neste tema, você irá:

- Perceber como os artistas se apropriam de suas memórias na criação artística.
- Compreender o surgimento da dança-teatro e a criação coreográfica de Pina Bausch.
- Reconhecer a importância do patrimônio artístico nacional para a preservação da memória e da identidade nacionais.
- Conhecer os elementos da Teoria do Movimento, de Rudolf von Laban.
- Explorar a criação de movimentos e a linguagem da dança-teatro.
- Entender o movimento da bossa nova como uma renovação na música popular brasileira.
- Exercitar a curadoria musical e a capacidade de escuta.
- Conhecer os diversos tipos de museu e a importância da preservação do patrimônio cultural.
- Refletir sobre coleção e colecionismo.

Kontakthof com elenco de adolescentes em apresentação realizada em 2011.

Gert Weigelt

Eu, agora, – que desfecho!
Já nem penso mais em ti...
Mas será que nunca deixo
De lembrar que te esqueci?

Mario Quintana.

Do amoroso esquecimento. In: *O Aprendiz de Feiticeiro seguido de Espelho Mágico*, de Mario Quintana, Alfaguara, Rio de Janeiro © by Elena Quintana.

Marilyn Kingwill/ArenaPAL/TopFoto/Keystone Brasil

Kontakthof (Pátio de encontros). Peça coreográfica de Pina Bausch com o elenco do Tanztheater Wuppertal, em apresentação no Barbican Centre, em Londres, Inglaterra, 2010. *Kontakthof* com intérpretes com mais de 65 anos.

Você já parou para pensar no efeito que as recordações lhe causam? Em como a lembrança de acontecimentos e de situações passadas provoca sentimentos diversos e intensos? As memórias são resultado das nossas vivências e experiências, assim como das relações que estabelecemos com os lugares e as pessoas. Elas são fundamentais não apenas para a compreensão do passado, mas para a construção do presente. Fotografias, vídeos, documentos, objetos, narrativas e depoimentos são alguns dos instrumentos possíveis para retomar sensações e emoções antigas.

A criação artística oferece inúmeros caminhos para refletirmos sobre a memória. Algumas obras de arte falam sobre o passado ou dialogam com fatos históricos, obras ou artistas de outros períodos. Você já imaginou utilizar suas memórias como inspiração para uma produção artística? Foi isso o que muitos criadores fizeram. Eles partiram de lembranças e de memórias individuais ou coletivas para compor suas criações, como a coreógrafa alemã Pina Bausch (1940-2009).

Em 1978, Pina criou o espetáculo *Kontakthof* (Pátio de encontros) com base nas memórias que os bailarinos tinham de seu primeiro encontro amoroso e em suas expectativas em relação ao amor. A mesma obra foi encenada em momentos diferentes e com elencos diversos: na primeira versão, de 1978, com elenco da Tanztheater Wuppertal, companhia dirigida pela coreógrafa; em 2000, cujos bailarinos tinham mais de 65 anos; e, em 2008, com adolescentes entre 14 e 18 anos que nunca tinham dançado antes.

Embora a coreografia seja a mesma, é possível afirmar que as três versões foram iguais? Por quê?

Os precursores da dança-teatro

Você gosta de dançar? Já participou de alguma coreografia? A palavra coreografia, de origem grega, significa a escrita da dança. É o processo de criação, de seleção e de combinação de movimentos corporais. Por ser linguagem, a dança possui um vocabulário próprio, transmitido pelo corpo dos intérpretes. O coreógrafo é o profissional responsável por criar as coreografias. Para isso, investiga e escolhe movimentos que possam expressar suas ideias.

Cada coreógrafo possui linguagem própria e desenvolve um processo pessoal na hora de criar as coreografias. Muitos fatores influenciam seu trabalho, como a técnica escolhida, sua formação artística, a pesquisa que desenvolve com um grupo específico e principalmente suas escolhas estéticas.

Uma coreografia ganha forma a partir da sequência de movimentos, ou seja, da maneira como eles são organizados na dança. Um movimento leva ao outro, criando sequências variadas de movimentação no espaço. É a inter-relação dos movimentos que dá contornos à peça coreográfica. As sequências de movimentos podem ser inspiradas em ações do cotidiano, em histórias específicas, em sentimentos e emoções ou no mundo abstrato, caso em que, sem relação com o real, exploram formas e linhas sem se concentrar em uma narrativa ou enredo.

Memórias e lembranças também podem se tornar inspiração para a criação dos coreógrafos. As memórias são representações do passado baseadas na percepção que as pessoas possuem dele. Se alguém lhe perguntasse como foi sua infância, você saberia responder? Que fatos escolheria contar ou preferiria esconder? Tudo dependeria do modo como você percebe seu passado. Mesmo os momentos compartilhados em grupo não são lembrados da mesma maneira porque cada pessoa é única e constrói suas próprias memórias.

Nas coreografias idealizadas por Pina Bausch, as experiências vividas pelas pessoas são fundamentais para o processo de criação artística. O espetáculo *Kontakthof* (Pátio de encontros), de que falamos na abertura deste capítulo, é um trabalho de dança-teatro, também conhecido como teatro de dança. Essa linguagem foi criada no final da década de 1920 pelo coreógrafo alemão Kurt Jooss (1901-1979), que se inspirou nas ideias de Rudolf von Laban (1879-1958), importante pesquisador do movimento humano.

Johan Persson/ArenaPAL/TopFoto/Keystone Brasil

A mesa verde (1932), coreografia de Kurt Jooss encenada para a televisão em 1982 pela companhia Joffrey Ballet, sediada em Chicago, EUA.

Charlotte Rudolph/Ullstein Bild/EasyPix

Mary Wigman. *Dança da feiticeira*, 1926, Alemanha.

A dança-teatro começou a ser desenvolvida nas primeiras décadas do século XX, na Alemanha, como uma maneira de as pessoas expressarem sua insatisfação com a sociedade em que viviam. Com a coreografia *A mesa verde*, Kurt Jooss ganhou o primeiro lugar no mais importante concurso coreográfico da época, o Arquivos Internacionais da Dança, realizado em Paris, no ano de 1932. Isso fez que a linguagem da dança-teatro, até então conhecida somente na Alemanha, alcançasse projeção internacional.

A coreografia estruturada em oito cenas era uma crítica à diplomacia europeia, que, incapaz de aprender com a memória da Primeira Guerra Mundial, caminhava rumo a um novo conflito. De forma irônica, o coreógrafo, com música de Fritz Cohen, criou um balé que misturava elementos da dança, do teatro e da mímica.

Veja uma imagem de *A mesa verde* (página anterior): os personagens parecem mais estar se divertindo à mesa de jogos do que discutindo com seriedade os problemas pelos quais muitos países da Europa passavam naquele momento.

Kurt Jooss foi um dos fundadores da Escola Folkwang, na cidade de Essen, Alemanha. A instituição almejava a fusão entre a dança clássica e as novas propostas modernas surgidas no século XX com base no trabalho de coreógrafas pioneiras como Isadora Duncan (1877-1927) e Mary Wigman (1886-1973).

A bailarina e coreógrafa alemã Mary Wigman era vinculada ao Expressionismo alemão, movimento artístico surgido no início do século XX que refletia a angústia e o pessimismo da época. O trabalho desenvolvido por ela revelou-se fundamental para a consolidação da dança moderna. Contrária à técnica convencional do balé clássico, de movimentos padronizados, a coreógrafa, que foi discípula de Rudolf von Laban, priorizava as emoções e os sentimentos que moviam os bailarinos. A maioria de suas coreografias não utilizava músicas; eram acompanhadas, quando muito, por instrumentos de percussão. O uso de máscaras para ocultar o rosto e enfatizar os movimentos do corpo conferia um tom ainda mais dramático às suas coreografias.

A Teoria do Movimento de Laban

O coreógrafo e pesquisador austríaco Rudolf von Laban sistematizou um rico estudo sobre o movimento humano e as relações entre corpo e espaço. Para ele, o espaço é criado tendo como referência os limites do corpo do bailarino, a *cinesfera*. Esta pode ser compreendida como o espaço pessoal delimitado pela extensão máxima dos membros. Mesmo não saindo do lugar, o corpo pode explorar o espaço a seu redor por meio da extensão de braços, pernas e troncos e pela orientação espacial tridimensional que envolve a altura, a largura e a profundidade do espaço que circunda o corpo.

Biblioteca e Arquivo Laban, Londres/Foto: June Petit

A bailarina alemã Lisa Ullmann (1907-1985) trabalhando no interior de um icosaedro de Laban durante um curso de verão em Ashridge, Inglaterra, em 1955.

Para trabalhar o espaço pessoal de seus alunos, Laban os incentivava a explorar os movimentos dentro de uma estrutura em forma de icosaedro, pois essa forma geométrica permitia ao bailarino situar seu ponto de partida e definir com precisão a direção dos movimentos no espaço. Além do espaço pessoal, Laban se preocupava em estudar o espaço global, ou seja, aquele além do alcance da cinesfera. Para o pesquisador, a intenção espacial, aquilo que move o bailarino no espaço, é fundamental para pensar o movimento.

Laban partia da ideia de que o primeiro passo a ser dado por bailarinos ou por qualquer pessoa que queira ampliar sua expressão e movimentação é a necessidade de se conscientizar do corpo, de percebê-lo como um canal expressivo. Para o artista, não havia movimento feio, mas sim expressivo ou não expressivo. Assim, ele procurou construir uma teoria do movimento, que posteriormente daria sustentação para a criação do Método Laban. Segundo ele, o movimento seria o processo constante de contínuas mudanças e a necessidade de compreendermos os quatro elementos que constituíam o movimento humano: o espaço, o peso, o fluxo e o tempo.

O **espaço** diz respeito ao lugar onde estamos ou nos movimentamos. Ele pode variar segundo o espaço (pessoal e global), os níveis (baixo, médio e alto), a dimensão (largura, altura e profundidade), a direção, que é a trajetória desenhada no espaço (para a frente, para trás, na diagonal etc.) e o deslocamento, que é a forma de avançar pelo espaço (pulando, andando, correndo, girando etc.).

O **peso** corresponde à força utilizada pelo corpo para realizar um movimento. Os movimentos que executamos no cotidiano podem ser leves ou pesados. Em uma coreografia, a variação dessa qualidade de movimento confere dinamismo à dança.

O **fluxo** se refere à tensão muscular necessária para a continuidade ou a interrupção dos movimentos, que podem ser fluidos e sem interrupção, caso de uma caminhada na esteira, conduzidos, como ocorre em uma aula de *tai chi chuan*, ou quebrados, como acontece com os movimentos cotidianos, que exigem tensão e são interrompidos imediatamente após se alcançar o objetivo desejado – por exemplo, pentear os cabelos ou escovar os dentes.

O **tempo** corresponde à velocidade do movimento. Ele pode ser classificado como rápido, lento ou moderado.

Para conferir

LABAN, Rudolf. *Domínio do movimento*. São Paulo: Summus, 1978.

Você presta atenção nos movimentos que realiza em seu dia a dia? Acredita que, com base na maneira como uma pessoa se move, é possível perceber algo sobre ela? Discorra um pouco a respeito.

Pina Bausch e o Tanztheater Wuppertal

Muitos artistas estudaram as ideias de Rudolf von Laban e de Kurt Jooss ou foram por elas influenciados. É o caso de Pina Bausch, coreógrafa alemã que se tornaria a maior representante da dança-teatro no mundo. Pina estudou com Kurt Jooss na Alemanha e, em seguida, foi para Nova York (EUA), onde aperfeiçoou sua formação artística. Anos mais tarde, retornaria a Essen (Alemanha), onde tornou-se coreógrafa e depois diretora do balé do Teatro Wuppertal.

Dois anos depois, Pina Bausch alteraria o nome da companhia para Wuppertal Dança-Teatro, Tanztheater Wuppertal no original alemão. A mudança ocorreu porque, para a coreógrafa, a dança tinha de dialogar com outras linguagens artísticas, como o teatro, o cinema e a ***performance***, expandindo com isso as fronteiras artísticas. Seus balés incluem cenas teatrais, nas quais os bailarinos, além de dançar, cantam, interpretam ou narram histórias pessoais.

Performance
Linguagem artística híbrida que mistura elementos das artes visuais, do teatro, da música e da dança. Geralmente, é realizada ao vivo em espaço determinado e inclui a participação do público, seja como espectador, seja como participante.

Na dança-teatro não há movimentos fixos nem regras a serem seguidas, as sequências de movimentos podem ser criadas a partir de improvisações ou de investigações baseadas nas experiências pessoais de cada coreógrafo ou intérprete.

Em seus espetáculos, Pina Bausch abandonou a dramaturgia clássica de ação apoiada na trama com início, meio e fim, em que uma ação leva à outra em narrativa linear. As cenas são organizadas por episódios, que podem ou não ter conexão entre si, conduzidas mais pelo estado emocional do que pela razão.

Lieberenz/Ullstein Bild/EasyPix

Pina Bausch, uma das mais importantes coreógrafas e bailarinas do século XX. Na foto, a artista em cena de *Café Müller*, obra apresentada no 49th Berlin Festival Week, no Teatro Schiller, na capital alemã, em 1999, e criada por ela na companhia Tanztheater Wuppertal.

Pina Bausch afirmava que suas coreografias tratam da vida das pessoas, de seus anseios e de suas frustrações, e que, para lidar com esses temas, nem sempre é possível respeitar tradições e códigos de dança, porque nem sempre a realidade pode ser dançada. O que interessava à coreógrafa era a poesia que se escondia por trás das coisas mais banais da vida. Seus espetáculos oferecem surpreendentes e inusitadas imagens ao público. Como ocorre na poesia, os movimentos revelam metáforas que tratam dos mais diversos sentimentos humanos.

Em *Café Müller* (1978), vários personagens perambulam entre cadeiras amontoadas pelo espaço, as quais, em muitas cenas, dificultam os movimentos. As cadeiras vão sendo jogadas e arrastadas, transformando o cenário da coreografia. No meio delas, uma mulher, a própria Pina Bausch, de camisola branca, parece flutuar como uma sonâmbula. Outra parece perdida, querendo encontrar algo que não nos é revelado, um garçom tenta sem sucesso organizar o ambiente, casais encenam desencontros amorosos, e a solidão parece estar presente em toda a cena.

Nessa peça coreográfica, inspirada nas memórias de sua infância quando espiava, escondida sob as mesas, a solidão dos clientes que frequentavam o restaurante de seu pai, há uma cena clássica que nos ajuda a compreender como a coreógrafa explora a repetição do movimento. As sequências coreográficas são construídas com base em cenas cotidianas, que, ao serem repetidas exaustivamente, criam novos significados.

Em uma das cenas, três bailarinos executam a mesma sequência coreográfica por mais de dois minutos. Um casal abraçado é separado pelo terceiro bailarino. Este conduz repetidamente os movimentos do casal, que não esboça qualquer reação. Mas, logo depois de ter posicionado a mulher no colo do outro homem e virar as costas, a mulher cai no chão. O bailarino retorna e reconduz o casal ao movimento inicial, que de novo é desfeito com a queda da mulher. Entretanto, a cada repetição, a cena é feita em maior velocidade até o momento em que, exausta, a mulher cai e retorna aos braços de seu par quase automaticamente.

Niklaus Stauss/Album/AKG-images/Easypix

Pina Bausch em *Café Müller*, durante apresentação no Festival de Avignon, França, 1995.

Fotos: Heloisa Bortz

Café Müller (1978), obra de Pina Bausch com o Tanztheater Wuppertal, apresentado no Teatro Alfa, em São Paulo (SP), 2009.

Marion Kalter/AKG-Images/Album/Latinstock

Vollmond (Lua cheia). Cena de espetáculo de Pina Bausch com Tanztheater Wuppertal, no Théâtre de la Ville, Paris, 2007.

A coreógrafa alemã criou diversos espetáculos com o Tanztheater Wuppertal até 2009, ano de sua morte. Além da repetição dos movimentos, do uso da improvisação e de ações do cotidiano, suas obras apresentam outras características importantes, como a grandiosidade dos cenários, que muitas vezes incluem elementos naturais como água, terra e flores, a presença de cenas cômicas que beiram o absurdo, a simultaneidade de ações no palco, a fragmentação da narrativa e a valorização de movimentos repletos de simbologia e de significado.

Pina Bausch no cinema

É possível conhecer um pouco mais do trabalho de Pina Bausch por meio do cinema. Ao longo de sua trajetória, ela participou de várias produções cinematográficas, seja como atriz, como aconteceu em *E La Nave Va* (1983), de Federico Fellini, seja como bailarina, caso de *Fale com Ela* (2002), de Pedro Almodóvar, cuja cena inicial é um trecho de *Café Müller* (1978).

Reserva Nacional

Capa do documentário *Sonhos em movimento: nos passos de Pina Bausch*, de 2010, dirigido por Anne Linsel e Rainer Hoffmann.

Midas Filmes

Capa do documentário *Pina*, de 2011, dirigido por Wim Wenders.

Em 1990, Pina Bausch dirigiu o filme *O lamento da imperatriz*, tendo os integrantes do elenco do Tanztheater Wuppertal como intérpretes. A obra propunha um diálogo entre o cinema e a dança-teatro. Um pouco antes de sua morte, a coreógrafa foi retratada no documentário *Sonhos em movimento: nos passos de Pina Bausch* (2010). O filme, dirigido por Anne Linsel e Rainer Hoffmann, apresentou o processo de remontagem da obra *Kontakthof* ao longo de quase um ano, com o elenco de adolescentes que faziam sua estreia como bailarinos.

Em 2011, o cineasta Wim Wenders e os bailarinos do Tanztheater Wuppertal filmaram o documentário *Pina*, em 3D, que intercala trechos de sua vida e de sua obra.

Percursos de criação

Memórias da escola em movimento

Primeira fase: roda de conversa em grupo

Inicialmente, formem grupos de até seis integrantes. Em seguida, conversem sobre as experiências e as lembranças mais marcantes que já tiveram nessa ou em outra escola. Cenas engraçadas ou emocionantes, acontecimentos ocorridos em sala de aula ou em atividades externas, pessoas inesquecíveis. Para não perderem nenhuma informação, anotem os fatos no caderno.

Após a conversa e a troca de experiências, escolham, entre as histórias narradas, as duas que considerem mais interessantes ou significativas. Elas serão a fonte de inspiração para o grupo.

Segunda fase: aquecimento corporal

O aquecimento tem o objetivo de preparar o corpo de modo adequado para a prática do exercício físico e para a criação artística. Portanto, nessa fase, a turma seguirá as orientações do professor.

Terceira fase: explorando movimentos

Relembrem as duas histórias escolhidas pelo grupo. Com o corpo aquecido, tentem encená-las sem usar a voz, utilizando apenas movimentos e expressões faciais. Para enriquecer a movimentação, explorem os quatro elementos que, de acordo com Rudolf von Laban, formam o movimento humano: o espaço, o peso, o fluxo e o tempo. Se necessário, retomem o quadro que trata da teoria do movimento proposta pelo coreógrafo.

Quarta fase: criação de uma cena coreográfica

Após criarem as duas cenas, é o momento de aproximá-las da linguagem da dança-teatro. Para isso, percebam quais movimentos da cena podem ser simplificados, exagerados ou modificados. Isso os afastará do simples registro da realidade e aumentará seu potencial expressivo.

É importante que as duas cenas se tornem apenas uma. Vocês podem encená-las ao mesmo tempo ou em sequência, desde que não haja quebra entre elas. Se possível, incluam novas sequências de movimentos.

Pensem no figurino e na sonoplastia mais adequada para a cena coreográfica criada. Músicas? Ruídos? Sons produzidos pelos próprios intérpretes?

Ensaiem a coreografia e deem um título para a criação do grupo.

Quinta fase: apresentação final

Apresentem a cena coreográfica criada e assistam aos trabalhos realizados pelos outros grupos. Depois, participem da roda de avaliação, contando sobre o percurso de criação da coreografia e destacando, nos outros trabalhos, os pontos positivos e os que precisam ser aperfeiçoados.

Imagens e pensamento

Aqua (Água). Cenas do espetáculo da Tanztheater Wuppertal, de Pina Bausch, durante o Festival Internacional de Edimburgo, na Escócia, em 2010.

Reflita sobre as imagens do espetáculo *Aqua* e responda às questões a seguir.

- É possível identificar os lugares do Brasil que serviram de inspiração para as cenas? Por que a coreógrafa os teria escolhido?

____

____

____

- Como você descreveria os movimentos que os bailarinos executam em cada cena?

____

____

Callum Bennetts/Maverick/Zumapress/Glow Images

Kfir Bolotin/Uppa/Zumapress/Glow Images

Pina Bausch

Em 2001, Pina Bausch criou o espetáculo *Aqua,* inspirado no Brasil. A brasileira Regina Advento, que por mais de vinte anos fez parte de sua companhia, a Tanztheater Wuppertal, foi um dos destaques. Pina visitou o Brasil para perceber melhor a cultura do país e o modo como as pessoas interagiam no cotidiano. Alguns itens chamaram sua atenção e serviram de base para o espetáculo. É o caso da maneira informal com que as pessoas se comunicam, utilizando apelidos, diminutivos e gestos.

A paisagem natural, as festas populares e os contrastes sociais do Brasil também foram abordados por meio do humor e da ironia. A sonoplastia incluiu compositores da música popular brasileira, como Tom Jobim (1927-1994), Vinicius de Moraes (1913-1980), Tom Zé (1936-) e Carlinhos Brown (1962-).

- A sonoplastia é um elemento importante em um espetáculo de dança. Se pudesse sugerir uma música ou um conjunto de ruídos para cada cena mostrada nas imagens, qual escolheria? Por quê?

A bossa nova

Você conhece a canção a seguir? Ela traz um tema muito presente na música popular brasileira: a saudade. Se pensar um pouco, você se lembrará de várias outras que fazem referência a algo perdido ou já vivido. A infância e a juventude que ficaram para trás, a cidade ou o país que foi abandonado, os amigos que se perderam ou o grande amor que nunca foi esquecido são temas constantes no cancioneiro nacional.

Chega de saudade

Vai minha tristeza
E diz a ela que sem ela não pode ser
Diz-lhe numa prece
Que ela regresse
Porque eu não posso mais sofrer

Chega de saudade
A realidade é que sem ela
Não há paz, não há beleza
É só tristeza e a melancolia
Que não sai de mim
Não sai de mim
Não sai
[...]

Chega de Saudade. Tom Jobim/Vinicius de Moraes

"Chega de saudade" foi composta na década de 1950 por dois importantes compositores e músicos brasileiros: Antonio Carlos Jobim e Vinicius de Moraes. Nela, podemos ver que o personagem da canção sente tanta saudade da mulher amada que, se ela não regressar, sua vida perderá o sentido.

Estadão Conteúdo

Antonio Carlos Jobim e Vinicius de Moraes durante apresentação no Rio de Janeiro (RJ), na década de 1960.

Gravada em 1957 por Elizeth Cardoso (1920-1990), a canção foi interpretada no ano seguinte por João Gilberto, consagrando-a como um marco da história da música brasileira, pois mais tarde seria considerada o ponto inicial da bossa nova, movimento musical surgido na zona sul do Rio de Janeiro que renovou a música criada no país. Na década de 1950, a palavra **bossa** era utilizada para se referir a uma maneira diferente de solucionar problemas ou fazer as coisas.

A gravação de João Gilberto inaugurou um estilo novo no modo de cantar e de tocar o violão. Anteriormente, predominava no Brasil o gênero samba-canção, adotado por Elizeth Cardoso e pelos mais importantes artistas do período. Diferentemente do que ocorria no samba clássico, em que os instrumentos de percussão davam o ritmo da música, no samba-canção o tambor e o tamborim dividiam espaço com outros instrumentos orquestrais, como violinos, harpas, flautas, piano e trompete. Além disso, o samba-canção valorizava interpretações dramáticas e a potência vocal dos intérpretes.

A bossa nova se contrapôs a tudo isso. As músicas passavam a ser cantadas de maneira suave e íntima, próximas de um canto falado e distantes dos arroubos emocionais ou virtuosismos vocais. João Gilberto faria do violão o instrumento característico do movimento, criando uma batida própria, inspirada no *jazz* dos Estados Unidos, que valorizava a marcação rítmica.

Diferentemente do que acontecia no samba-canção, em que a melodia predominava em relação aos outros aspectos musicais, a bossa nova valorizava o ritmo e a harmonia. Lembrando que ritmo é o movimento marcado pela sucessão regular ou irregular de sons fortes e fracos, e que a melodia consiste na sucessão de sons de diferentes alturas e durações. Já a harmonia é a forma organizada de se usar as notas musicais, evidenciadas pelo encadeamento de acordes, mas também atuando sobre as notas musicais da melodia.

Os jovens da década de 1950 e 1960, principalmente os que moravam nas grandes cidades, se identificaram com a bossa nova por ela trazer uma nova cara para a música brasileira. Uma sonoridade mais urbana, com letras que faziam referência às coisas simples do cotidiano. A beleza do Rio de Janeiro e das mulheres brasileiras também serviu de inspiração para diversas canções, como "Garota de Ipanema", de 1962, composta por Vinicius de Moraes e Antonio Carlos Jobim, e que alcançou fama mundial.

Estadão Conteúdo

O músico João Gilberto, em 1966.

Agência O Globo

Banhistas na praia de Copacabana, no Rio de Janeiro (RJ), em 1960.

Gabe Ginsberg/FilmMagic/Getty Images

Membros da banda Bossacucanova em apresentação em Las Vegas, Estados Unidos, em 2014.

Roland Popp/DPA/AFP

Sergio Mendes tocando no The House of World Cultures, em Berlim, Alemanha, em 2014.

Andre Stefano/Fotoarena

A cantora Fernanda Porto durante Projeto Mixirica, na antiga casa noturna The Society, em São Paulo (SP), em 2012.

Em 1964, com a instauração do regime militar e as mudanças no cenário político e cultural do Brasil, a bossa nova perdeu força e dois anos depois esse movimento musical se encerraria. Entretanto, isso não significa que ela deixou de existir ou de inspirar novos artistas. Sua influência é percebida na música produzida hoje no Brasil, seja na forma de cantar, seja na valorização da harmonia, seja no uso da batida do violão criada por João Gilberto. Além disso, muitos artistas fazem releituras da bossa nova por meio da mistura de ritmos e da inclusão da música eletrônica, caso da banda Bossacucanova, de Fernanda Porto (1965-) e de Sergio Mendes (1941-), cantor e compositor da trilha sonora do longa-metragem *Rio* (2011), dirigido por Carlos Saldanha.

Percursos de criação

Curadoria musical

Com mais dois colegas, explore a diversidade da música brasileira. Selecionem três canções de décadas diferentes que tenham em comum a temática da saudade. Qualquer gênero musical poderá fazer parte da seleção, desde que as letras das músicas façam referência a acontecimentos já vividos e que continuam na lembrança.

Pesquisem a história de cada música, o gênero a que pertencem e apresentem a seleção aos colegas. Em seguida, falem o que descobriram sobre elas.

Reinaldo Martins Portella

Virou notícia

A Arte da Lembrança – a Saudade na Fotografia Brasileira

Marcio Tavora

Foto de Marcio Távora, 2011. Hotel Columbia Palace. São Paulo (SP).

A saudade em suas mais variadas formas e significados. Tendo como inspiração um dos sentimentos mais universais e inexplicáveis, a exposição **A Arte da Lembrança – a Saudade na Fotografia Brasileira** propõe um percurso iconográfico pelas obras – realizadas entre a década de 1930 e 2014 – de alguns dos mais representativos fotógrafos brasileiros. Com entrada gratuita, a exposição fica em cartaz na sede do Itaú Cultural, do dia 24 de janeiro, a partir das 14h, até 8 de março de 2015.

Mas quais relações a saudade pode manter com a fotografia brasileira contemporânea? Com curadoria de **Diógenes Moura**, a mostra pode ser considerada uma viagem por meio de registros que englobam temas pessoais e universais como as cidades e suas demolições; os objetos vazios à mercê da poeira do passado; a ausência de um ente querido, entre outras imagens congeladas no tempo.

Sobre esses registros Diógenes destaca: "Algo de nós está ali, contido na mancha fotográfica: um destino, um desejo, uma perda, uma palavra que pronunciada será incapaz de percorrer o caminho de volta, um suspiro, a garganta das coisas. Sintomas dos quais surgiria, extraído desde sua dormência, tudo o que existiu e não mais existe, presente e já passado, presente apesar de sua ausência".

A exposição traz obras de 36 artistas de diversas regiões do Brasil – ou que no país desenvolveram seu trabalho. Imagens de cinco deles – Ademar Manarini, German Lorca, José Oiticica Filho, José Yalenti e Julio Agostinelli –, integram o acervo de obras de arte do Itaú Unibanco, coleção de aproximadamente 12 mil itens que, gerida pelo Itaú Cultural, dá origem a uma série de mostras itinerantes, duas delas focadas na produção fotográfica nacional: *Moderna para Sempre – Fotografia Modernista Brasileira na Coleção Itaú Cultural* e *Coleção Itaú Cultural de Fotografia Brasileira*.

Além das fotografias que pertencem a esse acervo, a mostra conta com registros de nomes como Luiz Braga, Alberto Bitar, Gilvan Barreto, Voltaire Fraga e Paula Sampaio.

A Arte da Lembrança
sábado, **24 de janeiro** (a partir das 14h), a domingo, **8 de março de 2015**
terça a sexta, das 9h às 20h [permanência até às 20h30]
sábado, domingo e feriado, das 11h às 20h
pisos 1 e -1
[livre para todos os públicos, com exceção de parte do piso –1: classificação indicativa 12 anos]

Disponível em: <www.itaucultural.org.br/programe-se/agenda/evento/a-arte-da-lembranca>. Acesso em: 1º jul. 2016.

Reflita sobre as informações presentes no texto e responda às questões a seguir.

1. Há palavras que você não conhece? Circule-as no texto e, depois de consultar um dicionário, registre abaixo um de seus sinônimos.

2. Com base no texto, como é possível definir a exposição *A Arte da Lembrança*?

3. As novas tecnologias mudaram a relação das pessoas com as imagens fotográficas. Se antes elas podiam ser vistas nos álbuns familiares, hoje são disponibilizadas principalmente nas redes sociais. Na sua casa há álbuns fotográficos? Ou vocês guardam os registros fotográficos de outra forma? Quais memórias podem ser reveladas com base nessas imagens?

A fotografia e a fotomontagem

A invenção da fotografia no século XIX modificou nosso modo de lidar com as imagens e a memória. Em 1839, Louis Jacques Mandé Daguerre (1787-1851) e seu sócio Joseph-Nicéphore Niépce (1765-1833) apresentaram em Paris, na França, a invenção da daguerreotipia, processo capaz de fixar sobre uma placa metálica as imagens obtidas com a câmera escura pela ação da luz solar. Entretanto, desde a década de 1820, muitos pesquisadores trabalhavam na tentativa de fixação da imagem por meio da câmera escura, processo que consiste em uma caixa escura com um pequeno orifício que permite a projeção da imagem invertida na parede oposta dessa caixa, técnica já explorada pelo artista renascentista italiano Leonardo da Vinci (1452-1519).

A grande contribuição de Daguerre e de Niépce é que eles conseguiram criar um aparelho mais sofisticado para a captação das imagens. O daguerreótipo, também chamado de daguerreotipia, foi saudado pelos jornais da época como a grande invenção daquele século. Tanto que, logo depois de ser apresentado à Academia de Ciências de Paris, o daguerreótipo embarcou em uma expedição de dois anos ao redor do globo no navio Oriental. A viagem tinha a missão de popularizar a invenção e também de ser a primeira devidamente registrada por imagens fotográficas. O navio chegou ao Brasil em 1840.

No Brasil, a técnica fotográfica seria explorada por inúmeros fotógrafos, entre eles Marc Ferrez (1843-1923), Militão Augusto de Azevedo (1837-1905) e Valério Vieira (1862-1941). Este último marcou a história da fotografia brasileira ao criar a primeira fotomontagem do país, o autorretrato *Os trinta Valérios* (1901). Nela, o fotógrafo aparece como múltiplos personagens de um sarau. Ao mesmo tempo ele é o artista, a plateia, o garçom e até o tema do busto e dos retratos expostos. A imagem foi tão celebrada que conquistou prêmio em exposição nos Estados Unidos no ano de 1904.

Muito tempo antes da invenção da *selfie* e das redes sociais, Valério Vieira já fazia de si mesmo tema central de sua obra. A foto, reconhecida pela criatividade e pelo humor do fotógrafo, desperta a curiosidade do observador em saber o que tanto inquieta as figuras retratadas, que em gestos teatrais demonstram certa inquietação e dispersão, como se algo não revelado acontecesse na cena.

Coleção particular

Boulevard du Temple, Paris, 1838. Imagem feita por Daguerre com seu daguerreótipo.

Fundação Biblioteca Nacional, Rio de Janeiro

Os trinta Valérios, 1901. Fotomontagem de Valério Vieira. Arquivo Maria Luísa Vieira.

Alexander Rodchenko. Cartaz para o departamento estatal da imprensa de Leningrado, Rússia 1925. Litografia colorida.

Numa época em que *softwares* de edição de imagem não existiam, a fotomontagem era o processo manual de compor fotografias por meio da reunião de outras imagens. Entre as diversas técnicas utilizadas para a criação de fotomontagens destacavam-se a colagem de fotografias, que depois eram fotografadas para tornarem-se uma única imagem, e a da dupla exposição, que consistia em expor o negativo mais de uma vez, criando sobreposições. Como vemos, embora a fotomontagem fosse uma técnica de criação presente desde os primórdios da fotografia, foi só a partir das primeiras décadas de 1920 que se tornaria um processo artístico recorrente na produção de inúmeros artistas, como o russo Alexander Rodchenko (1891-1956), um dos fundadores do Construtivismo.

O Construtivismo, movimento artístico ocorrido na atual Rússia entre 1913 e 1930, rompeu com a arte como representação do mundo e defendia a criação de imagens que valorizavam as formas geométricas e a composição por meio das linhas e cores. Alexander Rodchenko explorou o Construtivismo por intermédio da linguagem da escultura, da pintura, do *design* e da fotografia. Suas fotomontagens eram resultado de investigações estéticas e da defesa dos ideais trazidos pela Revolução de Outubro de 1917, evento que estabeleceu o socialismo na Rússia. Nesse momento, a arte era vista como uma estratégia de popularizar o programa político do Estado Soviético.

Rodchenko criou vários cartazes de propaganda política que visavam a despertar a atenção da população para diferentes temas, como a adesão ao movimento sindical, a luta por direitos e a importância da leitura e da educação. Uma das fotomontagens mais populares do artista é justamente o cartaz criado para o departamento estatal da imprensa de Leningrado, que procurava destacar o trabalho da editora do Estado Soviético na promoção da leitura. Nele vemos a palavra *livros* ser projetada como em um megafone pela atriz russa Lilya Brik (1891-1978).

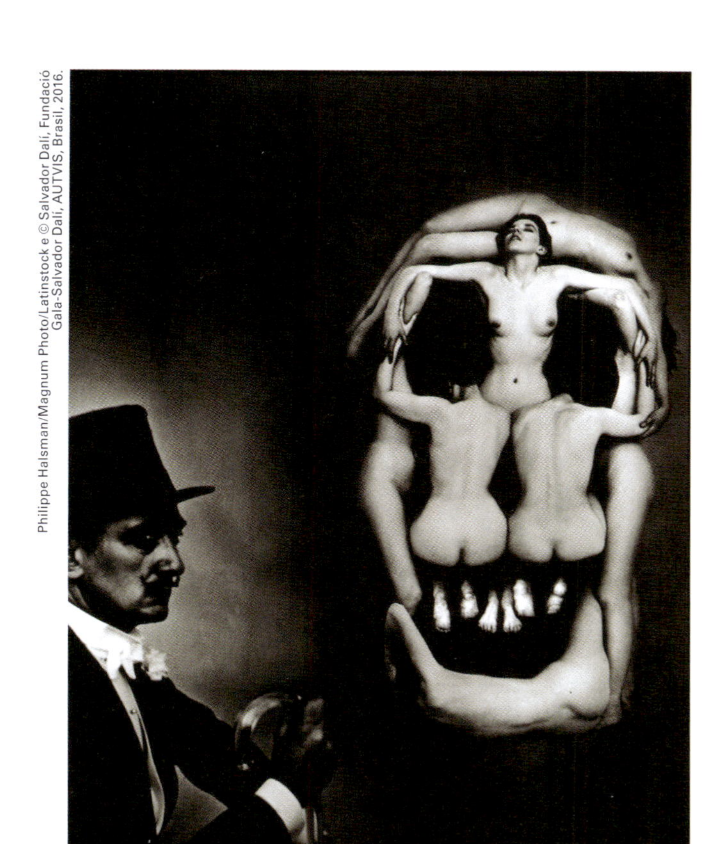

Philippe Haslman e Salvador Dalí. In: *Voluptas Mors*, 1951. Haslman Archive, Nova York, Estados Unidos, 1951. Fotomontagem.

Anna Bella Geiger. *História do Brasil*, 1975. Livro de artista, 20 × 24 cm. Fotomontagem.

A fotomontagem também foi explorada pelos artistas dadaístas e surrealistas. Durante as décadas de 1940 e 1950, o fotógrafo russo Philippe Haslman (1906-1979), em parceria com o artista espanhol Salvador Dalí (1904-1989), criou diversas fotomontagens encenadas. Chamadas de *tableaux vivants*, que significa pinturas vivas, eram resultado de horas de trabalho e de montagens em que os retratados representavam personagens ou executavam ações inusitadas inspiradas no Surrealismo.

O Manifesto Surrealista, publicado em 1924 pelo poeta André Breton (1896-1966), é considerado o marco inicial do movimento que valorizou o inconsciente e o mundo dos sonhos que foram tão bem estudados por Sigmund Freud (1856-1939), o fundador da psicanálise. Na obra *In Voluptas Mors* (1951), que poderia ser traduzida como "no prazer da morte", Salvador Dalí aparece em primeiro plano no canto esquerdo da imagem, enquanto, ao fundo, sete mulheres nuas formam uma caveira.

A fotomontagem não foi um procedimento artístico circunscrito à arte moderna da primeira metade do século XX. Na arte produzida nos dias de hoje, diversos criadores fazem uso dessa técnica, como a carioca Anna Bella Geiger (1933-). Artista multimídia que transita por diferentes linguagens das artes visuais, é reconhecida pelas fotomontagens críticas e irônicas sobre a sociedade brasileira e os impasses contemporâneos, como o tema da territorialidade e das fronteiras. Em *História do Brasil* (1975), ela propõe várias questões sobre o que forma nosso olhar e o que se revela a partir dele. Você já pensou sobre isso? O que faz com que olhemos para as coisas de determinada maneira? O que influencia nossa percepção dos outros e do que vemos?

Percursos de criação

Linguagem fotográfica

Você acha que as imagens que você registra ou posta nas suas redes sociais revelam um pouco sobre a sua vida ou sobre suas ideias, seus valores, seus desejos? Você acha que elas identificam suas experiências e memórias?

Além disso, seria possível perceber a qualidade estética das imagens fotográficas que produz? A fotografia é uma linguagem das artes visuais que possui vocabulário visual composto de diversos elementos. Para que uma imagem alcance qualidade artística ou comunicativa, é importante utilizar com atenção os elementos visuais que a compõem. Conheça alguns:

Planos: determinam a distância entre a câmera fotográfica e o objeto que será fotografado. São três os principais planos: o plano geral, que privilegia o ambiente; o plano médio, que dá destaque ao personagem ou ao tema que ocupará a maior parte do quadro fotográfico; e o primeiro plano, que valoriza recortes do retratado ou dos temas e é muito utilizado para destacar gestos, emoções ou texturas dos objetos.

Perspectiva: utilizada para dar profundidade às imagens bidimensionais, caso das fotografias. Ao posicionar a câmera a determinada distância, o fotógrafo cria linhas retas e paralelas que convergem para um mesmo ponto, o que dá a sensação de profundidade. Muito utilizada para imagens de paisagens ou para criar efeitos subjetivos, como de superioridade ou de inferioridade, bastando colocar a câmera apontada de baixo para cima ou de cima para baixo em relação ao objeto ou ao personagem fotografado.

Textura: possibilita identificar os materiais utilizados nos objetos ou os espaços em que a imagem foi registrada, como gramados, terras ou superfícies lisas. Para intensificar a textura e a sensação de tato, é necessária a presença de uma fonte luminosa intensa e que também contemple a lateral da figura.

Luz e forma: a luz é um elemento fundamental à fotografia, é a partir da relação entre a luz e a sombra que a forma do objeto será revelada. A direção da luz é responsável por produzir as áreas de luz, mas também por definir as áreas de sombras em uma foto. A luz lateral ajuda a criar textura e profundidade. A luz direta possibilita o registro de muitos elementos, entretanto, diminui a textura e o volume das figuras registradas; enquanto a contraluz, cujo foco de luz incide por trás da figura, possibilita o desenho da silhueta e o desaparecimento da textura.

Agora, explore um pouco a linguagem fotográfica. Utilize um aparelho de captação de imagens para exercitar seu olhar fotográfico, registrando imagens que falem um pouco do seu cotidiano e das suas memórias. Depois, selecione as três melhores fotografias para apresentar para a sala.

No museu cabe tudo?

É bem provável que você já tenha visitado um museu. Há muitos deles espalhados pelo Brasil. Eles reúnem peças e objetos que contam um pouco da nossa história. Você se lembra do último que visitou? Como ele era? O que havia nele? Como o acervo era organizado?

Há muitos tipos de museu, de acordo com as peças que abrigam: o museu histórico, no qual prevalecem peças que fazem referência à história de países e cidades; o museu de arte, que reúne pinturas, esculturas e outras linguagens artísticas; o museu de história natural, destinado a preservar amostras de plantas, fósseis de animais e elementos diversos da natureza; o ecomuseu, que visa a contar a história de uma cidade ou região com base em sua diversidade ecológica e cultural, fomentando a preservação do meio ambiente; o museu etnológico ou arqueológico, que visa a conservar a cultura material dos povos e civilizações. E há ainda os museus temáticos, dedicados a outros assuntos específicos.

Há museus temáticos muito populares no Brasil, como o Museu do Futebol e o Museu da Língua Portuguesa, localizados na cidade de São Paulo, o Museu do Homem do Nordeste, localizado no Recife, capital de Pernambuco, e o Museu da Moda, que fica em Canela, no Rio Grande do Sul.

Há museus na sua cidade? Quais tipos?

Acervo Itaipu Binacional/Foto: Alexandre Marchetti

O Ecomuseu de Itaipu, Foz do Iguaçu (PR), 2012.

Octavio Cardoso/Pulsar Imagens

O Museu do Índio, da Fundação Nacional do Índio (Funai), na cidade do Rio de Janeiro (RJ), 2014.

Ricardo Azoury/Pulsar Imagens

O Museu Paraense Emilio Goeldi, em Belém (PA), 2011.

Alessandro Viana/Tyba

Fachada do Museu Nacional, Quinta da Boa Vista, São Cristóvão, no Rio de Janeiro (RJ). Foto de 2012.

Museu da Moda, Canela

Acervo do Museu da Moda, na cidade de Canela (RS), s.d.

Você acredita que há até Museu dos Esgotos e Museu da Arte Ruim? O primeiro fica em Paris, na França, e preserva a história do sistema de tratamento das águas na cidade. O frequentador tem a oportunidade de visitar a cidade pela rede de esgotos. Já imaginou conhecer Paris por esse ângulo? Os Museus de Arte Ruim ficam nas cidades de Dedham, Somerville e Brookline, nos Estados Unidos. Será que os artistas ficam orgulhosos de fazer parte do acervo desse museu?

A palavra museu tem origem na Grécia Antiga. Os gregos chamavam de *Mouseion* o templo das nove musas, filhas de Zeus, o principal deus grego. *Mnemosine* era a divindade da memória. As musas representavam os diferentes ramos das Artes e das Ciências. O *mouseion* era um espaço de estudo e de reflexão.

O museu como o conhecemos hoje foi criado muito tempo depois, no século XVIII, e comportava as coleções das cortes europeias e dos objetos levados do Novo Mundo para a Europa. Sua origem está nos chamados gabinetes de curiosidades. Formados por objetos variados, espécies vegetais e animais (como os que eram recolhidos no Brasil, por exemplo), esses gabinetes visavam a reproduzir a paisagem dos lugares visitados. Você acredita que até nativos eram expostos nessas coleções?

Muitos museus fazem parte do patrimônio histórico, conceito que diz respeito ao conjunto de bens móveis e imóveis de um país ou uma localidade que, em razão de sua importância histórica e cultural, devem ser conservados a fim de preservar a memória da comunidade. Obras de arte e objetos são bens móveis, enquanto monumentos arquitetônicos como pontes, praças, prédios e casas são bens imóveis.

Entre os diversos monumentos do patrimônio histórico e artístico nacional está o Museu Nacional, localizado na cidade do Rio de Janeiro. Inaugurado em 1818 por Dom João VI com o nome de Museu Real, foi o primeiro exemplar desse tipo de estabelecimento no Brasil. No ano de 1946, ganhou o nome atual, sendo hoje um dos mais importantes museus de História Natural da América Latina.

DIÁLOGOS

A chegada da Corte portuguesa ao Brasil

A inauguração do Museu Real está relacionada às iniciativas de Dom João VI para transformar o Rio de Janeiro em uma cidade condizente com seu papel de capital do país. Em 1808, fugindo das tropas de Napoleão Bonaparte que se aproximavam de Portugal, Dom João VI decidiu transferir toda a Corte portuguesa para o Brasil. Catorze navios ancoraram em Salvador e, posteriormente, na cidade do Rio de Janeiro, que, por estar mais distante da Europa e dos conflitos que lá aconteciam, foi escolhida para tornar-se a nova sede da Corte portuguesa.

Museu Nacional de Belas-Artes, Rio de Janeiro

Jean-Baptiste Debret. *Retrato de El-Rei Dom João VI*, 1817. Óleo sobre tela, 60 × 42 cm.

Entretanto, o Rio de Janeiro era uma província e não tinha a estrutura necessária para acomodar toda a nova população e suprir as necessidades culturais exigidas pela Corte. Para reverter esse cenário, Dom João VI executou diversas medidas, entre elas a construção de casas e de infraestrutura urbana, a abertura dos portos às nações amigas, o que permitiu aumentar as transações comerciais, a construção da Biblioteca Real, para armazenar os livros trazidos para o Brasil, e o Museu Real, para incentivar as pesquisas científicas.

Uma medida muito importante de Dom João VI para estimular a formação artística baseada na tradição europeia e colaborar para a transformação cultural da cidade do Rio de Janeiro foi trazer a Missão Artística Francesa, em 1816. Liderada por Joachim Lebreton (1760-1819), artistas como os irmãos Nicolas-Antoine Taunay (1755-1830) e Auguste-Marie Taunay (1768-1824), Grandjean de Montigny (1776-1850), Charles-Simon Pradier (1783-1847) e Jean-Baptiste Debret (1768-1848) tornaram-se autores das obras artísticas mais importantes da primeira metade do século XIX no Brasil e referência para os artistas que vieram depois e que foram formados pela Academia Imperial de Belas Artes.

- Um museu é formado por coleções. O colecionismo é ação de selecionar, organizar e guardar determinados objetos. Você coleciona ou conhece alguém que pratica o colecionismo? É uma prática difícil de ser mantida? Por quê? Anote abaixo suas ideias, em seguida compartilhe suas histórias com a sala.

Visita virtual

Museu da Pessoa

<www.museudapessoa.net/>
Acesso em: 4 fev. 2016.

O Museu da Pessoa é um museu virtual, ou seja, seu acervo só está disponível na internet, no endereço <www.museudapessoa.net/>. Criado em 1991 na cidade de São Paulo, disponibiliza mais de 16 mil depoimentos em áudio, vídeo e texto. Seu objetivo é registrar e divulgar diferentes histórias de vida. A instituição acredita que, ao valorizar a diversidade cultural e a história das pessoas, contribui para a troca de experiências, para o respeito ao próximo e para o fortalecimento da cultura de paz.

Acesse a página da instituição e siga o roteiro ao lado.

Entre no ícone "Histórias" e veja histórias de vida compartilhadas no acervo. Algumas questões poderão ajudá-lo a pensar no que está vendo: Quem são essas pessoas? O que falam? Quais títulos deram para suas narrativas?

Em seguida, acesse o ícone "Conte sua história" e veja os procedimentos necessários para quem deseja enviar sua história de vida para o acervo do Museu da Pessoa.

Para finalizar, entre no ícone "Monte sua coleção", que lhe oferece a oportunidade de se tornar um curador selecionando histórias com base no tema que desejar. Todas as informações necessárias estão disponíveis na seção.

Após navegar no *site* do Museu da Pessoa, responda às questões abaixo.

- Você concorda com a ideia da instituição de que, ao entrar em contato com diferentes histórias de vida, as pessoas desenvolvem um maior respeito pelo próximo? Explique sua opinião.
- Diariamente, o acervo da instituição aumenta graças ao envio de novas histórias. Você conhece alguém que, em decorrência de sua trajetória ou de algum fato marcante, deveria ter sua história de vida registrada pelo museu? Quem seria e por quê?

Investigação

Sobre qual destes assuntos vistos no tema você gostaria de saber mais?

- As memórias na criação artística.
- As pesquisas de Rudolf von Laban sobre o movimento humano.
- A obra coreográfica de Kurt Jooss ou de Mary Wigman.
- Contexto histórico e cultural que influenciou o surgimento da dança-teatro.
- Processo de criação de Pina Bausch.
- Documentário no cinema.
- Repertório da bossa nova e do samba-canção.
- As obras de Tom Jobim, Vinicius de Moraes e João Gilberto.
- A produção fotográfica brasileira.
- A linguagem da fotografia.
- Os museus brasileiros.
- Colecionismo.

Caso tenha outras ideias ou interesses, anote-os no caderno.

Confira se outros colegas se interessaram pelo tema escolhido. Em caso positivo, investiguem juntos, produzam novos materiais e apresentem os resultados para a turma.

Trajetórias

Cada pessoa percebe o mundo de uma maneira. Essa percepção será fundamental na construção das nossas memórias. Mesmo tendo vivido as mesmas experiências, cada um terá sido tocado de um jeito. Expresse por meio de texto, imagem, vídeo, música ou sequência coreográfica o que ficou da experiência proposta nesse capítulo.

Reinaldo Martins Portella

Sempre atento!

1. Enem 2013

Manta que costura causos e histórias no seio de uma família serve de metáfora da memória em obra escrita por autora portuguesa

O que poderia valer mais do que a manta para aquela família? Quadros de pintores famosos? Joias de rainha? Palácios? Uma manta feita de centenas de retalhos de roupas velhas aquecia os pés das crianças e a memória da avó, que a cada quadrado apontado por seus netos resgatava de suas lembranças uma história. Histórias fantasiosas como a do vestido com um bolso que abrigava um gnomo comedor de biscoitos; histórias de traquinagem como a do calção transformado em farrapos no dia em que o menino, que gostava de andar de bicicleta de olhos fechados, quebrou o braço; histórias de saudades, como o avental que carregou uma carta por mais de um mês [...]. Muitas histórias formavam aquela manta. Os protagonistas eram pessoas da família, um tio, uma tia, o avô, a bisavó, ela mesma, os antigos donos das roupas. Um dia, a avó morreu, e as tias passaram a disputar a manta, todas a queriam, mais do que aos quadros, joias e palácios deixados por ela. Felizmente, as tias conseguiram chegar a um acordo, e a manta passou a ficar cada mês na casa de uma delas. E os retalhos, à medida que iam se acabando, eram substituídos por outros retalhos, e novas e antigas histórias foram sendo incorporadas à manta mais valiosa do mundo.

LASEVICIUS, A. *Língua portuguesa*. São Paulo, n. 76, 2012 (adaptado).

A autora descreve a importância da manta para aquela família, ao verbalizar que "novas e antigas histórias foram sendo incorporadas à manta mais valiosa do mundo". Essa valorização evidencia-se pela

a. oposição entre os objetos de valor, como joias, palácios e quadros, e a velha manta.
b. descrição detalhada dos aspectos físicos da manta, como cor e tamanho dos retalhos.
c. valorização da manta como objeto de herança familiar disputado por todos.
d. comparação entre a manta que protege do frio e a manta que aquecia os pés das crianças.
e. correlação entre os retalhos da manta e as muitas histórias de tradição oral que os formavam.

2. Enem 2011

Guardar

Guardar uma coisa não é escondê-la ou trancá-la.
Em cofre não se guarda coisa alguma.
Em cofre perde-se a coisa à vista.
Guardar uma coisa é olhá-la, fitá-la, mirá-la por
admirá-la, isto é, iluminá-la ou ser por ela
iluminado.
Guardar uma coisa é vigiá-la, isto é, fazer vigília
por
ela, isto é, velar por ela, isto é, estar acordado por
ela,
isto é, estar por ela ou ser por ela.
Por isso melhor se guarda o voo de um pássaro
Do que um pássaro sem voos.
Por isso se escreve, por isso se diz, por isso se
publica,
por isso se declara e declama um poema:
Para guardá-lo:
Para que ele, por sua vez, guarde o que guarda:
Guarde o que quer que guarda um poema:
Por isso o lance do poema:
Por guardar-se o que se quer guardar.

CICERO, A. In: MORICONI, I. (Org.). *Os cem melhores poemas brasileiros do século*. Rio de Janeiro: Objetiva, 2001.

A memória é um importante recurso do patrimônio cultural de uma nação. Ela está presente nas lembranças do passado e no acervo cultural de um povo. Ao tratar o fazer poético como uma das maneiras de *se guardar o que se quer*, o texto

a. ressalta a importância dos estudos históricos para a construção da memória social de um povo.
b. valoriza as lembranças individuais em detrimento das narrativas populares ou coletivas.
c. reforça a capacidade da literatura em promover a subjetividade e os valores humanos.
d. destaca a importância de reservar o texto literário àqueles que possuem maior repertório cultural.
e. revela a superioridade da escrita poética como forma ideal de preservação da memória cultural.

3. Enem 2010

Não é raro ouvirmos falar que o Brasil é o país das danças ou um país dançante. Essa nossa "fama" é bem pertinente, se levarmos em consideração a diversidade de manifestações rítmicas e expressivas existentes de Norte a Sul. Sem contar a imensa repercussão de nível internacional de algumas delas.

Danças trazidas pelos africanos escravizados, danças relativas aos mais diversos rituais, danças trazidas pelos imigrantes etc. Algumas preservam suas características e pouco se transformaram com o passar do tempo, como o forró, o maxixe, o xote, o frevo. Outras foram criadas e são recriadas a cada instante: inúmeras influências são incorporadas, e as danças transformam-se, multiplicam-se. Nos centros urbanos, existem danças como o *funk*, o *hip-hop*, as danças de rua e de salão.

É preciso deixar claro que não há jeito certo ou errado de dançar. Todos podem dançar, independentemente de biótipo, etnia ou habilidade, respeitando-se as diferenciações de ritmos e estilos individuais.

GASPARI, T. C. *Dança e educação física na escola:* implicações para a prática pedagógica. Rio de Janeiro: Guanabara Koogan, 2008 (adaptado).

Com base no texto, verifica-se que a dança, presente em todas as épocas, espaços geográficos e culturais, é uma

a. representação das manifestações, expressões, comunicações e características culturais de um povo.

b. prática que traduz os costumes de determinado povo ou região e está restrita a este.

c. manifestação rítmica e expressiva voltada para as apresentações artísticas, sem que haja preocupação com a linguagem corporal.

d. forma de expressão corporal baseada em gestos padronizados e realizada por quem tem habilidade para dançar.

e. prática corporal que conserva inalteradas suas formas, independentemente das influências culturais da sociedade.

4. IFC-SC 2013

A linguagem corporal foi uma das primeiras formas de comunicação humana e continua sendo uma das mais fortes e expressivas. Além da comunicação verbal, muito pode ser dito por meio da linguagem corporal – com ou sem intenção. Por meio de gestos você pode fazer alguém entender o que você quer. Mas muitas vezes o corpo mostra sinais que indicam o que você está pensando ou sentindo sem que você perceba. É que o sistema límbico, responsável pelos sentimentos, envia impulsos elétricos ao corpo, gerando expressões e movimentos sem nos darmos conta.

Disponível em: <http://revistavivasaude.uol.com.br/saude-nutricao/113/artigo265382-1.asp>. Acesso em: 9 de out. 2012 (adaptado).

A partir da leitura do texto acima assinale a alternativa correta:

a. as sensações humanas são dissociadas do corpo e da mente.

b. o corpo e a mente agem independentes um do outro.

c. a linguagem corporal é uma forma de comunicação não verbal.

d. a mente não é responsável pelos sentimentos e nem pelos pensamentos.

e. a linguagem corporal não é uma forma de comunicação verbal.

5. IFC-SC 2013

A dança é uma das formas de expressões mais antigas nas diferentes culturas que passou de ritual para manifestação da elite social e segue em constante evolução. As danças constituem uma das mais belas expressões da cultura de um povo, de uma região, enfim de um país, e vem acompanhando o ser humano desde o início dos tempos, através de sua história.

Disponível em: <www.webartigos.com/artigos/a-danca-como-manifestacao-da-cultura-corporal-no-curriculo-da-educacao-fisica-escolar/35481/>. Acesso: em 7 out. 2012.

De acordo com o conteúdo textual supracitado escolha a alternativa correta:

a. o texto trata da dança somente como vivência lúdica de um povo.

b. o texto se refere à dança como uma representação da cultura.

c. o texto se remete à dança como algo que não envolve a expressão corporal.

d. o texto relata sobre a dança desconsiderando aspectos históricos.

e. o texto classifica a dança como elemento dissociado da cultura.

Para aprofundar os temas

Filmes

Os desafinados

Brasil, 2008. Direção: Walter Lima Jr. Duração: 131 min.

O filme é uma viagem ao tempo da bossa nova. Na década de 1960, cinco amigos formam uma banda dedicada ao novo estilo musical surgido no Rio de Janeiro. Tendo como inspiração João Gilberto, o grupo decide ir para os Estados Unidos em busca do sucesso e do reconhecimento internacional. Em Manhattan, diversos conflitos começam a surgir e a dificultar a realização do sonho dos músicos. De volta ao Brasil, eles precisam enfrentar a violência da ditadura e superar as dificuldades que insistem em separar o grupo.

Rio

Estados Unidos, 2008. Direção: Carlos Saldanha. Duração: 96 min.

Uma das animações mais populares que retratam o Brasil. O enredo é baseado nas aventuras de Blu, arara-azul que é capturada numa floresta brasileira e levada para os Estados Unidos, onde será criada por Linda. Certo dia, Linda descobre que Blu é uma arara macho em extinção. Por isso, com Túlio, seu amigo ornitólogo, Linda e Blu partem para o Rio de Janeiro em busca da última arara-azul fêmea a fim de garantir a continuidade da espécie.

Sites

Tanztheater Wuppertal Pina Bausch (em inglês)
<www.pina-bausch.de/en>

Página oficial da companhia que, até 2009, foi dirigida pela coreógrafa Pina Bausch. Disponibiliza informações e imagens sobre todos os espetáculos criados pelo grupo.

Pina Bausch
<www.caleidoscopio.art.br/cultural/danca/danca-contemporanea/pina-bausch.html>

O Caleidoscópio Portal Cultural disponibiliza dossiê sobre Pina Bausch, que apresenta em detalhes sua trajetória artística, seus principais espetáculos e as ideias que sustentaram sua criação artística.

Revista Dança em Pauta
<www.dancaempauta.com.br/site>

Site especializado em dança que apresenta a agenda dos espetáculos em cartaz nas cidades brasileiras, disponibiliza informações sobre o universo da dança e vídeos sobre variados estilos e técnicas.

Dicionário Cravo Albin da Música Popular Brasileira
<www.dicionariompb.com.br>

O Instituto Cultural Cravo Albin foi fundado na cidade do Rio de Janeiro em 2001 por iniciativa de Ricardo Cravo Albin. Sua missão é divulgar e preservar a música popular brasileira, compreendendo-a como importante patrimônio cultural. A página disponibiliza mais de 12 mil verbetes contemplando artistas, gêneros, canções e curiosidades sobre a música produzida no Brasil.

Suryara Bernardi

Vinicius de Moraes
<www.viniciusdemoraes.com.br>

O *site* apresenta com detalhes a vida e a obra do compositor, artista e poeta Vinicius de Moraes, exibindo sua multifacetada produção.

Tom Jobim
<www2.uol.com.br/tomjobim/index_flash.htm>

Site oficial que disponibiliza informações sobre a vida, a carreira e as obras do maestro e compositor Tom Jobim. Áudios, vídeos, imagens e textos podem ser ali acessados.

Museu Nacional
<www.museunacional.ufrj.br>

Administrado pela Universidade Federal do Rio de Janeiro, o Museu Nacional possui mais de 20 milhões de itens distribuídos em diversas coleções, como as de Antropologia, Botânica, Arqueologia, entre outras. O caráter científico que sustenta a proposta da instituição desde sua fundação é alimentado pelas pesquisas acadêmicas realizadas com base em seu acervo.

Museu Nacional de Belas-Artes
<http://mnba.gov.br/portal/>

O prédio da instituição foi inaugurado em 1908, no centro do Rio de Janeiro, para abrigar a Escola Nacional de Belas-Artes. Sua coleção é formada principalmente por obras de artistas do século XIX e início do XX. No *site* é possível ter acesso à parte de sua coleção e a informações institucionais.

Museu da Moda
<www.museudamodadecanela.com.br>

Localizado na cidade de Canela, no Rio Grande do Sul, o Museu da Moda é dedicado à história do vestuário feminino desde a Idade Média até os dias atuais. No *site*, é possível conhecer peças do acervo e saber um pouco sobre as características das roupas de cada período. Todo o acervo foi confeccionado especialmente para o museu com base em cuidadoso levantamento histórico.

Museu do Futebol
<http://museudofutebol.org.br/>

O Museu do Futebol foi fundado em São Paulo, no Estádio Municipal Paulo Machado de Carvalho, conhecido como Estádio do Pacaembu, nome do bairro em que está localizado. Dedicado à história do futebol, dos times e dos jogadores brasileiros, há muitas imagens e vídeos em seu acervo. A interatividade é valorizada tanto na visita presencial quanto na virtual.

Museu do Homem do Nordeste
<www.fundaj.gov.br>

Administrado pela Fundação Joaquim Nabuco, o Museu do Homem do Nordeste foi fundado em 1979 pelo sociólogo Gilberto Freyre, com o objetivo de preservar, pesquisar e documentar o patrimônio cultural do povo nordestino. Na página da Fundação Joaquim Nabuco, é possível acessar informações sobre a história e o acervo da instituição.

Acessos em: 6 mar. 2016.

TEMA 8

A CRIAÇÃO COLETIVA NA ARTE

Neste tema, você irá:

- Compreender a criação colaborativa como um procedimento artístico contemporâneo que visa intervir na realidade.
- Conhecer coletivos artísticos que atuam em espaços institucionalizados ou urbanos.
- Refletir sobre a produção artística contemporânea.
- Entender que, ao longo do século XX, muitos grupos estimularam o trabalho artístico coletivo.
- Exercitar o trabalho em grupo com base em criações coletivas.
- Conhecer as ideias do Dadaísmo e do movimento Fluxus.
- Perceber o *happening* e a *performance* como linguagens artísticas contemporâneas.
- Conhecer características da literatura modernista brasileira.
- Desenvolver a capacidade de escuta com base na produção musical da Tropicália e do Manguebeat.
- Conhecer e explorar elementos do *design* gráfico.

Coletivo BijaRi. *Outdoor verde*, 2008. Intervenção em Curitiba (PR).

Coletivo Bijari

Só me interessa o que não é meu. Lei do homem. Lei do antropófago.

Oswald de Andrade.
Manifesto Antropofágico.
Revista de Antropofagia, São Paulo,
ano 1, n. 1, maio de 1928.

Coletivo BijaRi.
Carro verde, 2009.
Intervenção em
São Paulo (SP).

Coletivo Bijari

Pense nas obras artísticas que você conhece. Elas foram criadas em grupo ou por uma só pessoa? Uma obra artística pode ser criada coletivamente ou deve ser resultado do esforço individual de um artista?

É comum as pessoas pensarem o teatro, a dança e até mesmo a música como criação coletiva e a pintura e a escultura como obra individual. Entretanto, hoje isso mudou. É possível encontrarmos obras visuais criadas tanto por uma só pessoa quanto por coletivos artísticos, grupos que baseiam a criação no trabalho colaborativo.

Os coletivos artísticos propõem um novo modo de produção de arte. Juntos, pretendem não só criar obras artísticas bonitas ou interessantes, mas criações que estimulem nas pessoas uma nova maneira de lidar com a arte e com o cotidiano das cidades.

Observando as imagens, é possível perceber a intenção do projeto Natureza Urbana e a razão de ele ser uma criação colaborativa?

É isso que faz o Coletivo BijaRi (1997), centro de criação de artes visuais e multimídia composto de artistas, arquitetos, cenógrafos, *designers*, diretores de vídeo e programadores. Desde 2007, o BijaRi desenvolve o projeto Natureza Urbana, composto de esculturas e intervenções realizadas em diversas cidades brasileiras. O objetivo é levar um pouco de vida a lugares degradados ou pouco ocupados.

O trabalho colaborativo

O projeto Natureza Urbana surgiu quando os integrantes do Coletivo BijaRi, entre eles Geandre Tomazoni, Gustavo Godoy, João Rocha, Maurício Brandão, Olavo Yang e Rodrigo Araújo, perceberam que a maioria das cidades não possuía espaços públicos de descanso, nos quais as pessoas pudessem ter contato com a natureza. Por isso, transformaram carros e bicicletas adaptadas em esculturas móveis. A ideia era estimular novos modos de convivência na cidade, convertendo espaços vazios ou abandonados em praças.

Talvez você possa estar pensando: mas isso daria certo? As pessoas veriam um carro ou uma bicicleta como praças? Independentemente da resposta que você venha a dar, uma coisa é indiscutível: o objetivo de provocar reflexão terá sido alcançado. Afinal, um carro ou uma bicicleta tomados por vegetação, um *outdoor* que em vez de um anúncio traz uma floreira com certeza despertariam a atenção e o fariam pensar a respeito do que viu.

Como grande parte dos coletivos, o BijaRi questiona as fronteiras entre as linguagens artísticas e o conceito de arte. Para esses grupos, a arte é um modo de pensar o mundo e intervir nele. Por isso, a intervenção é um dos procedimentos mais recorrentes em suas criações. Significa inserir-se no espaço urbano ou em estruturas arquitetônicas a fim de fazer uma crítica em termos de cultura ou de política, ampliando o olhar das pessoas sobre lugares, temas e objetos.

Coletivo Bijari

Coletivo BijaRi. *Praças (im)possíveis*, 2015. Instalação performática em São Paulo (SP).

O coletivo Poro e o Chelpa Ferro

O coletivo Poro (2002), formado por Brígida Campbell e Marcelo Terça-Nada, também faz uso desse procedimento. Na intervenção urbana *Jardim* (2002), os artistas plantaram flores de papel celofane vermelho em canteiros abandonados na periferia da cidade de Belo Horizonte, em Minas Gerais. Já em *Interruptores para poste de luz* (2005), criaram adesivos para serem afixados em postes elétricos. O interessante é que, para estimular a popularização da intervenção, o coletivo disponibilizava a imagem do interruptor, de modo que outras pessoas pudessem imprimi-la e espalhá-la pelos postes da cidade.

Enquanto os coletivos BijaRi e Poro promovem intervenções urbanas, o Chelpa Ferro (1995), formado por Luiz Zerbini, Barrão e Sergio Mekler, cria obras para espaços institucionalizados, como museus e galerias. Em 1995, no Espaço Cultural Sergio Porto, no Rio de Janeiro, o grupo se reuniu pela primeira vez para realizar uma *performance* que misturava guitarras e sons aleatórios criados sobre uma base eletrônica. Em vez de direcionados para o palco, os refletores da apresentação estavam voltados para a plateia. A inusitada *performance* serviu como estímulo para que o coletivo experimentasse novas linguagens artísticas apoiadas nas diversas formações de seus integrantes. Por mais que lidem com variados suportes e técnicas, Zerbini é sobretudo pintor, enquanto Barrão atua como escultor e Mekler, como editor de sons e imagens.

Coletivo Poro

Coletivo Poro. *Jardim*, 2002, Intervenção feita de flores de papel celofane vermelho. Belo Horizonte (MG).

Coletivo Poro

Coletivo Poro. *Interruptores para poste de luz*, 2005. Reprodução fotográfica adesivada. Belo Horizonte (MG).

Coletivo Chelpa Ferro

Coletivo Chelpa Ferro

Coletivo Chelpa Ferro. *Totoro*, 2009. Tubo de madeira, caixas de som, cabo de aço, roldana, motor de lançamento com temporizador pré-programado, cabos de áudio, aparelho de som, CD de áudio e composição sonora. Pinacoteca do Estado de São Paulo, cidade de São Paulo.

Em *Totoro* (2009), é possível perceber como as diferentes linguagens da arte compõem o trabalho do coletivo Chelpa Ferro. Batizada com o nome de um monstro de desenho animado japonês, a obra foi criada para ocupar o Octógono da Pinacoteca do Estado de São Paulo. Catorze caixas de som empilhadas são interligadas em quatro canais que distribuem o som em diferentes direções. No chão, a escultura sonora é escondida por um cilindro de madeira, mas as caixas de som sobem a uma altura de 15 metros e descem, com o auxílio de uma roldana. A trilha sonora emitida pela escultura é composta de ruídos diversos, de sons de ventos e tempestades, de correntes arrastadas, de queda de gotas d'água e de sons mecânicos graves e agudos que muitas vezes fazem tremer o espaço expositivo.

Qual é a sua opinião sobre os trabalhos colaborativos vistos? Eles diferem de outras obras artísticas que você conhece?

Percursos de criação

Projeto colaborativo de arte

O trabalho colaborativo é um procedimento muito presente na arte contemporânea porque promove o encontro de pessoas, ideias e talentos. Reunidos para trabalhos contínuos ou pontuais, os coletivos possibilitam novas maneiras de criar arte e cultura. E você? Já pensou em criar um projeto colaborativo de arte?

Para isso, forme um grupo com cinco integrantes e, juntos, pensem numa obra a ser criada de forma colaborativa. O que gostariam de criar? Uma escultura? Uma pintura? Uma obra sonora? Uma intervenção? Um vídeo? Uma música? Uma dança ou cena de teatro?

Identifiquem as habilidades e os desejos de cada integrante do grupo e a melhor maneira de todos colaborarem no trabalho. Em seguida, decidam como serão a obra e os materiais necessários para sua materialização. Após a finalização, apresentem a criação colaborativa para a sala.

Vicente Mendonça

O Dadaísmo e o movimento Fluxus: precursores dos coletivos artísticos

Os coletivos artísticos se popularizaram no cenário das artes visuais a partir da década de 1990. Porém, ao longo da história da Arte, é possível perceber iniciativas que se assemelham a muitas ideias defendidas pelos coletivos atuais, como a criação colaborativa e o diálogo entre áreas diferentes do conhecimento. Conheça dois deles.

Dadaísmo

Museu das Belas Artes, Zurique/Foto: AKG-Images/Album/Latinstock

Hugo Ball, um dos integrantes do movimento dadaísta, numa *performance* no Cabaret Voltaire, em Zurique, Suíça, 1916.

© Jean, Arp/AUTVIS, Brasil, 2016/Museu de Arte Moderna, Nova York/Foto: Photo Scala, Florença

Hans Arp. *Desenho automático*, 1917-1918. Tinta e lápis sobre papel, 42,6 × 54 cm.

Coleção particular/Foto: Umbo/Bridgeman Images/Keystone Brasil

Marcel Duchamp à frente de *Roda de bicicleta*, escultura criada em 1913. Hanover, Alemanha, 1965.

O Dadaísmo é uma corrente artística surgida em 1916, em Zurique, na Suíça. Durante a Primeira Guerra Mundial, a cidade acolheu diversos refugiados, entre eles os artistas Hugo Ball (1886-1927), Richard Huelsenbeck (1892-1974), Hans Arp (1886-1966), Tristan Tzara (1896-1963) e Francis Picabia (1879-1953).

Reunidos no Cabaret Voltaire, misto de clube literário, teatro e galeria de arte, esses artistas desenvolviam experiências artísticas e *performances* que visavam questionar o teatro, a música, a literatura e as artes visuais da época, as quais, segundo o grupo, mostravam muito racionais e deveriam explorar mais o inusitado e o acaso em suas criações. *Dada* é um termo de origem francesa que significa "cavalo de brinquedo"; segundo o poeta Tristan Tzara, um dos líderes do Dadaísmo, o nome foi escolhido aleatoriamente por ele, tal como fazia com muitas de suas poesias.

Veja a recomendação inusitada de Tristan Tzara para quem desejasse escrever um poema.

Receita para fazer um poema Dadaísta
Tristan Tzara

Pegue um jornal.
Pegue uma tesoura.
Escolha no jornal um artigo com o comprimento que pensa dar ao seu poema.
Recorte o artigo.
Depois, recorte cuidadosamente todas as palavras que formam o artigo e meta-as num saco.
Agite suavemente.
Seguidamente, tire os recortes um por um.
Copie conscienciosamente pela ordem em que saem do saco.
O poema será parecido consigo.
E ei-lo um escritor infinitamente original e de uma sensibilidade graciosa, ainda que incompreendido do público.

Fonte: tradução Nossa.

Francis Picabia. *Tableau Rastadada* (Quadro Rastadada), 1920. Colagem de papel e tinta, 19 × 17,1 cm.

O Dadaísmo se espalharia por outras cidades europeias e influenciaria diversos artistas. Para divulgar suas ideias, seus representantes fizeram uso de manifestos artísticos, revistas, exposições e peças de teatro. Os *ready-made* de Marcel Duchamp (1887-1968), os desenhos automáticos de Hans Arp e as colagens aleatórias de Francis Picabia imortalizaram o Dadaísmo nas artes visuais.

Percursos de criação

Poema dadaísta

Vamos criar um poema dadaísta? Siga a orientação dada pelo poeta Tristan Tzara e componha um poema dadaísta. Em seguida, elabore uma ilustração para sua composição que dialogue com a produção visual do Dadaísmo.

Videoarte
Linguagem artística em que o vídeo e as novas tecnologias possibilitam a projeção de imagens e a emissão de sons no espaço expositivo.

O movimento Fluxus

Em 1922, em razão de controvérsias entre os líderes do movimento, o Dadaísmo encerrou sua ação como coletivo. Entretanto, muitos artistas continuaram explorando os procedimentos dadaístas em suas obras. As intervenções e as *performances* criadas coletivamente no Cabaret Voltaire influenciaram grupos que vieram posteriormente, como o Fluxus, movimento artístico liderado por George Maciunas (1931-1978).

Com sede em Nova York, mas presente em diversas cidades europeias, o Fluxus propôs obras coletivas que misturavam diversas linguagens da arte, como a música, a **videoarte**, a instalação, a escultura e a *performance*. Entre 1962 e 1978, o movimento reuniu artistas como Joseph Beuys (1921-1986), Nam June Paik (1932-2006), Yoko Ono (1933-) e John Cage (1912-1992).

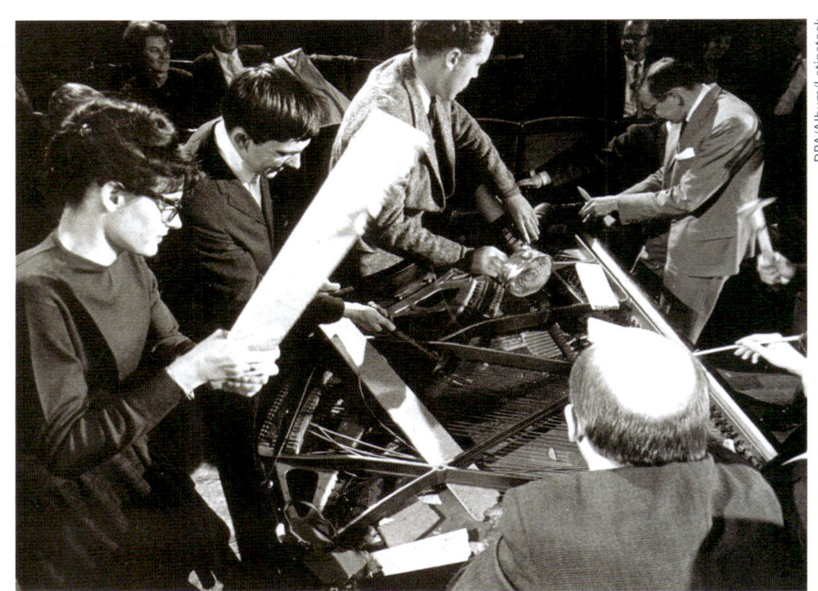
DPA/Album/Latinstock

Festival Internacional Fluxus de Música Novíssima, realizado em 1962, na cidade de Wiesbaden, na Alemanha.

Museu Stedelijk, Amsterdã

Nam June Paik. *TV Buddha*, 1974. Videoarte. Museu Guggenheim, Nova York, Estados Unidos.

O *happening* e a *performance*

O *happening* e a *performance* são linguagens artísticas muito presentes na arte contemporânea, mas suas origens podem ser percebidas na primeira metade do século XX com o Dadaísmo e, posteriormente, com as ações do movimento Fluxus. O *happening*, surgido da palavra de origem inglesa que significa "acontecimento", pode ser compreendido como a ação artística pensada para espaços expositivos ou não que incorpora a improvisação e envolve a participação do público. Foi o artista estadunidense Allan Kaprow (1927-2006) que, a partir de 1959, melhor explorou a linguagem do *happening*. Durante mais de 20 anos, ele criou diversas ações artísticas pensadas principalmente para espaços abertos.

Allan Kaprow, em *performance* no Judson Hall, Nova York, Estados Unidos, 1964.

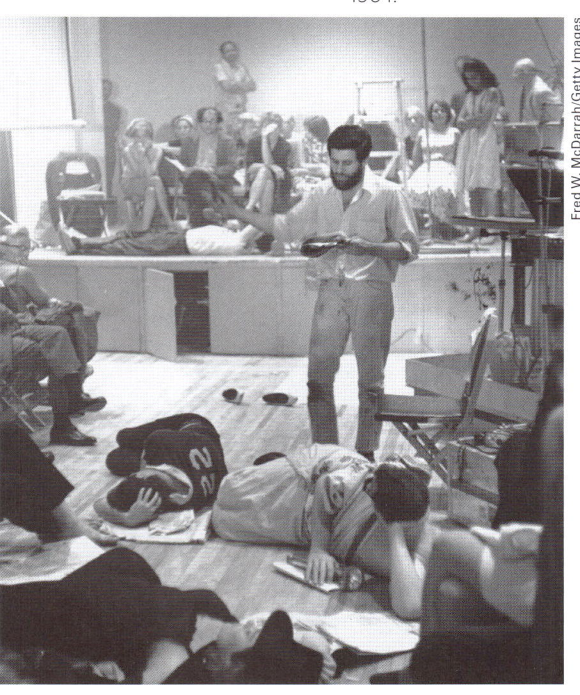

Fred W. McDarrah/Getty Images

Além de criador, Allan Kaprow se notabilizou pela produção teórica, fazendo de suas experimentações e da análise da produção de outros artistas material para a reflexão sobre o processo de criação e de expressão das linguagens visuais. Em 1958, publicou na revista *Art News*, importante veículo de Nova York voltado para a crítica de arte, um texto sobre o artista estadunidense Jackson Pollock (1912-1956), no qual exaltou sua contribuição para a arte contemporânea. O pintor ficou conhecido por colocar suas telas no chão e desenvolver uma técnica de pintura chamada *gotejamento*. Andando sobre a tela, ele derramava ou gotejava tinta com o auxílio de pincéis e de espátulas.

Allan Kaprow afirmou que, ao invadir o espaço da tela, Pollock entrava literalmente na pintura e fazia de seus gestos um elemento fundamental do processo de criação. A espontaneidade e o acaso presentes na técnica do gotejamento foram, segundo o próprio Kaprow, inspiração para a criação de seus *happenings*, eventos que não possuíam início, meio nem fim fixos, nem eram estruturados, exibindo forma aberta e inacabada.

Martha Holmes/The LIFE Premium Collection/Getty Images

Jackson Pollock criando uma de suas telas de grandes dimensões, em seu estúdio, Nova York, Estados Unidos, anos 1950.

Um dos primeiros *happenings* de Allan Kaprow ocorreu em 1961 no jardim de esculturas da Martha Jackson Gallery, em Nova York. Intitulado de *Yard* ("quintal", em inglês), era composto de centenas de pneus de carros dispersos aleatoriamente no jardim, onde o artista incentivava o público a interagir com eles, reorganizando-os no espaço, caminhando ou brincando no meio deles.

O *happening* é um trabalho artístico temporário, a experiência só permanecerá na memória de quem participou dele, nos registros fotográficos ou nos vídeos gravados. Por causa de sua fugacidade, alguns são reeditados. *Yard* foi revivido mais de vinte vezes. O interessante é que, em cada nova montagem, um novo *happening* é criado, pois não há instruções fixas ou regras que aprisionem a criação.

Tal como acontece no *happening*, a *performance* pode fazer uso de diversas linguagens artísticas, como o teatro, a dança, a música e a videoarte, porém nela o público não precisa obrigatoriamente fazer parte da cena artística, pode ser apenas um observador do que se desenrola à sua volta, tal como vemos nas criações de Piero Manzoni (1933-1963) e de Yves Klein (1928-1962).

Julien Wasser/The Getty Research Institute, Los Angeles (980063)

Allan Kaprow. *Yard*. *Happening* promovido no Museu de Pasadena, em 1967, Estados Unidos: remontagem do *happening* originalmente criado em 1961.

Gabriel Szabo/Guzelian/Cortesia da Galeria Hepworth Wakefield

Allan Kaprow. *Yard* (1961). The Hepworth Wakefield, West Yorkshire, Inglaterra. Remontagem de 2014.

O corpo no centro da criação artística

Em 1961, na Itália, Piero Manzoni (1933-1963) apresentou a série *Escultura viva*, na qual homens e mulheres tiveram partes do corpo assinadas pelo artista e assim se transformaram em obras de arte. A pessoa recebia um selo que certificava sua autenticidade e que as partes do corpo assinadas seriam obra de arte até a sua morte. Dentro dessa série ele também propôs a *Base mágica* (1961), um suporte de madeira com marcas dos pés que permitia à pessoa se tornar uma escultura viva no momento em que subisse nele.

Em 1960, o artista francês Yves Klein (1928-1962) realizou a obra *Antropometria*, ação em que contratou modelos que molharam seus corpos em tinta azul para imprimirem-se numa tela gigante esticada no chão, enquanto o público assistia à cena ao som da *Sinfonia monotônica*, obra musical composta pelo artista.

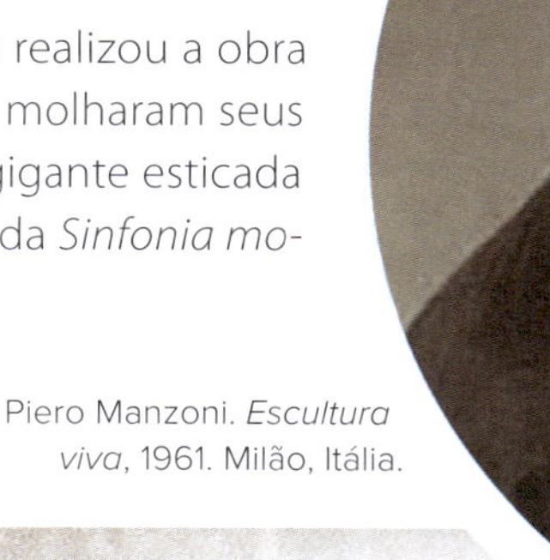

Piero Manzoni. *Escultura viva*, 1961. Milão, Itália.

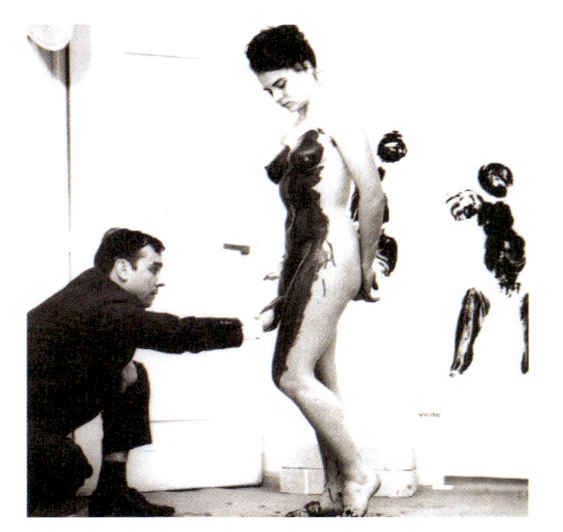

Yves Klein preparando modelo para a obra *Antropometria* em seu estúdio, na rua Campagne-Première, 14, em Paris, França, 1960.

Yves Klein. *Anthropométries de l'époque bleue* (Antropometrias da época azul). Galeria Internacional de Arte Contemporânea, Paris, França, 9 de março de 1960.

Performance de Yves Klein © Yves Klein, ADAGP, Paris/AUTVIS, São Paulo, 2016. Colaboração Harry Shunk and Janos Kender © J.Paul Getty Trust. The Getty Research Institute, Los Angeles. (2014.R.20) Doação da Fundação Roy Lichtenstein em memória de Harry Shunk and Janos Kender/Foto: Album/Latinstock

Yves Klein. *O salto no vazio*, 5, rua Gentil-Bernard, Fontenay-aux-Roses, França, outubro de 1960.

© Beuys, Joseph/AUTVIS, Brasil, 2016

Joseph Beuys. *Como explicar quadros a uma lebre morta*, 1965. *Performance* na Galerie Schmela, Düsseldorf, Alemanha, documentada por meio de fotografias.

Ainda em 1960, Yves Klein criou *O salto no vazio*, fotomontagem que registra o artista saltando de um muro. De braços abertos, com terno e gravata, como se estivesse num voo, o artista se lança rumo ao chão. Considerada uma das primeiras experiências performáticas, a obra de Yves Klein reforça duas características da arte contemporânea: a criação sem limites nem redes de proteção e a arte como um salto rumo ao desconhecido.

Enquanto o *happening* é um evento em que o acaso e a espontaneidade sustentam a ação artística, a *performance* geralmente segue um roteiro prévio. Isso não significa que o *performer*, o artista que realiza a *performance*, não esteja aberto a improvisações ou a acontecimentos novos, mas que sua ação possui uma estrutura cuidadosamente elaborada.

Graças a seu caráter efêmero, muitos *happenings* e *performances* chegaram ao público por meio de registros em foto e em vídeo. São esses documentos que nos permitem conhecer *performances* marcantes da história da arte. Um exemplo é *Como explicar quadros a uma lebre morta* (1965), em que o artista Joseph Beuys (1921-1986) caminhava por uma galeria de arte coberto de mel e pó de ouro, explicando os quadros da exposição a uma lebre morta.

No cenário artístico atual, a sérvia Marina Abramović (1946-) é considerada a mais importante representante da arte performática. Sua obra procura desfetichizar o corpo humano, eliminando toda exaltação à beleza a que foi sujeitado durante a história da arte. O corpo deixa de ser tema ou inspiração artística, transformando-se na própria obra. O artista torna-se sujeito e objeto de sua arte.

Em 2010, o Museu de Arte Moderna de Nova York, o MoMa, realizou uma retrospectiva com registros das *performances* criadas ao longo dos mais de 40 anos de carreira da artista. Entre os diversos momentos de sua trajetória um dos mais importantes foi a parceria com o também artista performático Ulay (1973-) entre 1976 e 1988.

Juntos criaram *AAA-AAA* (1977), na qual, um de frente para o outro, gritavam até ficar sem voz, num duelo barulhento e angustiante, e *Respirar expirando* (1978), em que respiravam pela boca um do outro. Essa *performance* só se encerrava quando um dos dois não conseguia mais manter a respiração e desmaiava.

Na *performance A artista está presente* (2012), obra que deu nome à retrospectiva no MoMA, Marina Abramović ficou sentada e imóvel durante todo o período expositivo. A artista recebia pessoas do público, que se sentavam diante dela, de modo a estabelecer um diálogo apenas pela presença física e pelo olhar.

Marina Abramović e Ulay. *AAA-AAA*, 1977. *Performance*. Liège, Bélgica, 1978.

Imagem da *performance A artista está presente*, realizada no MoMA, em Nova York, Estados Unidos, em 2010, e registrada no filme-documentário homônimo lançado em 2012.

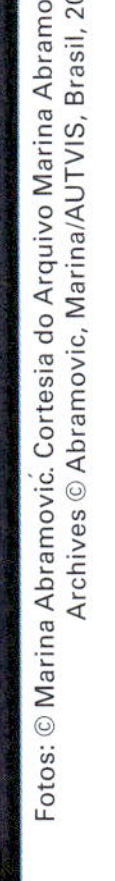

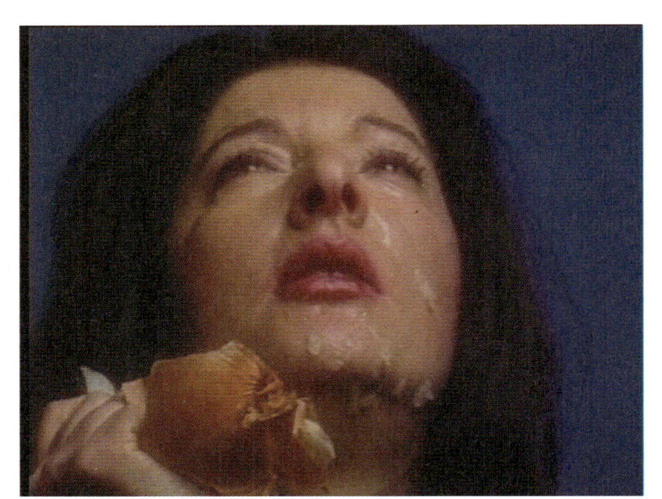

Marina Abramović. *The onion*, 1996. *Performance* para vídeo.

A *videoperformance The onion* (A cebola), de 1996, também fez parte da retrospectiva no MoMa. Nela a artista, em *close-up*, come uma cebola enquanto narra um longo texto. Num trecho, afirma "Eu quero ir embora. Em algum lugar tão longe que eu seja inatingível, por telefone ou fax. Eu quero ficar velha, muito, muito antiga, de modo que nada mais importe. Eu quero entender e ver claramente o que está por trás de todos nós. Eu quero não querer mais".

O confronto entre emoção e razão, entre necessidade e vontade, a constante necessidade de agradar e se adequar às coisas são algumas possibilidades de reflexão sobre essa obra. As *performances* da artista desafiam a resistência física e os limites do corpo e da mente. À primeira vista, pensamos que ela devora uma fruta, mas ao constatarmos que tem nas mãos uma cebola nossa sensibilidade é provocada. Lentamente, ela traz a cebola mais perto da boca e começa a mordê-la e a mastigá-la. Percebemos que o ato provoca reações fortes na artista, seus olhos lacrimejam, a saliva escorre pela boca, pedaços de cebola sujam seu rosto, que aos poucos vai se desfigurando, e sua respiração acelera e se torna ofegante. Ao vermos a cena, nossos sentidos também são alterados, e esse é um dos objetivos principais da arte performática: nos tirar do conforto e da previsibilidade, e estimular um contato diferenciado com a arte.

Você já presenciou ou viu na internet algum *happening* ou alguma *performance*? Conte como foi a experiência.

Percursos de criação

O corpo como suporte

O *happening* e a *performance* procuram ampliar as percepções e os sentidos das pessoas sobre o espaço, o tempo, o cotidiano e as relações sociais. Tendo o corpo do *performer* como suporte, é uma linguagem híbrida, que pode integrar diversas expressões artísticas como a dança, a música, o teatro e o vídeo.

Em duplas, trios ou grupos, explorem a linguagem do *happening* e da *performance*. Para isso sigam as orientações abaixo.

- Revejam as diferenças entre as duas linguagens e escolham uma delas para a criação colaborativa.
- Escolham uma ideia ou tema para a criação de vocês. A partir da escolha do tema gerador, investiguem possibilidades expressivas, ou seja, como poderia ser o *happening* ou a *performance* a serem criados.
- Algumas questões podem ajudá-los durante a elaboração da ideia: o que o *happening* ou a *performance* quer transmitir? A que ideias ou sentimentos a criação pode ser associada? Qual é a importância do corpo para a materialização da ideia? Haverá participação do público ou será uma ação para ser contemplada? Qual seria o melhor espaço da escola para a realização do trabalho? O espaço escolhido faz parte da ideia da obra? Quanto tempo durarão as ações do *happening* ou da *performance*? Os movimentos serão executados em qual velocidade? Quais linguagens artísticas serão integradas à criação? Figurinos, adereços ou maquiagem são importantes para comunicar a ideia?
- Depois de pensarem nas questões e planejarem a ação do grupo, iniciem os preparativos para a concretização da ideia. Dividam as tarefas entre os integrantes e definam as responsabilidades de cada um.
- Conversem com o professor sobre a ideia a ser criada e investiguem com ele a possibilidade de executá-la na escola. Caso necessário, façam adaptações.
- Na data marcada com o professor e com a turma, realizem na escola o *happening* ou a *performance* elaborada. Depois, conversem a respeito dos trabalhos apresentados.

Vicente Mendonça

Virou notícia

Método de Marina Abramović ensina participantes a "ouvir o silêncio"

Flávia Guerra

Victor Nomoto

Demonstração do método de Marina Abramović. A artista ensina os participantes a "ouvir o silêncio". Sesc Pompeia, São Paulo (SP). Foto de 2010.

A regra era clara. Só participaria da conversa que a artista plástica sérvia Marina Abramović teria com a imprensa na tarde de segunda-feira (9), para conversar sobre a mostra Terra Comunal, que abre nesta terça para o público no Sesc Pompeia, quem experimentasse seu famoso Método.

Dinâmica criada por ela para despertar a introspecção e a concentração, o método exige duas horas e meia dos participantes, dispostos a fazer uma série de exercícios que ampliam os sentidos e os limites da consciência e do corpo para, assim, apreciar melhor as obras e as *performances* de Terra Comunal [...].

Antes de entrar no espaço onde até 10 de maio [serão] realizadas cinco sessões diárias do Método com o público, no *hall* Sesc Pompeia, era preciso deixar tudo para trás. Bolsa, carteira, celular, brincos, pulseiras.... Tudo que pudesse atrapalhar a imersão num universo em que o silêncio é a maior matéria-prima. Por falar nisso, para "ouvir" melhor o silêncio, recebemos um par de fones de ouvido que cancelam ruídos. Não era possível ouvir nem mesmo o barulhinho bom da água correndo pelas pedras das fontes que se espalham pelo espaço. [...]

Despertar os sentidos e criar energia

Distância tomada, diante de três TVs, os participantes veem surgir a imagem de Marina. Ela, que não ministra o método desta vez ao vivo, apresenta os princípios básicos do conjunto de técnicas que ela condensou em décadas de pesquisa. Enquanto isso, a colaboradora Lynsey Peisinger faz os movimentos propostos.

"Desde muito cedo entendi que a ferramenta que tenho para mostrar minha arte é meu corpo. Para fazer isso é preciso entender o corpo e os limites dele. Vivi um ano numa tribo aborígene na Austrália, sem dinheiro, só com o que havia ali. Fui para a Indonésia para ver as pessoas que andam sobre o fogo, passei 25 anos trabalhando com os monges tibetanos, fiz pesquisa na floresta e aqui no Brasil com os xamãs, aprendi muito com eles", contou Marina.

"Temos de entender os limites do corpo. Nos meus 40 anos de carreira, aprendi muitas coisas e escolhi as mais fáceis de mostrar para as pessoas. Foi assim que eu criei o método", revelou a artista, na conversa após os exercícios.

Mas antes era preciso aprender que coisas eram essas. Para começar, nada mais simples que despertar os sentidos. Alongar os braços, esfregar as mãos para criar calor e energia, tocar os olhos e estimular os músculos oculares para perceber melhor tudo que está à frente, puxar os lóbulos das orelhas e tocar os ouvidos para abrir a audição, botar a língua para fora...

Depois de também tocar olhos, nariz, boca, queixo, era hora da "respiração do guerreiro". Pernas bem firmes no chão, mãos levadas até a cintura em punho e, depois, braços esticados. Em seguida, era vez de chacoalhar. Braços, cabeça, pernas, tudo. Houve até quem perdesse o equilíbrio e caísse numa "overdose" de oxigenação.

Objetos Transitórios

Depois de limpar o corpo e a mente, finalmente, estávamos prontos para encarar os Objetos Transitórios. Camas com cabeceiras de grandes cristais encrustados, cadeiras que miram a parede branca, totens com mais cristais dispostos na direção de vários *shakras*. Podia quase tudo. Deitar e até dormir, sentar e observar o nada ou divagar em seus próprios pensamentos. Ficar de pé, tocar e até se apoiar nos cristais. Só não podia falar. "Fiz o *Cleaning the House* com os artistas brasileiros que farão *performance* aqui. Para eles foi mais fácil ficar sem comer do que sem falar. Mas eles conseguiram e foi ótimo", contou Marina, mais tarde.

Os jornalistas também conseguiram. O silêncio era total até mesmo no mais difícil e interessante dos desafios: andar em câmera lenta. Liderado pelos facilitadores, um grupo de participantes caminhava a passos lentíssimos pelo espaço enquanto outros deitavam, sentavam, ficavam de pé.

Parece fácil a arte de só se tirar um calcanhar do chão quando a sola toda do outro pé já está no chão. Mas não é. Os 15 minutos de caminhada em *slow motion* pareceram uma eternidade para quem está acostumado a sempre andar com pressa em São Paulo. Ainda mais se o passeio é feito de mãos dadas com alguém estranho. O eterno desafio de entender o ritmo do outro e caminhar junto na mesma direção.

E o que dizer do desafio de mirar a parede e tentar não divagar sobre as tarefas do dia e nem cochilar? Ou de deitar e não dormir, sempre atento a tudo e, ao mesmo tempo, concentrado em si mesmo? Para os mais impacientes, ou mais céticos, isso já foi visto em muitas aulas de ioga e meditação. Para os que embarcam num método que vai do simplório ao sublime em questão de segundos, mesmo que em passos em câmera lenta, o método é um mergulho no silêncio que perdemos. Curioso e divertido.

Método de Marina Abramović ensina participantes a ouvir o silêncio. Disponível em: <http://entretenimento.uol.com.br/noticias/redacao/2015/03/10/metodo-de-marinaabramovic-ensina-participantes-a-ouvir-o-silencio.htm#fotoNav=4>. *Folhapress*

Leia o texto e responda.

1. Há palavras ou conceitos que você não conhece? Quais seriam? Circule no texto essas palavras e, em seguida, investigue seus significados e anote abaixo o que encontrou.

____

____

2. Qual é a intenção da artista ao criar o Método Abramović?

____

____

3. Na criação os artistas fazem uso de métodos e de técnicas diversificadas para materializar suas ideias coletivas ou individuas. Na *performance* não é diferente. O que você achou do método criado por Marina Abramović? Teria vontade de experimentá-lo? Por quê?

____

____

____

DIÁLOGOS

A Semana de Arte Moderna e o Modernismo na literatura brasileira

Uma marca importante dos coletivos artísticos atuantes hoje em dia é seu caráter político. Suas ações pretendem promover discussões sobre acontecimentos e atitudes presentes no cotidiano das pessoas ou fazê-las refletir a respeito do modo como atuam no espaço público. Dessa maneira, acreditam que o trabalho colaborativo e a criação em grupo podem ser estratégias eficientes para desencadear novas percepções sobre a arte e a cultura.

Em 1922, ano em que o Brasil comemorava o centenário de sua independência, um grupo de escritores, artistas e intelectuais já apostava nessa ideia. Para eles, a transformação social e cultural do Brasil só seria alcançada pelo engajamento coletivo. Influenciado pelos **movimentos de vanguarda** europeus do início do século XX, o grupo brasileiro liderado por Oswald de Andrade (1890-1954) e Mário de Andrade (1893-1945) organizou a Semana de Arte Moderna. O evento, que ocorreu nos dias 13, 15 e 17 de fevereiro de 1922, no Theatro Municipal de São Paulo, promoveu uma série de palestras, apresentações artísticas e exposições que visavam introduzir o país na modernidade artística.

Movimentos de vanguarda
Grupos artísticos que surgiram a partir do início do século XX e questionaram os modelos estéticos tradicionais propondo novos procedimentos artísticos, entre eles o Expressionismo, o Cubismo, o Futurismo, o Dadaísmo e o Surrealismo.

A Semana de Arte Moderna estendeu-se para além do evento em si e influenciou diversas linguagens artísticas. Na literatura brasileira, podemos afirmar que o movimento modernista teve duas fases: a primeira de 1922 a 1930 e a segunda de 1930 a 1945. Alguns autores reconhecem a produção literária de 1945 a 1960 como uma terceira fase do Modernismo, enquanto outros preferem denominá-la pós-modernista.

Coleção particular

1. René Thiollier. 2. Manuel Bandeira. 3. Mário de Andrade. 4. Manoel Vilaboin. 5. Francesco Pettinati. 6. Cândido Motta Filho. 7. Paulo Prado. 8. Não identificado. 9. Graça Aranha. 10. Afonso Schmidt. 11. Goffredo da Silva Telles. 12. Couto de Barros. 13. Tácito de Almeida. 14. Luís Aranha. 15. Oswald de Andrade. 16. Rubens Borba de Moraes.

Mário de Andrade, Oswald de Andrade, Menotti del Picchia (1892-1988), Raul Bopp (1898-1984), Manuel Bandeira (1886-1968) e Antônio de Alcântara Machado (1901-1935) são os escritores mais representativos da primeira fase do Modernismo brasileiro. Além das obras individuais caracterizadas pela presença de temas nacionais e pela valorização do homem brasileiro, o período foi marcado pelos manifestos artísticos, que são declarações públicas das ideias que direcionavam o movimento.

Veja o trecho inicial do Manifesto Antropofágico, escrito por Oswald de Andrade e divulgado em 1928 na *Revista de Antropofagia*, publicação fundada pelos modernistas.

> Só a antropofagia nos une. Socialmente. Economicamente. Filosoficamente.
> Única lei do mundo. Expressão mascarada de todos os individualismos, de todos os coletivismos. De todas as religiões. De todos os tratados de paz.
> *Tupi, or not tupi that is the question.*
> Contra todas as catequeses. E contra a mãe dos Gracos.
> Só me interessa o que não é meu. Lei do homem. [...] Lei do antropófago.
>
> Manifesto Antropofágico (1928), de Oswald de Andrade.

O título do manifesto foi inspirado no quadro *Abaporu* (1926), de Tarsila do Amaral. De origem tupi, *abaporu* significa "antropófago", o que devora carne humana e desse modo absorve as qualidades do inimigo. Era uma metáfora para dizer que a cultura brasileira precisava transformar as referências estrangeiras em algo genuinamente nacional.

Coleção Museo de Arte Latinoamericana de Buenos Aires - Fundación Constantini. Tarsila do Amaral Empreendimentos. Foto: Romulo Fialdini/Tempo composto

Tarsila do Amaral. *Abaporu*, 1928. Óleo sobre tela, 85 × 73 cm. Coleção Eduardo Costantini, Argentina.

A segunda fase do Modernismo (1930-1945) compreendeu a obra de diversos romancistas, entre eles Graciliano Ramos (1892-1953), Rachel de Queiroz (1910-2003), Jorge Amado (1912-2001), José Lins do Rego (1901-1957), Erico Verissimo (1905-1975), e poetas como Carlos Drummond de Andrade (1902-1987), Murilo Mendes (1901-1975), Jorge de Lima (1895-1953), Cecília Meireles (1901-1964) e Vinicius de Moraes (1913-1980). Nessa fase, que critica a realidade brasileira em contraponto ao ufanismo da primeira, os temas regionais e urbanos marcam os romances. Já a produção poética do período foi pautada pela inquietação social e religiosa, aliada à tentativa de se compreender o mundo.

Enquanto a primeira fase do Modernismo integrou escritores que estavam inseridos num movimento coletivo de renovação artística, a segunda fase reuniu escritores influenciados pela geração anterior, mas que, diferentemente deles, não lançaram manifestos nem se empenharam em ações colaborativas.

- Você já leu obras literárias do Modernismo brasileiro? Identifica nelas quais são as características do período? Acha que continuam atuais? Justifique.

___

___

A criação coletiva na música brasileira

A história da música popular brasileira é repleta de movimentos artísticos renovadores e resultantes do engajamento coletivo de artistas e produtores. O Tropicalismo e o Manguebeat são dois deles. Apesar das suas características próprias, há muitos elementos em comum entre eles, como a mistura entre itens da cultura *pop* internacional e da cultura popular brasileira, a fusão de ritmos musicais, a crítica social, a influência em outros campos da arte e, principalmente, a ideia de reunir artistas dispostos a uma criação colaborativa.

Você já ouviu algo sobre esses dois movimentos ou conhece artistas que fizeram parte deles?

O Tropicalismo

O Tropicalismo, movimento também conhecido como Tropicália, foi marcado pelo lançamento do disco coletivo *Tropicália ou Panis et Circencis*, no ano de 1968, que reuniu Caetano Veloso (1942-), Gilberto Gil (1942-), Tom Zé (1936-), Gal Costa (1945-), Nara Leão (1942-1989), Torquato Neto (1944-1972), Rogério Duprat (1932-2006) e a banda Os Mutantes (1966-1978).

Em pleno regime militar (1964-1985), os tropicalistas utilizaram o deboche e a ironia para contestar os valores conservadores da sociedade brasileira, como a família tradicional, o patriarcalismo e a moral religiosa. As letras das composições faziam críticas veladas à situação política do Brasil, e os arranjos musicais misturavam *rock*, baião, samba, bolero e até bossa nova. Equipamentos elétricos como a guitarra, até então rejeitada por ser estranha à tradição da música brasileira, conviviam com instrumentos considerados tradicionais, como o violão, o pandeiro e o triângulo.

A capa original do álbum *Tropicália* trazia Arnaldo Baptista, Caetano Veloso, Rita Lee, Sérgio Dias, Tom Zé, Rogério Duprat, Nara Leão (em fotografia), Gal Costa, Torquato Neto e Gilberto Gil segurando o retrato de Capinam. Capa de 1968.

Philips

Na capa recriada, é possível ver Gustavo Galo, Romulo Fróes, Naná Rizinni, Felipe Cordeiro, Rodrigo Campos, Helio Flanders, Nina Becker (em fotografia), Marcia Castro, Marcelo Jeneci e Emicida segurando o retrato de Guilherme Held. Capa de 2012.

Folhapress

O movimento tropicalista estendeu sua influência a diversas linguagens da arte, tendo marcado o cinema de Glauber Rocha (1939-1981), o teatro de José Celso Martinez Corrêa (1937-) e as obras visuais de Hélio Oiticica (1937-1980) e Lygia Clark (1920-1988). Tal influência ainda é percebida na música que se faz no Brasil. Pensando nisso, um jornal de grande circulação nacional resolveu recriar em 2012 a capa histórica com novos artistas, todos à época com participação recente no cenário da música brasileira.

Quais artistas presentes nas imagens você conhece? Como é a música que eles produzem? Aproveite a oportunidade para conhecer suas produções musicais.

Investigação

Sobre qual assunto visto no tema você gostaria de saber mais?

- Trabalho colaborativo na arte contemporânea.
- Movimentos artísticos do século XX.
- A linguagem do *happening* e da *performance*.
- As linguagens artísticas na Semana de Arte Moderna.
- Escritores do Modernismo brasileiro.
- Tropicalismo ou a produção atual dos artistas vinculados ao movimento tropicalista.
- A produção atual do movimento Manguebeat.
- A linguagem do *design* gráfico.

Confira se mais pessoas da turma se interessaram pelo tema que você escolheu, e, juntos, investiguem e apresentem os resultados para a turma.

Trajetórias

Aproveite a reflexão realizada sobre o *design* gráfico com base nas capas dos discos da banda Chico Science & Nação Zumbi (em suas duas fases) e proponha uma ilustração para o assunto que mais gostou de ter visto no tema. Explore as linhas, as cores, as texturas e a relação entre a figura e o fundo da sua imagem. Para finalizar, dê um título à criação.

Vicente Mendonça

Sempre atento!

1. Enem 2013

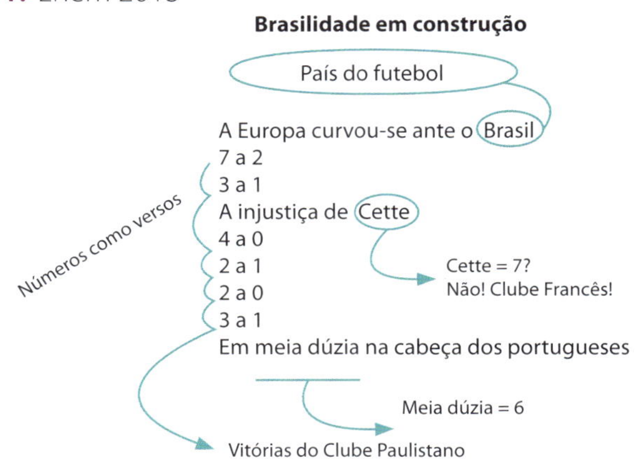

MUSEU DA LÍNGUA PORTUGUESA. *Oswald de Andrade*: o culpado de tudo. 27 set. 2011 a 29 jan. 2012. São Paulo: Prof. Gráfica. 2012.

O poema de Oswald de Andrade remonta à ideia de que a brasilidade está relacionada ao futebol. Quanto à questão da identidade nacional, as anotações em torno dos versos constituem

a. direcionamentos possíveis para uma leitura crítica de dados histórico-culturais.

b. forma clássica da construção poética brasileira.

c. rejeição à ideia do Brasil como o país do futebol.

d. intervenções de um leitor estrangeiro no exercício de leitura poética.

e. lembretes de palavras tipicamente brasileiras substitutivas dos originais.

2. Enem 2013

Mesmo tendo a trajetória do movimento interrompida com a prisão de seus dois líderes, o tropicalismo não deixou de cumprir seu papel de vanguarda na música popular brasileira. A partir da década de 70 do século passado, em lugar do produto musical de exportação de nível internacional prometido pelos baianos com a "retomada da linha evolutória", instituiu-se nos meios de comunicação e na indústria do lazer uma nova era musical.

TINHORÃO, J. R. *Pequena história da música popular*: da modinha ao tropicalismo. São Paulo: Art, 1986 (adaptado).

A nova era musical mencionada no texto evidencia um gênero que incorporou a cultura de massa e se adequou à realidade brasileira. Esse gênero está representado pela obra cujo trecho da letra é:

a. A estrela d'alva / No céu desponta / E a lua anda tonta/ Com tamanho esplendor. (*As pastorinhas*, Noel Rosa e João de Barro)

b. Hoje / Eu quero a rosa mais linda que houver / Quero a primeira estrela que vier / Para enfeitar a noite do meu bem. (*A noite do meu bem*, Dolores Duran)

c. No rancho fundo / Bem pra lá do fim do mundo / Onde a dor e a saudade / Contam coisas da cidade. (*No rancho fundo*, Ary Barroso e Lamartine Babo)

d. Baby Baby / Não adianta chamar / Quando alguém está perdido / Procurando se encontrar. (*Ovelha negra*, Rita Lee)

e. Pois há menos peixinhos a nadar no mar / Do que os beijinhos que eu darei / Na sua boca. (*Chega de saudade*, Tom Jobim e Vinicius de Moraes)

3. UEL-PR 2010

Podemos dizer que as origens da *Pop Art* remetem ao Dadaísmo, uma vez que a apropriação de produtos industrializados na execução dos trabalhos artísticos era frequente. O artista dadaísta Raoul Hausmann, por exemplo, usava embalagens de produtos comerciais em suas colagens. O imaginário fantasmagórico de Max Ernst foi construído com recortes de ilustrações populares.

(Adaptado de: HONNEF, K. *Pop Art*. Alemanha: Paisagem, 2004. p. 15.)

Nesse contexto, assinale a alternativa correta.

a. O caráter de apropriação dos elementos da cultura popular para os artistas Pop se aproximava do Dadaísmo por imitação, na tentativa de releitura dos trabalhos de Dadá.

b. Artistas Pop como Roy Lichtenstein, ao utilizarem a tira de quadrinhos – elemento da cultura popular – em grande escala, faziam crítica irônica ao Dadaísmo, uma vez que este era descomprometido política e culturalmente e com trabalhos que se voltavam sobre sua própria construção formal.

c. Embora o Dadaísmo esteja na origem da *Pop Art*, as diferenças ficam evidentes à medida que se nota a relação harmônica de Dadá com a tradição da pintura neoclássica, enquanto os artistas Pop eram essencialmente experimentalistas.

d. Há uma distinção muito clara nas intenções dos dois movimentos, dado o fato de que a *Pop Art* utiliza-se da linguagem popular de forma despretensiosa, sem críticas, e o Dadaísmo é uma crítica ácida, entre outras coisas, ao "bom gosto" burguês.

e. Apesar da aproximação formal da *Pop Art* com Dadá, o artista Dadaísta Marcel Duchamp fazia crítica a ela por seu caráter "retiniano", ou seja, devido aos apelos puramente visuais e decorativos.

4. UEL-PR 2010

Leia o texto a seguir:

> A "Arte *Performance*", nos anos 60, instaura-se pela entrada de um sujeito na cena, criador e criatura, autor e *persona* [...]. Essas ações se dão por operações [...] do corpo na cena (*Body Art*), um corpo que se corta, se dobra [...]: as mulheres xifópagas de Tunga, entre outros exemplos, criam presenças corporais, onde o artista é a própria mídia e materialização de sua obra.
>
> (Adaptado de: Programa de semiótica: máquina futurista. Disponível em: <www.pucsp.br/cos-puc/budetlie/index.html>; RENATO C. Projeto ka: <www.iar.unicamp/projka/> -Renato Cohen: <www.aliennationcompany.com -Johannes Birringer> -VESPUCCI. Acesso em: 18 out. 2009.)

Com base no texto, considere as afirmativas a seguir:

I. Nesse contexto contemporâneo a experimentação reforça os paradigmas da representação, aliando-se aos espaços da cena (edifícios-teatro, museus).

II. A *performance* instala-se como arte híbrida, ambígua, oscilando entre a plena materialidade dos corpos e a fugacidade dos conceitos.

III. Essas novas arenas da *performance* reafirmam espaços dramáticos sustentados pela repetição e reiteração de textos.

IV. A cena da *performance* tem, portanto, sua gênese e sua potência numa das questões fundamentais da cena moderna: a ruptura com a representação.

Assinale a alternativa correta.

a. Somente as afirmativas I e II são corretas.

b. Somente as afirmativas II e IV são corretas.

c. Somente as afirmativas III e IV são corretas.

d. Somente as afirmativas I, II e III são corretas.

e. Somente as afirmativas I, III e IV são corretas.

5. UFRGS 2012

Observe a figura abaixo:

Coleção Museo de Arte Latinoamericana de Buenos Aires - Fundación Constantini. Tarsila do Amaral Empreendimentos. Foto: Romulo Fialdini/Tempo composto

A Semana de Arte Moderna, realizada em São Paulo em 1922, representou um marco na cultura brasileira. Tarsila do Amaral trouxe a público, em 1928, a obra o *Abaporu*, que passou a ser representativa do Manifesto Antropofágico.

Esse manifesto:

a. defendia a migração de europeus para diminuir a importância dos brasileiros.

b. propunha a "deglutição" da cultura europeia remodelada e devidamente enraizada à terra brasileira, sintetizada na conhecida frase "Tupi or nor tupi, that's the question".

c. exalava a cultura europeia e o transplante cultural e artístico do Velho para o Novo Mundo.

d. valorizava a presença da cultura estrangeira no Brasil e também a manutenção de padrões arcaicos.

e. justificava a mentalidade subserviente e o sentimento de inferioridade do brasileiro em relação aos europeus.

Para aprofundar os temas

Filmes

Tropicália
Brasil, 2012. Direção: Marcelo Machado. Duração: 87 min.

Por meio de depoimentos e imagens de arquivo, o filme conta a história do movimento tropicalista, o impacto na cultura da década de 1960 e as reverberações no cenário artístico contemporâneo.

Pollock
EUA, 2000. Direção: Ed Harris. Duração: 122 min.

O filme retrata a ascensão do artista estadunidense Jackson Pollock em seu país de origem. Seu sucesso foi tão grande que a revista *Life* chegou a considerá-lo na época o mais importante artista do país. Entretanto, a fama e o sucesso financeiro não impediram que problemas emocionais acabassem dificultando sua vida pessoal e sua carreira.

Marina Abramović: artista presente
EUA, 2012. Direção: Matthew Akers. Duração: 106 min.

No ano de 2010 o MoMa – Museu de Arte Moderna de Nova York promoveu a exposição *A artista está presente*, uma retrospectiva dos 40 anos de carreira da artista Marina Abramović. No documentário é possível acompanhar os preparativos e o dia a dia da *performance* homônima realizada durante os meses em que a mostra ficou em cartaz. Ao longo do filme é possível conhecer as ideias, a história e algumas obras emblemáticas realizadas pela artista, sozinha ou em parceria com Ulay, seu antigo parceiro artístico e afetivo. Uma ótima oportunidade para aprofundar a compreensão da linguagem da *performance* e da arte contemporânea.

Uma noite em 67
Brasil, 2010. Direção: Ricardo Calil, Renato Terra. Duração: 93 min.

Registra a final do III Festival da Música Popular Brasileira da TV Record, em 21 de outubro de 1967. Utiliza imagens históricas e atuais para desenhar o cenário político e cultural brasileiro do período. Músicos importantes, como Chico Buarque de Holanda, Caetano Veloso, Gilberto Gil, Mutantes, Roberto Carlos, Edu Lobo e Sérgio Ricardo aparecem em apresentações que se tornaram célebres na história da música brasileira.

Livros

AZEVEDO, Wilton. *O que é* design. São Paulo: Brasiliense, 2008. (Coleção Primeiros Passos.)

De forma clara, o livro apresenta o conceito de *design* e seu surgimento como área autônoma, detalhando sua relação com o desenho, com a produção industrial e a arte aplicada, com a linguagem do *design* gráfico, o de ambientes e o digital, e dialogando com a história da cultura e a das artes do século XX.

WILLIAMS, Robin. Design *para quem não é* designer: noções básicas de planejamento visual. São Paulo: Callis, 2005.

O livro apresenta conceitos básicos do *design* gráfico a leitores que não conhecem muito o assunto. A proposta é explicar de maneira fácil, mas sem perder o rigor técnico, as principais noções necessárias ao desenvolvimento do *design* gráfico e eletrônico.

Sites

BijaRi
<www.bijari.com.br/>

Página em que o Coletivo BijaRi oferece informações sobre as intervenções artísticas e os projetos de *design* que desenvolvem. É possível conferir imagens e vídeos sobre as criações.

Poro
<http://poro.redezero.org/>

O Coletivo Poro disponibiliza na página oficial vídeos, fotos e textos críticos sobre suas ações artísticas como também imagens que podem ser baixadas para propagar as intervenções propostas pelo coletivo.

Chelpa Ferro
<www.chelpaferro.com.br>

Site oficial do Coletivo Chelpa Ferro. Disponibiliza informações, imagens e textos críticos sobre sua produção.

Tarsila do Amaral
<http://tarsiladoamaral.com.br>

Site oficial dedicado à artista brasileira Tarsila do Amaral, que oferece subsídios para se compreender a poética da pintora. Traz também informações sobre sua carreira e obras, além de atividades pedagógicas.

Museu de Arte Contemporânea da USP
<www.mac.usp.br/>

Criado em 1963, a partir das coleções de arte de Yolanda Penteado e Ciccillo Matarazzo, possui rico acervo de obras pertencentes ao Modernismo brasileiro e ao internacional.

Nam June Paik
<www.paikstudios.com>

A página em inglês do estúdio do artista Nam June Paik apresenta imagens de seus projetos, assim como vídeos que ajudam o visitante a compreender a proposta de algumas obras criadas com a linguagem da videoarte.

Marina Abramović
<www.mai-hudson.org>

Localizado na cidade de Nova York, nos Estados Unidos, o Marina Abramović Institute (MAI) é uma plataforma dedicada à arte imaterial e a obras de longa duração, incluindo a *performance*, a dança, o teatro, o cinema, a música, a ópera, a ciência e a tecnologia, assim como a arte colaborativa. O *site* em inglês oferece informações, imagens e vídeos tanto do trabalho de Marina Abramović quanto de outros artistas que desenvolvem ações no instituto.

Nação Zumbi
<www.nacaozumbi.com.br>

Site oficial da banda Nação Zumbi em que é possível obter informações sobre o trabalho desenvolvido pelo grupo e escutar músicas de seus discos.

Acessos em: 6 mar. 2016.

TEMA 9

NOVOS TERRITÓRIOS DA ARTE E DA CULTURA

Neste tema, você irá:

- Compreender o impacto da tecnologia e das novas mídias na cultura.
- Identificar as diferentes linguagens artísticas surgidas com a tecnologia: arte imersiva, videoarte, videodança e instalação sonora.
- Conhecer o conceito de obras híbridas.
- Interpretar e experimentar os recursos expressivos das linguagens artísticas.
- Aplicar as tecnologias da informação e da comunicação na escola.
- Compreender o conceito de hipermídia.
- Conhecer o trabalho do *designer* de *games*.
- Identificar o trabalho pioneiro de Merce Cunningham no uso da tecnologia na dança.
- Identificar o *cosplay*, o mangá, o *anime* e os jogos eletrônicos como elementos da cultura *pop*.
- Compreender o conceito de indústria cultural.
- Identificar a *performance* New Look, de Flávio de Carvalho, como referência para as relações de conexão entre moda e cultura no Brasil.
- Refletir sobre a linguagem da moda e sobre suas relações com a arte, por meio das criações de Jum Nakao.

Christin Marczinzik e Thi Binh Minh Nguyen

Christin Marczinzik e Thi Binh Minh Nguyen. *Swing*, 2015. Instalação. Festival Internacional de Linguagem Eletrônica (FILE), São Paulo (SP).

Toda imagem é uma memória de memórias, um grande jardim de arquivos declaradamente vivos.

Etienne Samain.
Como pensam as imagens.
Campinas: Ed. da Unicamp, 2012. p. 23.

Swing, 2015, imagem digital da instalação.

Christin Marczinzik e Thi Binh Minh Nguyen

A arte e a cultura são territórios que estão sempre em transformação. Ao mesmo tempo que dialogam com o passado e com as diversas manifestações artísticas consagradas pela História, elas estão voltadas para o novo, antenadas com o que há de mais moderno e inovador na sociedade. O vídeo, os recursos tecnológicos, os dispositivos digitais, o *design*, a moda e os quadrinhos são territórios cada vez mais presentes na criação, ampliando nossa percepção sobre o objeto artístico e expandindo os campos da arte.

Você já pensou como esses territórios modificaram a criação artística e a relação entre o público e a obra de arte? Além de pincéis, tintas e telas, os artistas contemporâneos têm à sua disposição computadores, alto-falantes, iluminação e tecnologia 3D, sem contar que utilizam esses novos suportes de modo expressivo para estimular o público a ter novas percepções, como é o caso da instalação *Swing* (2015), das artistas Christin Marczinzik (1988-) e Thi Binh Minh Nguyen (1987-).

Você já pensou como seria se uma obra virtual lhe possibilitasse tomar um chá com a Mona Lisa? Se pudesse criar um ambiente imersivo com base em uma obra de arte ou imagem de que gosta, como ele seria? Quais sentimentos e percepções você teria vontade de despertar no público?

Na obra, as pessoas são convidadas a sentar num balanço, colocar óculos 3D e experimentar um espaço tridimensional virtual repleto de imagens, que se transformam de acordo com a velocidade do balanço. A instalação projeta aquarelas, técnica de pintura que utiliza pigmentos diluídos em água, animadas digitalmente, criando um ambiente imersivo em que estímulos gerados por computadores proporcionam ao público a sensação de estar presente na imagem.

Obras híbridas

Se durante muito tempo uma visita a museus ou a galerias consistia principalmente na experiência do olhar, hoje muitas obras estimulam outros modos de entrar em contato com a arte. O tocar, o sentir, o ouvir ou o interagir provocam reações no público que vão além da contemplação. Nesse contexto, as criações híbridas – chamadas dessa maneira por causa da mistura de linguagens – se fazem muito presentes.

Para materializar suas ideias, os artistas se apropriam de vocabulários artísticos diversos, como vemos nas criações do casal Janet Cardiff (1957-) e George Bures Miller (1960-).

Desde a década de 1990, esse casal utiliza tecnologia de ponta em suas criações. Articulando múltiplas linguagens, criaram obras como *The murder of crows* (O assassinato dos corvos, 2008), instalação sonora que usa 98 alto-falantes para narrar um sonho e suas inúmeras situações estranhas. Sentado em cadeiras de madeira, o público é convidado a fechar os olhos e acompanhar durante 30 minutos uma gravação que intercala texto, música e sons diversos que despertam a percepção auditiva. Os sons e a narração criam imagens e sensações que provocam uma experiência na qual ficção e realidade se confundem.

Os alto-falantes são programados individualmente e muitas vezes distribuem sons diferentes pelo espaço, preservando a fidelidade sonora. Isso faz com que as pessoas, por meio da escuta, tenham uma experiência de imersão no sonho narrado. Sons do mar ou do vento vão preenchendo aos poucos o ambiente, dando a sensação de que as ondas ou os vendavais se aproximam do público. O estímulo é tão rico que muitas pessoas balançam o corpo na cadeira como se fossem levadas pelo vento.

Janet Cardiff e George Bures Miller. *The murder of crows*, 2008. Instalação com alto-falantes, amplificadores, computador e diversos outros materiais. Instituto Inhotim, Brumadinho (MG).

Já a artista espanhola Cristina Lucas (1973-) explora a fusão entre o vídeo e a pintura. A videoarte é uma linguagem híbrida por excelência, que manipula recursos da imagem fixa, como é o caso da pintura, com a imagem em movimento. A obra *La Liberté raisonnée* (A Liberdade racional, 2009) é um vídeo de quatro minutos em que a artista dá vida à pintura *A Liberdade guiando o povo* (1830), do pintor francês Eugène Delacroix (1798-1863). A mulher que carrega as três cores francesas é uma **alegoria** da liberdade e da própria França. O quadro foi pintado para celebrar a Revolução de 1830, levante de caráter popular que forçou a abdicação de Carlos X.

Alegoria
Método utilizado nas artes visuais e na literatura para representar pensamentos, ideias ou sentimentos de forma figurada.

A tela possui caráter político, pois destaca uma figura feminina como líder e sugere a reunião das diversas classes sociais em defesa de um objetivo comum. A obra de Cristina Lucas dá continuidade a esse viés, mas lança novos questionamentos: a sociedade oferece as mesmas oportunidades para homens e mulheres? Vê com naturalidade a mulher em posição de liderança? É possível juntar pessoas com interesses diferentes em defesa de uma mesma causa?

A obra não procura dar respostas, mas lançar questões que suscitem pensamentos e reflexões. Com esse objetivo, a criação de Cristina Lucas inventa um antes e um depois para a tela de Delacroix e dá outro fim para a mulher que personifica a liberdade. Se na tela original ela é imortalizada em sua altivez e força, no vídeo da artista ela sucumbe em câmera lenta ao desejo de poder da multidão.

Cristina Lucas

Cristina Lucas. *La Liberté raisonnée* (A Liberdade racional), 2009. Vídeo HD, 4".

A alegoria é uma figura de linguagem e pensamento muito presente na arte e na cultura. Do passado aos tempos atuais, podemos percebê-la em diversas manifestações artísticas e literárias. Você reconhece algumas delas? Quais? O que elas querem transmitir?

Percursos de criação

Alegorias da cultura

Algumas pessoas acreditam que símbolo e alegoria são a mesma coisa. Entretanto, há diferenças entre esses dois conceitos. Enquanto no primeiro a relação entre a imagem e o significado é direta e clara, tal como ocorre com os símbolos religiosos ou com aqueles relacionados à pátria, na alegoria essa relação é resultado de uma construção do artista. Para serem compreendidas, as alegorias precisam ser decifradas.

Com base na conversa tida em aula, explore o poder de comunicação dessa figura de linguagem. Crie uma imagem alegórica para conceitos ou sentimentos como sabedoria, persistência, inovação, amor, amizade. Depois, apresente a imagem aos colegas e perceba se eles conseguem interpretar as alegorias que você criou.

DIÁLOGOS

A Revolução Francesa

Eugène Delacroix foi o maior nome do Romantismo na França. Surgido na transição entre os séculos XVIII e XIX, o movimento romântico é resultado dos abalos sociais e políticos que a Europa enfrentou em consequência da Revolução Industrial e da Revolução Francesa. A mudança dos sistemas produtivos, o questionamento sobre as formas de governo e o fortalecimento de novas classes sociais fez com que muitos artistas criassem obras que valorizassem a cultura nacional e a ação do povo como agente histórico.

As pinturas grandiosas de Delacroix tornaram-se símbolo da agitação política que se sucedeu à Revolução Francesa, movimento ocorrido entre 1789 e 1799 com o objetivo de derrubar o Antigo Regime, marcado pelo Absolutismo, em favor de um Estado democrático. Influenciada pelas ideias iluministas, que defendiam direitos iguais para todos os cidadãos, independentemente de sua classe social, a Revolução Francesa tinha como lema o ideal de "Liberdade, Igualdade e Fraternidade".

A tomada da Bastilha, em 14 de julho de 1789, foi o evento que marcou o início da Revolução Francesa. Utilizado pela monarquia como prisão de intelectuais e opositores, o prédio era o símbolo da falta de liberdade e do poder autoritário do rei Luís XVI. A Revolução Francesa foi um processo longo, que passou por diversas fases. Entretanto, mesmo depois da queda da monarquia, da instauração da Assembleia Constituinte e Legislativa e da aprovação da primeira Constituição francesa, os ânimos políticos ainda continuavam agitados. Tanto que em 9 de novembro de 1799 o golpe de Estado, intitulado 18 Brumário, pôs fim à Revolução Francesa e deu início à era napoleônica.

Museu do Louvre, Paris

Eugène Delacroix. *A Liberdade guiando o povo*, 1830. Óleo sobre tela, 2,60 × 3,25 m.

A obra *A Liberdade guiando o povo* (1830) retrata justamente o período posterior à queda de Napoleão Bonaparte (1769-1821). Com Carlos X no poder, a monarquia novamente se fortaleceu. Retomando os ideais da Revolução Francesa, a burguesia se uniu a outras classes sociais para derrubar o rei.

Eugène Delacroix, fazendo eco ao estilo romântico do período, destacou elementos nacionais e de luta em sua obra, como a bandeira de três cores criada no período da Revolução Francesa e que durante o reinado de Carlos X tinha sido substituída por uma inteiramente branca. Realçou também o barrete vermelho, espécie de touca utilizada pelos revolucionários durante a Queda da Bastilha e que na pintura aparece na cabeça da mulher. E representou o povo com armas em punho. O menino ao lado da "Liberdade" simbolizava um novo futuro para a França.

- O quadro pintado por Delacroix se tornou uma das imagens mais marcantes da história da França. Se pensarmos um pouco nos lembraremos de outras obras ou artistas que podem ser associados a momentos cruciais da história. Você se lembra de obras que fazem menção a eventos históricos brasileiros? Quais? Como esses eventos foram representados? Anote.

Plano aberto
Enquadramento cinematográfico no qual a câmera fica distante do objeto filmado, possibilitando a visualização de toda a paisagem ou de toda a ambientação.

As tecnologias na dança

As experiências que envolviam o vídeo e a imagem gravada chegaram à dança na década de 1970, pois anteriormente esses recursos eram utilizados somente para registro de coreografias e de espetáculos de dança. O estadunidense Merce Cunningham (1919-2009) foi um dos primeiros coreógrafos a utilizar o vídeo como linguagem artística. Ele desenvolveu coreografias que, em vez de serem levadas ao palco, eram criadas especialmente para o vídeo, dando início a uma nova linguagem híbrida, a videodança.

Westbeth, lançada em 1975, foi a primeira videodança criada por Merce Cunningham com a colaboração do diretor e videoartista Charles Atlas (1949-). Juntos, eles criaram até o início da década de 1980 diversos trabalhos. A obra consiste em um vídeo dividido em seis cenas, em que os bailarinos dançam uma coreografia que não pode ser percebida na sua integridade. Em cada cena, temos acesso apenas a partes do corpo dos intérpretes ou a movimentos específicos da coreografia. Somente na última cena, com um **plano aberto**, é possível vislumbrar o espaço e o conjunto coreográfico. A ideia era explorar na dança características pertencentes à linguagem da televisão, como a edição de imagens e a percepção de tempo e espaço.

A tecnologia e a experimentação sempre estiveram presentes nas criações do coreógrafo, como atestam os diversos trabalhos realizados com a Companhia de Dança Merce Cunningham. Fundada em Nova York em 1953, com a colaboração do compositor John Cage (1912-1992), a companhia foi fundamental para a renovação da dança nos Estados Unidos e teve influência decisiva em artistas de outros países.

Em suas aulas e composições, John Cage procurava incorporar os ruídos eletrônicos, os sons do meio e o silêncio, que se tornaria o elemento central de sua obra. O poeta do silêncio, título popularmente associado ao artista, propunha uma nova maneira de fazer e de ouvir música. Avesso à tradição, procurava criar novos sons, harmonias, melodias e ritmos apropriando-se de sons produzidos tanto por instrumentos musicais quanto por acessórios de metal e de madeira ou por objetos do cotidiano.

Jack Mitchell/Getty Images

O coreógrafo Merce Cunningham, com a câmera na mão, acompanha a *performance Westbeth*, em 1975, em Nova York, Estados Unidos.

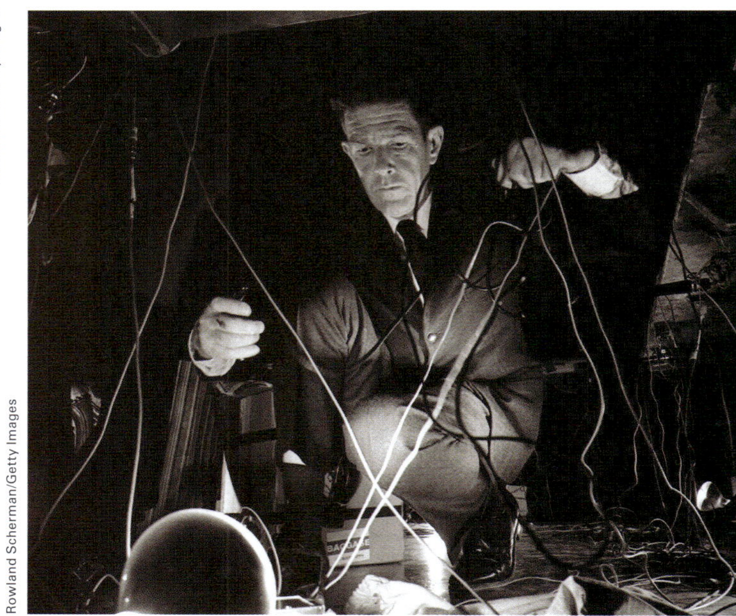
Rowland Scherman/Getty Images

O compositor John Cage durante concerto na Fundação Nacional das Artes, em Washington, Estados Unidos, 1966.

O diálogo que Cage propunha entre as linguagens artísticas foi fundamental para a parceria que estabeleceria com Merce Cunningham. Ambos defendiam uma arte distanciada da narratividade, ou seja, aquelas composições musicais ou coreográficas que tinham enredos e histórias como fio condutor e propunham criações não narrativas nas quais o acaso e a improvisação estivessem presentes.

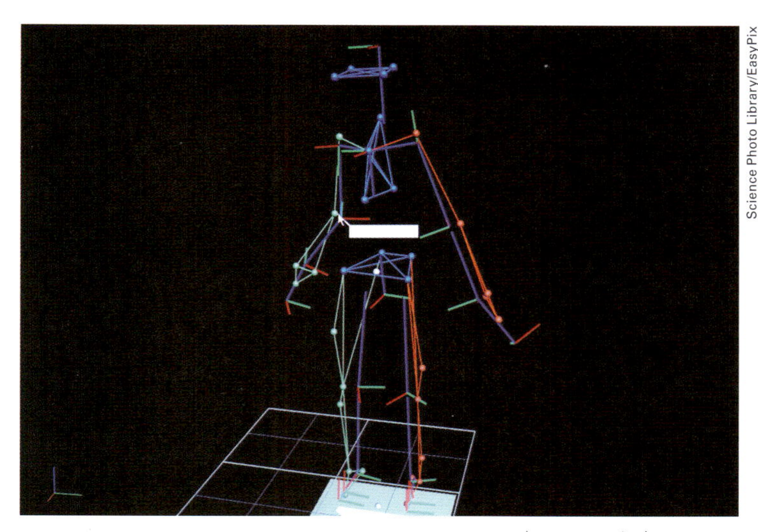

Science Photo Library/EasyPix

Imagem criada a partir de câmeras de monitoramento do corpo de um atleta.

Uma marca das coreografias era a independência entre sons, movimentos e cenários. Muitas vezes, John Cage e Cunningham só saberiam no palco o que cada um criou, na hora da estreia do espetáculo. Por isso, o acaso se tornaria um elemento central no processo criativo da companhia.

Para Merce Cunningham, o que deveria mover os bailarinos era a expressão do corpo no espaço, a valorização do movimento em si mesmo. Assim, em suas coreografias os bailarinos não tinham nem na dramaturgia nem na música o suporte para seus movimentos, algo inédito na dança.

Em 1999, a Companhia de Dança Merce Cunningham estreou a coreografia *Biped*. Nela, os bailarinos interagiam com imagens digitais de seus próprios corpos com o uso da tecnologia de animação chamada *mocap*, que permite a captura de movimentos. A técnica consiste em colocar diversos sensores no corpo da pessoa que terá seu movimento capturado, os quais são interligados a um complexo sistema operacional que mapeia e transforma os movimentos executados em gráficos 3D.

Na mesma coreografia, Merce Cunningham também utilizou o *software* Dance Designer, que possibilita a criação de sequências coreográficas utilizando um repertório fixo de movimentos. Ele permite ao coreógrafo organizar a coreografia em solos, duos, trios, grupos e ter a percepção de como o trabalho ficará antes mesmo do início dos ensaios. O *software* também é utilizado para documentar a coreografia, facilitando o trabalho dos coreógrafos em caso de remontagem do trabalho.

Wally Skalij/Los Angeles Times/Getty Images

Biped, 1999, pela Companhia de Dança Merce Cunningham. Coreografia de Merce Cunningham com música de Gavin Bryars, em Glendale, Estados Unidos, 2015.

Na videodança *Asphyxia* (2015), criada por Maria Takeuchi e Frederico Phillips (1980-), os artistas também fizeram uso da tecnologia de captura de movimento. Graças à evolução desses recursos tecnológicos o resultado alcançado é ainda mais surpreendente do que aquele obtido por Merce Cunningham em 1999. Eles utilizaram os sensores de baixo custo chamados Kinect Xbox One, um *software* presente em diversos jogos eletrônicos, para capturar os movimentos da bailarina Shiho Tanaka. Entretanto, após a digitalização dos pontos, os criadores se apropriaram das mais sofisticadas ferramentas 3D para conseguir o efeito visto na obra, em que o corpo da bailarina é formado por linhas, pontos e nós, que se transformam de acordo com os movimentos executados.

Maria Takeuchi e Frederico Phillips

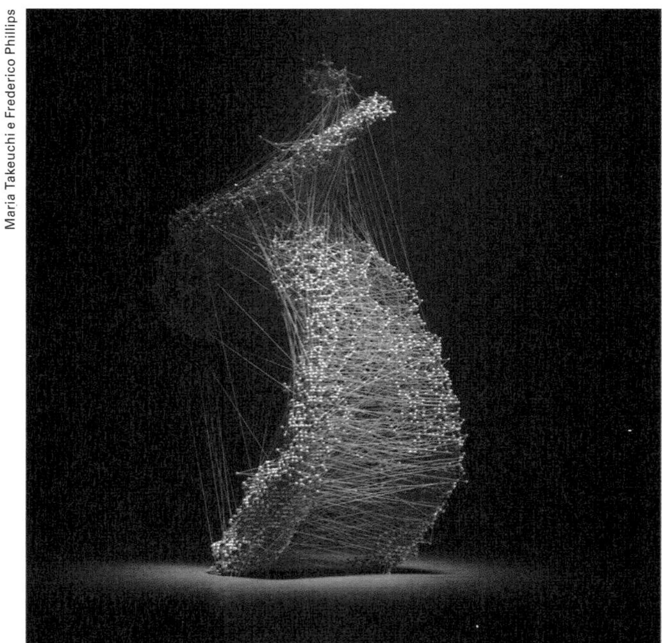

Maria Takeuchi e Frederico Phillips

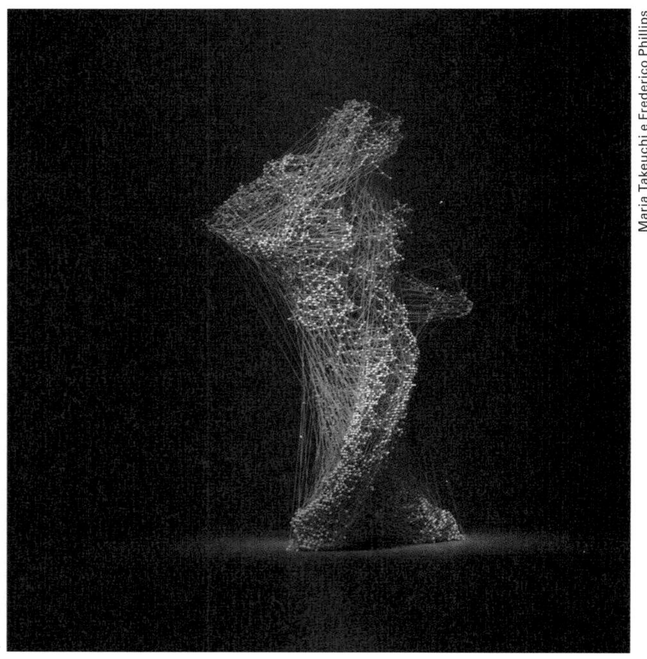

Maria Takeuchi e Frederico Phillips

Maria Takeuchi e Frederico Phillips. *Asphyxia*, 2015, Vídeo experimental que manipula a *performance* de Shiho Tanaka.

Percursos de criação

Videodança

Ao contrário de outros coreógrafos, Merce Cunningham não estruturava suas danças a fim de contar histórias nem estabelecia vínculos com a música. Seu interesse consistia em experimentar o movimento em si mesmo. Suas coreografias eram estruturadas tendo em mente a relação do movimento dos bailarinos com o tempo e o espaço. Quando criava suas videodanças, não procurava contar pequenas histórias, mas refletir sobre como a tecnologia alterava a percepção das pessoas sobre o movimento.

E você? Já parou para pensar em como a gravação em vídeo de um detalhe executado pelo corpo pode mudar nossa maneira de olhar para ele? Em como gestos e movimentos simples do dia a dia quando retirados do seu contexto e amplificados pelas imagens criam novas significações?

Jack Mitchell/Getty Images

O coreógrafo Merce Cunningham, em 1975.

- Em duplas ou em trios e com a ajuda de um aparelho digital, gravem algumas dessas ações, escolham uma trilha sonora e criem um vídeo de um minuto para ser apresentado para a sala.

Vicente Mendonça

O *design* de *games*

A popularização da tecnologia ajudou a consagrar a hipermídia e os jogos eletrônicos como ferramentas frequentes no cotidiano das pessoas, principalmente dos jovens. A hipermídia é um sistema que permite ao usuário ter acesso simultâneo a textos, imagens e sons de modo interativo e não linear, como acontece na internet, em aplicativos digitais, no cinema 3D, na televisão inteligente e nos jogos eletrônicos.

O impacto dos *games* na cultura é tão grande que eles deixaram de ser vistos apenas como entretenimento. Além de influenciar a criação artística, foram adaptados para outras funções, como os jogos educativos, na área da educação, ou simulações específicas que colaboram para a formação profissional, como cirurgias, na área da Medicina. Simuladores de condução de automóveis também usam com frequência essa tecnologia.

O crescimento no consumo de jogos eletrônicos fez surgir uma nova área de criação, o *design* de *games*. Pelo fato de essa atividade ser uma hipermídia, são necessários vários profissionais para a criação de um jogo eletrônico, como o roteirista, o programador, o ilustrador, o animador e o diretor de efeitos de áudio e de imagem. Muitos elementos devem ser levados em consideração pela equipe, como o roteiro, ou seja, a história, que definirá se o *game* será de ação, de terror ou infantil.

Com base no roteiro, são definidas as regras e a quantidade de jogadores necessários. Também cabe à equipe desenhar os personagens e os cenários, criar os recursos gráficos e desenvolver programas e sistemas de computador que permitam o uso dos jogos nas diversas plataformas.

Thomas Peter/Reuters/Latinstock

Um *designer* de *games* trabalhando numa empresa de jogos em Berlim, na Alemanha, em 2013.

DIÁLOGOS

Jogos sustentáveis

Em 2004, em Nova York, foi instituído o festival Games for Change (Jogos pela Mudança), dedicado à criação e à popularização de jogos eletrônicos que incentivam o desenvolvimento sustentável e a responsabilidade social. Também conhecido como G4C, o festival Games for Change tem, desde 2011, uma versão latino-americana, realizada no Brasil.

A busca pela sustentabilidade parte da constatação de que os recursos naturais são finitos e precisam ser utilizados de forma consciente. Assim, ações sustentáveis são aquelas que suprem as necessidades atuais sem comprometer os recursos para as gerações futuras. Com essa visão em mente, muitos jogos oferecem o acesso, de modo lúdico, a conhecimentos a respeito da sustentabilidade, como acontece com o jogo *on-line* PVC Game, que permite ao internauta gerenciar uma indústria de PVC, sigla inglesa para o policloreto de vinil, plástico utilizado para a confecção de canos, fios, embalagens e garrafões de água mineral. No *game*, o jogador é estimulado a vencer desafios e as etapas que envolvem a extração da matéria-prima, a industrialização, o ciclo de vida e a reciclagem do PVC, além de tomar decisões relacionadas aos diversos aspectos de uma indústria, como os econômicos, os sociais e os ambientais.

Conheça o PVC Game, acesse o *site* do jogo. Disponível em: <www.institutodopvc.org/pvcgame>. Acesso em: 6 dez. 2015

Instituto do PVC

PVC Game, jogo *on-line* brasileiro que incentiva a sustentabilidade e a responsabilidade social.

- Depois de conhecer o jogo, anote suas impressões e explique se, em sua opinião, ele alcança o objetivo proposto. Ou seja, é possível compreender a sustentabilidade nos processos de produção do PVC?

____

____

____

Jovens de Alagoas criam *app* de tradução para língua de sinais

Estêvão Bertoni
Enviado especial a Maceió
3/12/2014 05H00

O trio já se arriscou na música. Ronaldo Tenório, 28, tocou bateria, e Thadeu Luz, 31, violão, em suas respectivas bandas. Carlos Wanderlan, 32, além de ter sido dono de um estúdio, já foi responsável pela logística dos *shows* do grupo de pagode do irmão.

Hoje, eles buscam atender a outro público, formado por quem convive com o silêncio.

Os três rapazes de Maceió (AL) são sócios da Hand Talk, cujo principal produto é um aplicativo gratuito que traduz o português para a Libras (Linguagem Brasileira de Sinais) por meio de Hugo, um personagem animado em 3D.

O funcionamento do *app* é simples: o usuário digita até 140 caracteres ou fala algo no microfone do celular. Hugo, com suas mãos grandes e braços compridos, reformula o recado na língua de sinais.

Em fevereiro do ano passado, antes mesmo de ser lançado, foi escolhido – entre 15 mil concorrentes de mais de cem países – o melhor aplicativo de inclusão social do mundo pela ONU (Organização das Nações Unidas). O trio recebeu o prêmio, chamado WSA-Mobile, em Abu Dhabi (Emirados Árabes Unidos).

Desde 3 de julho de 2013, quando foi lançado, já foram mais de 180 mil *downloads*, e há potencial para ir além. Segundo o último censo do IBGE, de 2010, existem no Brasil dez milhões de surdos.

Seis anos atrás, ao ter a ideia do projeto, Ronaldo não conhecia nenhum deficiente auditivo. Então estudante de publicidade, ele decidiu pesquisar sobre esse público após um professor pedir no primeiro dia de aula que os alunos criassem um produto. Suspeitava que havia pouca tecnologia para a acessibilidade dos deficientes auditivos.

Algumas aulas depois, apresentou sua ideia. "Era um computardorzinho que tinha uma câmera, uma coisa absurda." Sua invenção faria ouvintes e não ouvintes se comunicarem, mas Ronaldo não sabia como. Naquele momento, ele só precisava mostrar na aula um conceito.

Cortesia Hand Talk

Aplicativo de tradução do português para Libras, produzido pela Hand Talk.

Por quatro anos, sua criação "absurda" ficou na gaveta. Até que, em 2012, seu amigo Carlos, programador autodidata que acabara de terminar um curso de desenvolvimento de aplicativos, lhe telefonou pedindo uma ideia para lançar um *app*. Ronaldo, à época dono de uma agência de publicidade, desengavetou a sua.

Dois dias depois, o protótipo de um tradutor português-Libras estava pronto. Faltava só um personagem para dar vida aos sinais. "A gente precisava de alguém que fosse muito bom em animação 3D", lembra Carlos. Por indicação de amigos, chegaram a Thadeu, arquiteto que tinha feito curso de animação no Canadá. [...]

"Jovens de Alagoas criam *app* de tradução para língua de sinais". Disponível em: <www1.folha.uol.com.br/empreendedorsocial/2014/12/1546396-jovens-de-alagoas-criam-app-de-traducao-para-lingua-de-sinais.shtml>. *Folhapress*.

Renato Stockler/Na Lata

Aplicativo produzido pela Hand Talk.

Reflita sobre o que leu.

1. Há palavras que você não conhece? Circule-as no texto, investigue seus significados e anote abaixo o que encontrou.

2. O que você compreende por "inclusão social" e "acessibilidade"? Como percebe essas ideias no seu dia a dia?

3. Você já pensou como a tecnologia aliada à criatividade e à responsabilidade social pode colaborar no acesso à cidadania? Em sua opinião, quais outros aplicativos deveriam ser criados para facilitar a vida das pessoas? De que modo eles poderiam facilitar as situações do dia a dia ou o acesso a informações importantes?

Os *games* e a cultura *pop*

Os personagens dos *games* se tornaram tão populares que ultrapassaram o território dos jogos eletrônicos. Eles invadiram as telas dos cinemas, as histórias em quadrinhos, os produtos industrializados, e hoje é muito difícil saber se um *game* é derivado de um filme ou vice-versa. Afinal, a quantos filmes você assistiu nos últimos tempos que fazem menção a jogos eletrônicos? Ou quantos *games* você jogou que foram adaptados de personagens cinematográficos?

Collection Christophel/Toei Animation Company/AFP

Os Cavaleiros do Zodíaco, personagens de mangá e *anime* criados por Masami Kurumada. Imagem do filme *A lenda do santuário*, 2015.

Há pessoas que se identificam tanto com esses personagens que resolvem se vestir como eles. Surgida no Japão, essa prática, chamada de *cosplay*, se inspira nos personagens de mangá e *anime* e é muito popular no Brasil. O mangá é uma história em quadrinhos de origem japonesa, em que a ordem de leitura ocorre da esquerda para a direita, ou seja, a leitura é iniciada na última página. Já o *anime* são os desenhos animados que incluem personagens como os da série *Os Cavaleiros do Zodíaco*, criada por Masami Kurumada (1953-).

Nos concursos e festivais de *cosplay*, os participantes procuram se caracterizar o mais fielmente possível como os personagens. Cabelos espetados, perucas coloridas, roupas chamativas e muita maquiagem são utilizados para alcançar esse objetivo. O concurso de *cosplay* da Anime Friends, realizado anualmente na cidade de São Paulo, é um dos mais populares.

Você já pensou em participar desse tipo de concurso? Caso fosse convidado, qual personagem gostaria de interpretar?

Personagens de *games* ou de filmes também servem de inspiração para os *cosplayers*, como são chamados os que praticam o *cosplay*. É o caso dos filmes *Mortal kombat* (1995), *Lara Croft: tomb raider* (2001), *Resident evil* (2002) e *Terror em silent hill* (2006), todos adaptados de jogos eletrônicos. Você já assistiu a algum deles? Eles são parecidos com os *games*?

Nem todo mundo aprova essas adaptações, alegando infidelidade aos roteiros originais ou apontando modificações na maneira como os personagens são retratados. Entretanto, é importante lembrar que, por mais que haja elementos em comum, como o apelo da imagem e do som, os jogos eletrônicos e as obras cinematográficas são linguagens autônomas que possuem códigos técnicos e expressivos próprios, destinados a proporcionar experiências específicas no público.

Júlio Costa/Futura Press

Concurso de *cosplay* da Anime Friends, em São Paulo (SP), em 2013.

Há ainda obras que são adaptadas para mais de duas linguagens, caso de *The walking dead* (Os mortos-vivos), criada por Robert Kirkman, com ilustrações de Tony Moore, lançada originalmente em 2003 como história em quadrinhos, depois transformada em série de televisão e, em seguida, em *game*. A obra gira em torno de um dos personagens mais populares da cultura *pop*, o zumbi, que já aparecia, aos montes, em *Thriller* (1983), de Michael Jackson, marco da linguagem do videoclipe, e se manteve ativo, motivando, por exemplo, a Zombie Walk, marcha pública que acontece desde 2001 em diversas cidades do mundo, na qual pessoas vestidas de zumbi saem às ruas. No Brasil, o evento acontece anualmente no dia 2 de novembro, Dia de Finados.

Archives du 7Eme Art / Photo12/Afp

Thriller (1983), de Michael Jackson. Videoclipe de 14 minutos dirigido por John Landis.

Paulo Guereta/Futura Press

Movimentação durante a Zombie Walk, no centro de São Paulo (SP), em 2015.

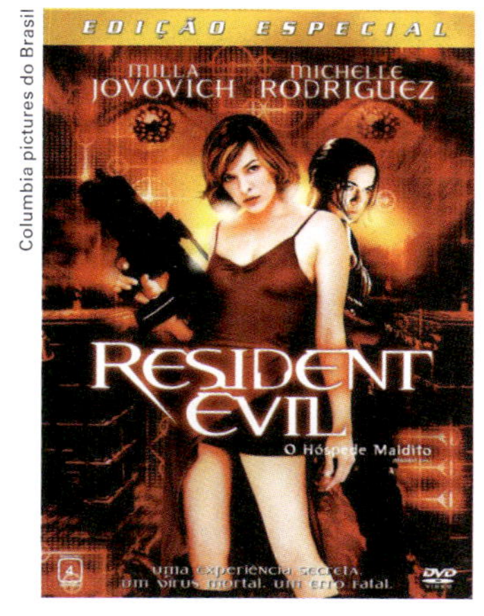

Columbia pictures do Brasil

Capa do filme *Resident evil* (2002). Direção de Christophe Gans.

Europa filmes

Capa do filme *Mortal kombat* (1995). Direção de Paul W. S. Anderson.

HQ maniacs

Capa de edição brasileira da HQ *Os mortos-vivos*, de 2006.

Charge
Desenho caricatural cujo objetivo é fazer uma crítica social ou política.

A mistura de linguagens e a repetição de temas são características da cultura *pop*, fenômeno cultural surgido na década de 1960 e que tem nos meios de comunicação seu principal veículo. A base da cultura *pop* está no apelo popular e midiático que determinados ídolos, personagens, produtos ou serviços exercem no público, fazendo com que muitas vezes eles se tornem onipresentes nas diversas mídias, como vimos no caso dos zumbis. Se naquela época a televisão e o cinema eram as mídias mais populares para divulgar a cultura *pop*, hoje esse papel é exercido principalmente pela internet porque, além de influenciar hábitos culturais, ela altera nossa maneira de nos relacionarmos com as pessoas, como vemos na **charge** ao lado.

Alpino

Charge criada por Alpino.

Você já percebeu que, quando um jogo, um filme ou uma música fazem sucesso, surgem imediatamente outros muito parecidos? Que somos bombardeados por novas referências a cada estação? Para explicar isso, os filósofos alemães Max Horkheimer (1895-1973) e Theodor Adorno (1903-1969) criaram o conceito de indústria cultural. Para eles, a indústria cultural, surgida na transição do século XIX para o XX, período de aparição e popularização do cinema e do rádio como meios de comunicação e entretenimento, transformou a produção artística em mero produto. Em busca do lucro, produtos culturais como filmes, livros, discos e, posteriormente, programas de televisão eram criados para alcançar o maior número possível de consumidores, independentemente de sua qualidade artística.

Você concorda com essa opinião? Para você a internet tem o poder de influenciar as pessoas? Como percebe isso no seu dia a dia?

Os filósofos defendiam a ideia de que isso influenciava o padrão estético desses produtos e provocava a homogeneização do que era oferecido ao público, dificultando o alcance de obras que fugissem do padrão comercial imposto.

A linguagem da moda

A moda e a arte estão ligadas há muito tempo, basta olhar para diversas obras da história da arte para identificarmos como os artistas se apropriavam da moda em suas criações.

As cores, os tecidos, as texturas e as formas das roupas eram escolhidas para identificar as personagens mostradas nas telas e expressar o contexto sociocultural do período e da classe retratada. Ao longo dos séculos, os artistas procuravam representar principalmente a nobreza, o clero e a burguesia, seus fiéis patrocinadores. Porém, a partir do final do século XIX, as pinturas, as esculturas e, depois, o cinema se popularizaram e começaram a retratar a diversidade de identidades, classes e gostos.

Museu Nacional do Palácio de Versalhes e Trianon, Versalhes

Elisabeth Vigée Le Brun, *Maria Antonieta em rosa*, 1873. Óleo sobre tela, 130 × 87 cm.

Galeria Belvedere da Áustria, Viena

Gustav Klimt. *Retrato de Adele Bloch-Bauer II*, 1912. Óleo sobre tela. 1,9 × 1,2 m.

Entretanto, a linguagem da vestimenta começa a se mostrar mais significativa no século XIX, quando o próprio sistema da moda surge com o trabalho do inglês Charles Frederick Worth (1825-1895). Em 1858, ele abriu em Paris aquele que é considerado pelos historiadores o primeiro ateliê de alta-costura do mundo.

Chama-se alta-costura a confecção de roupas femininas exclusivas confeccionadas à mão e personalizadas para se adequar à personalidade das clientes. Esse modelo de criação e serviço fez com que Charles Frederick Worth deixasse de ser apenas um costureiro e criasse uma nova profissão, a de *designer* de moda. A partir daí outros ateliês de alta-costura surgiram e uma nova indústria foi aos poucos se consolidando.

Em 1868, Charles Frederick Worth fundou a associação das casas de alta-costura de Paris, organização que até hoje regulamenta a alta-costura francesa. Para fazer parte do seleto grupo das *maisons*, termo francês pelo qual essas casas são conhecidas mundialmente, é necessário seguir uma série de regras, pois as roupas devem ser exclusivas, feitas à mão e de materiais de altíssima qualidade e apresentadas à imprensa em duas temporadas anuais: primavera/verão e outono/inverno.

Miquel Benitez/REX/Shutterstock/Keystone Brasil

Desfile de primavera-verão de 2007 do estilista Jean Paul Gaultier, Paris, França.

Pierre Verdy/AFP

Yves Saint Laurent. Coleção Mondrian, 1965. Paris, França.

Atualmente, há poucas *maisons* de alta-costura em Paris. Elas atendem a uma clientela bastante reduzida por causa dos altos valores que envolvem suas criações. Mesmo assim, ainda influenciam as diversas linhas de *prêt-à-porter*, termo francês que significa "pronto para vestir". Diferentemente da alta-costura, as roupas do *prêt-à-porter* não são exclusivas, possuem tamanhos e cores variadas e são distribuídas diretamente nas lojas.

Para desenvolver uma coleção de moda, os *designers* pesquisam novos materiais, estampas, cores e acessórios que combinem com seu público-alvo. A esse conjunto de referências dá-se o nome de tendências. São elas que mudam de uma temporada para a outra, tornando a linguagem da moda efêmera, ou seja, em constante transformação. As tendências procuram refletir o espírito da época em que as pessoas vivem, por isso os *designers* de moda estão sempre atentos aos novos comportamentos, valores e ideias que surgem na sociedade. Livros, músicas, peças de teatro, espetáculos de dança, filmes e obras visuais diversas servem de fonte de inspiração para coleções de moda.

A partir da segunda metade do século XX, muitos *designers* se apropriaram de obras como referência para suas criações. O estilista Yves Saint Laurent (1936-2008) criou peças de roupas inspiradas em artistas modernos. A mais popular delas é a que tem como inspiração o trabalho do pintor abstrato Piet Mondrian.

Nos últimos anos, uma das artistas mais celebradas pelo mundo da moda é a mexicana Frida Kahlo (1907-1954). Sua obra inspirou coleções do italiano Roberto Cavalli (1940-), do brasileiro Victor Dzenk entre muitos outros. Só o designer francês Jean Paul Gaultier (1952-) criou duas coleções inspiradas na artista, uma em 1998 e outra em 2007, ano em que diversos criadores fizeram homenagens ao centenário de nascimento da pintora mexicana.

Frida Kahlo. *Diego em meu pensamento*, 1943. Óleo sobre madeira masonite, 76 × 61 cm.

A obra de Frida Kahlo possui forte apelo biográfico e revela diversos momentos de sua vida. Aos seis anos de idade, teve poliomielite e aos 18 sofreu um grave acidente de bonde, fazendo com que ao longo de sua vida tivesse de realizar diversas cirurgias e permanecesse de repouso na cama. Seus inúmeros autorretratos revelam seus momentos de dor e sua forma de ver o mundo e as pessoas.

Casada com o também artista mexicano Diego Rivera (1886-1957), ambos foram fundamentais para a valorização da cultura ancestral do México e da modernização da arte mexicana. Frida Kahlo admirava o universo da moda, mas em vez de seguir tendências ou se enquadrar aos padrões estéticos do período, vestia-se com roupas confeccionadas por ela própria inspiradas nos trajes tradicionais do povo mexicano. Roupas coloridas, estampas e bordados variados, laços e flores nos cabelos presos tornaram-se marcas da artista. Hoje, além de seus quadros, muitos de seus trajes e adereços fazem parte de importantes coleções museológicas, revelando a fluidez das fronteiras entre a arte e a moda.

Alexandre Meneghini/ AP Photo/Glow Images

Exposição As aparências enganam: os vestidos de Frida Kahlo, 2015. Museu Frida Kahlo, Cidade do México, México.

Como você se relaciona com a moda no seu dia a dia? Suas roupas são escolhidas apenas pela função que exercem ou você leva em consideração as tendências da moda ou outros critérios estéticos? Acredita que pelas roupas é possível conhecer um pouco das pessoas? Converse com os colegas sobre o assunto.

Percursos de criação

Arte ditando moda

Muitas coleções de moda, camisetas e acessórios trazem imagens inspiradas em obras artísticas. Caso tivesse a oportunidade de sugerir um quadro, um filme, um livro, uma música, um balé ou uma peça de teatro para a criação de uma roupa ou de um acessório de moda, qual escolheria?

Para isso, siga as orientações:

- Pense numa obra artística que tenha chamado sua atenção e marcado sua memória. Ao longo do Ensino Médio, você foi apresentado a diversas criações, uma delas poderia ser escolhida para a atividade. Entretanto, nada o impede de escolher outras referências. O importante é que alguns dos elementos presentes na obra selecionada estejam reproduzidos na sua criação.
- A obra escolhida vai inspirar qual produto de moda? Defina sua criação.
- Faça um esboço do produto a ser criado. Para isso, utilize papel, canetas hidrográficas ou lápis coloridos e avalie se a criação transmite a ideia desejada e se relaciona com a obra artística selecionada.
- Com o esboço em mãos, faça a imagem final da criação. O esboço é fundamental porque ao analisá-lo você perceberá a necessidade de adaptações ou de mudanças no projeto. É importante que a imagem final possua um bom acabamento estético. Você poderá continuar usando o papel como suporte ou utilizar os recursos gráficos disponíveis no computador.
- Após a finalização do trabalho, apresente o resultado aos colegas e pergunte se eles conseguem identificar a obra que serviu de inspiração para a criação.
- Converse sobre os resultados apresentados e sobre como as criações dialogam com as obras originais. Se necessário, dê sugestões de como os trabalhos apresentados poderiam ser aperfeiçoados para potencializar as ideias dos colegas.

Imagens e pensamento

O artista Flávio de Carvalho, em 1956, desfilando com o *New Look* pelas ruas de São Paulo (SP).

Reflita sobre o que viu e anote as reflexões.

- Qual teria sido a intenção de Flávio de Carvalho ao criar o *New Look*?

____

____

____

- Em sua opinião, o modelo proposto pelo artista foi bem aceito pela sociedade da época? Por quê?

____

____

Croqui da roupa criada por Flávio de Carvalho.

Centro de Documentação Cultural "Alexandre Eulalio", CEDAE, Unicamp, Campinas

A peça conhecida como *New Look*.

Rafael Hupsel/Folhapress

Acervo UH/Folhapress

Flávio de Carvalho

Nos anos 1950, o inquieto artista brasileiro Flávio de Carvalho (1899-1973) realizou uma *performance* pública que chamou atenção.

Precursor da *performance* e da relação entre cultura e moda no Brasil, em 1956 o artista escreveu uma série de artigos semanais para o *Diário de S. Paulo*. A coluna "A Moda e o Novo Homem" é considerada o primeiro estudo sobre moda publicado no país. Já naquela época, ele percebia a moda como linguagem e como uma maneira de questionar a cultura e a sociedade.

Fundamentando-se em suas reflexões sobre a roupa masculina, o artista propôs um novo traje para o homem brasileiro utilizar no verão, chamado por ele de *New Look*. O traje foi inspirado na roupa feminina de mesmo nome proposta pelo estilista francês Christian Dior em 1947, o *New Look*, que se tornaria símbolo de elegância e feminilidade da mulher da década de 1950. Para apresentá-lo, Flávio de Carvalho desfilou com o traje pelas ruas de São Paulo (SP).

- Você acredita que se fosse proposto hoje, as reações seriam diferentes? Por quais motivos?

___

- Para você, moda é cultura? Explique.

___

Visita virtual

Jum Nakao

<www.jumnakao.com>

Acesso em: 4 fev. 2016.

Hoje, além de ser vista na vitrine ou nas ruas, a moda também encontra lugar no museu. Diversas instituições dedicam espaço para a moda em suas coleções. Mais que um registro de épocas e tendências, a moda é vista cada vez mais como uma linguagem artística que reflete o mundo em que vivemos. Da mesma maneira que a moda absorve referências das artes, ela influencia as outras áreas de criação. Isso faz com que muitos estilistas se aproximem dos artistas e que algumas peças ou desfiles de moda sejam percebidos como arte, como ocorreu com *A costura do invisível* (2004), apresentado por Jum Nakao no maior evento da moda brasileira, a São Paulo Fashion Week (SPFW).

Arquivo Jum Nakao

A costura do invisível, desfile de Jum Nakao na São Paulo Fashion Week (SP), de 2004.

- Visite a página oficial desse artista multimídia e descubra possíveis relações entre a moda e a arte. Para ajudá-lo nesse percurso, siga as orientações detalhadas a seguir e, se necessário, faça anotações no espaço abaixo.

____

____

____

____

____

____

____

____

____

____

- Acesse a seção “Bio”, que narra a trajetória profissional de Jum Nakao e mostra como, tendo a moda como referência, o criador estabelece diálogos com as artes visuais, o *design*, a dança, o cinema e o vídeo.
- A seção “Moda” detalha o projeto *A costura do invisível* (2004), desfile em que Jum Nakao propôs uma reflexão sobre o caráter passageiro do universo da moda. O evento, no qual as modelos destruíram as roupas artesanais feitas de papel vegetal, tornou-se um marco da moda brasileira.
- Na seção “Artes Plásticas”, é possível conhecer as instalações e os projetos artísticos criados por Jum Nakao.
- A seção “Direção de Arte” apresenta trabalhos criados para espetáculos teatrais e de dança, programas televisivos, cinema, além de projetos de *design*.

Investigação

Sobre qual dos assuntos vistos no tema você gostaria de saber mais?

- Instalações artísticas imersivas.
- A obra de arte híbrida.
- Arte e tecnologia.
- A linguagem da videoarte ou da videodança.
- As alegorias na história da arte.
- O uso das tecnologias na dança.
- A parceria entre o coreógrafo Merce Cunningham e o músico John Cage.
- A linguagem dos *games*.
- A hipermídia na cultura e na arte.
- A tecnologia e a cidadania.
- A cultura e a arte *pop*.
- Zumbis e outros personagens fantásticos da cultura *pop*.
- A linguagem das HQs.
- A indústria cultural na sociedade contemporânea.
- A linguagem da moda.
- A relação entre moda e cultura brasileira.

Confira se mais pessoas da turma se interessaram pelo tema escolhido e, juntos, investiguem e apresentem os resultados para a classe. Antes de iniciar o trabalho, é importante definir o que realmente querem saber sobre o assunto, dividir as tarefas de investigação e estruturar a melhor estratégia para alcançar os objetivos pretendidos.

Trajetórias

Como você explicaria a influência da tecnologia e das novas mídias na arte e na cultura? Como ela modifica a relação entre o público e a obra de arte? Quais obras híbridas ou que fazem uso da tecnologia você destacaria? Como você se relaciona com a internet? O que ela tem de positivo ou negativo?

Reflita sobre essas questões, investigue a melhor forma de responder a elas e depois crie um vídeo que explique seu ponto de vista. Você poderá usar câmeras digitais, celulares, *webcams*, filmadoras analógicas ou digitais.

Na internet há diversos videoblogues, também chamados de *videologs* ou *vlogs*, que são vídeos nos quais as pessoas compartilham opiniões ou dicas sobre diversos assuntos. Você poderia usá-los como inspiração.

O vídeo criado pode ser postado diretamente numa rede social. Nesse caso, você terá de enviar o *link* para os colegas ou criar com eles um canal, o que pode ser feito mediante a abertura de uma conta gratuita no canal de *videolog* do YouTube.

O importante é que toda a turma possa visualizar os vídeos e saber como você respondeu às questões propostas.

Sempre atento!

1. Enem 2015

Na exposição *A Artista Está Presente*, no MoMA, em Nova Iorque, a *performer* Marina Abramović fez uma retrospectiva de sua carreira. No meio desta, protagonizou uma *performance* marcante. Em 2010, de 14 de março a 31 de maio, seis dias por semana, num total de 736 horas, ela repetia a mesma postura. Sentada numa sala, recebia os visitantes, um a um, e trocava com cada um deles um longo olhar sem palavras. Ao redor, o público assistia a essas cenas recorrentes.

ZANIN, L. *Marina Abramović, ou a força do olhar*. Disponível em: <http://blogs.estadao.com.br>. Acesso em: 4 nov. 2013.

O texto apresenta uma obra da artista Marina Abramović, cuja *performance* se alinha a tendências contemporâneas e se caracteriza pela

a. inovação de uma proposta de arte relacional que adentra um museu.
b. abordagem educacional estabelecida na relação da artista com o público.
c. redistribuição do espaço do museu, que integra diversas linguagens artísticas.
d. negociação colaborativa de sentidos entre a artista e a pessoa com quem interage.
e. aproximação entre artista e público, o que rompe com a elitização dessa forma de arte.

2. Enem 2011

O hipertexto refere-se à escritura eletrônica não sequencial e não linear, que se bifurca e permite ao leitor o acesso a um número praticamente ilimitado de outros textos a partir de escolhas locais e sucessivas, em tempo real. Assim, o leitor tem condições de definir interativamente o fluxo de sua leitura a partir de assuntos tratados no texto sem se prender a uma sequência fixa ou a tópicos estabelecidos por um autor. Trata-se de uma forma de estruturação textual que faz do leitor simultaneamente coautor do texto final. O hipertexto se caracteriza, pois, como um processo de escritura/leitura eletrônica multilinearizado, multissequencial e indeterminado, realizado em um novo espaço de escrita. Assim, ao permitir vários níveis de tratamento de um tema, o hipertexto oferece a possibilidade de múltiplos graus de profundidade simultaneamente, já que não tem sequência definida, mas liga textos não necessariamente correlacionados.

MARCUSCHI, L. A. Disponível em: <http://www.pucsp.br>. Acesso em: 29 jun. 2011.

O computador mudou nossa maneira de ler e escrever, e o hipertexto pode ser considerado como um novo espaço de escrita e leitura. Definido como um conjunto de blocos autônomos de texto, apresentado em meio eletrônico computadorizado e no qual há remissões associando entre si diversos elementos, o hipertexto:

a. é uma estratégia que, ao possibilitar caminhos totalmente abertos, desfavorece o leitor, ao confundir os conceitos cristalizados tradicionalmente.
b. é uma forma artificial de produção da escrita, que, ao desviar o foco da leitura, pode ter como consequência o menosprezo pela escrita tradicional.
c. exige do leitor um maior grau de conhecimentos prévios, por isso deve ser evitado pelos estudantes nas suas pesquisas escolares.
d. facilita a pesquisa, pois proporciona uma informação específica, segura e verdadeira, em qualquer *site* de busca ou *blog* oferecidos na internet.
e. possibilita ao leitor escolher seu próprio percurso de leitura, sem seguir sequência predeterminada, constituindo-se em atividade mais coletiva e colaborativa.

3. Enem 2010

É muito raro que um novo modo de comunicação ou de expressão suplante completamente os anteriores. Fala-se menos desde que a escrita foi inventada? Claro que não. Contudo, a função da palavra viva mudou, uma parte de suas missões nas culturas puramente orais tendo sido preenchida pela escrita: transmissão dos conhecimentos e das narrativas, estabelecimento de contratos, realização dos principais atos rituais ou sociais etc. Novos estilos de conhecimento (o conhecimento “teórico”, por exemplo) e novos gêneros (o código de leis, o romance etc.) surgiram. A escrita não fez com que a palavra desaparecesse, ela complexificou e reorganizou o sistema da comunicação e da memória social.

A fotografia substituiu a pintura? Não, ainda há pintores ativos. As pessoas continuam, mais do que nunca, a visitar museus, exposições e galerias, compram as obras dos artistas para pendurá-las em casa. Em contrapartida, é verdade que os pintores, os desenhistas, os gravadores, os escultores não são mais – como foram até o século XIX – os únicos produtores de imagens.

LÉVY, P. *Cibercultura*. São Paulo: 34, 1999 (fragmento).

A substituição pura e simples do antigo pelo novo ou do natural pelo técnico tem sido motivo de preocupação de muita gente. O texto encaminha uma discussão em torno desse temor ao

a. considerar as relações entre o conhecimento teórico e o conhecimento empírico e acrescenta que novos gêneros textuais surgiram com o progresso.

b. observar que a língua escrita não é uma transcrição fiel da língua oral e explica que as palavras antigas devem ser utilizadas para preservar a tradição.

c. perguntar sobre a razão das pessoas visitarem museus, exposições etc., e reafirma que os fotógrafos são os únicos responsáveis pela produção de obras de arte.

d. reconhecer que as pessoas temem que o avanço dos meios de comunicação, inclusive *on-line*, substitua o homem e leve alguns profissionais ao esquecimento.

e. revelar o receio das pessoas em experimentar novos meios de comunicação, com medo de sentirem retrógradas.

4. Enem 2015

Na sociedade contemporânea, onde as relações sociais tendem a reger-se por imagens midiáticas, a imagem de um indivíduo, principalmente na indústria do espetáculo, pode agregar valor econômico na medida de seu incremento técnico: amplitude do espelhamento e da atenção pública. Aparecer é então mais do que ser; o sujeito é famoso porque é falado. Nesse âmbito, a lógica circulatória do mercado, ao mesmo tempo que acena democraticamente para as massas com supostas hierarquias culturais, afeta a velha cultura disseminada na esfera pública. A participação nas redes sociais, a obsessão dos *selfies*, tanto falar e ser falado quanto ser visto são índices do desejo de "espelhamento".

SODRÉ, M. Disponível em: <http://alias.estadao.com.br>. Acesso em: 9 fev. 2015 (adaptado).

A crítica contida no texto sobre a sociedade contemporânea enfatiza

a. a prática identitária autorreferente.

b. a dinâmica política democratizante.

c. a produção instantânea de notícias.

d. os processos difusores de informações.

e. os mecanismos de convergência tecnológica.

5. UFBA 2011

Observe o desenho feito por Fernando Gonsales na tirinha Níquel Náusea, publicada na *Folha de S.Paulo* e em outros jornais brasileiros.

Fernando Gonsales

A partir da análise da tirinha, cite duas características das histórias em quadrinhos que fazem dessa expressão artística um meio fortemente comunicativo.

Para aprofundar os temas

Filmes

A viagem de Chihiro
Direção: Hayao Miyazaki. Japão, 2001. Duração: 124 min.

Baseado na linguagem de mangá e do *anime*, o filme conta a história de Chihiro, garota de 10 anos que, ao mudar de cidade com a família, inicia uma viagem por um território fantástico e repleto de figuras incomuns. O filme fez sucesso no mundo todo e foi ganhador de inúmeros prêmios, como o Urso de Ouro no Festival de Berlim 2002.

Frida
Direção: Julie Taymor. EUA, Canadá, México, 2000. Duração: 123 min.

Narra a conturbada vida pessoal e a carreira da artista mexicana Frida Kahlo, uma das mais importantes figuras da arte do século XX. A obra percorre toda a sua história, desde o fatídico acidente que a deixou com sequelas físicas permanentes, o casamento com o pintor Diego Rivera, até sua consolidação no cenário da arte internacional.

Ouvir o Rio: uma escultura sonora de Cildo Meireles
Brasil, 2012. Direção: Marcela Lordy. Duração: 79 min.

O documentário acompanha o artista Cildo Meireles durante a viagem que faz por diferentes rios brasileiros a fim de captar o som das bacias hidrográficas do país para a exposição *Rio Oir*. Gravações das águas de Foz do Iguaçu, no Paraná, da Foz do Rio São Francisco, da Pororoca do Macapá e do Parque das Águas Emendadas, no Distrito Federal, possibilitaram ao artista criar uma "escultura sonora" que mobiliza diversas questões, entre elas a relação das pessoas com o meio ambiente, a natureza e a arte como dispositivos de ampliação das percepções e sensibilidades.

Dior e eu
França: 2014. Direção: Frédéric Tcheng. Duração: 86 min.

Registra os bastidores de uma das mais importantes *Maisons* da moda parisiense e a primeira coleção do estilista Raf Simons para a marca Dior. Com o filme é possível compreender tanto a moda como linguagem, quanto como negócio, revelando, assim, a complexidade da alta-costura.

Livros

LIPOVETSKY, Gilles. *O império do efêmero*: a moda e seu destino nas sociedades modernas. Trad. Maria Lucia Machado. São Paulo: Companhia das Letras, 2009.

Com olhar que abarca diversas disciplinas, o filósofo francês investiga o fenômeno da moda pelo prisma da História e da Sociologia. Propõe uma discussão sobre a relação entre moda, política e cultura, questionando como o sistema da moda se relaciona com a ética e com os valores contemporâneos.

POLLINI, Denise. *Breve história da moda*. São Paulo: Editora Claridade, 2007. (Coleção Saber de Tudo.)

O objetivo do livro é apresentar a moda e sua história em uma abordagem prática e agradável. A autora apresenta pesquisadores importantes do tema para refletir sobre conceitos e momentos basilares da história da moda ocidental.

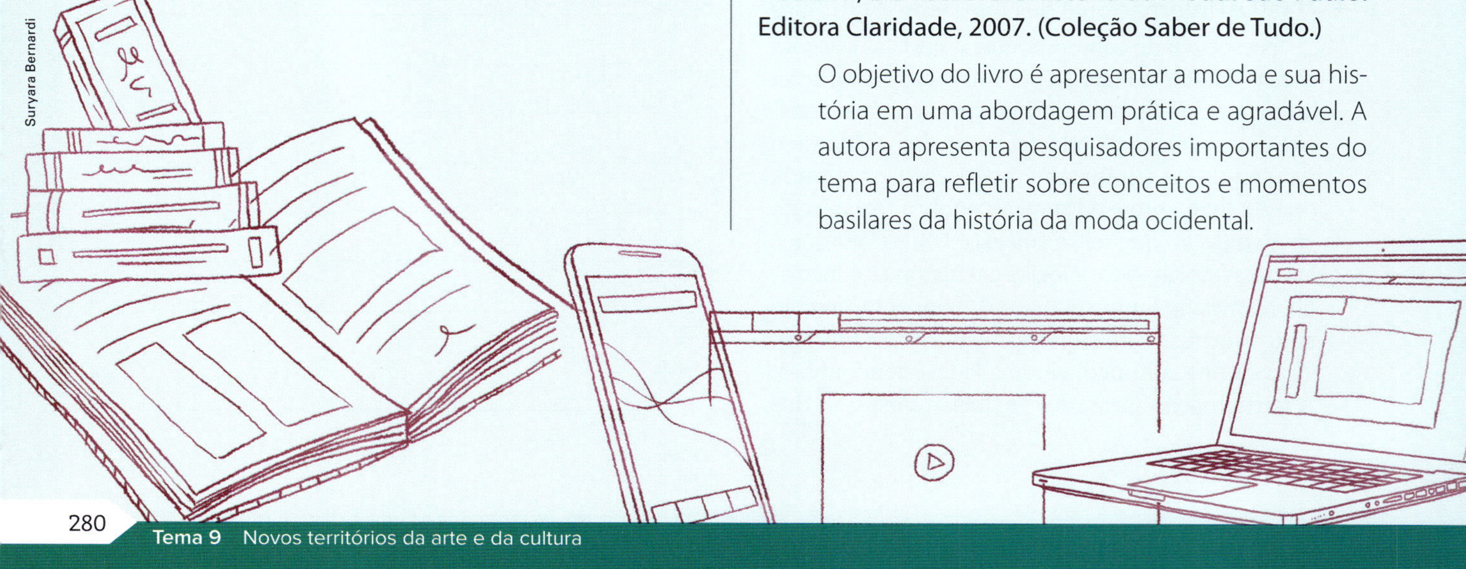
Suryara Bernardi

RAMOS, Paulo. *A leitura dos quadrinhos*. São Paulo: Contexto, 2009. (Coleção Linguagem e Ensino.)

O livro é uma introdução à linguagem dos quadrinhos. Apresenta sua estrutura formal e as funções de cada elemento dentro da narrativa. A obra traz trechos de quadrinhos para explicar as subdivisões do gênero.

RUSSELL, Jamie. *Zumbi*: o livro dos mortos. São Paulo: LeYa, 2010.

Para falar da presença dos zumbis na cultura, a obra analisa lendas, histórias em quadrinhos, jogos, canções, obras literárias e filmes protagonizados pelos mortos-vivos. É por meio das obras cinematográficas que o autor reconstrói a trajetória desses personagens, mostrando como as diversas linguagens influenciam a criação dos artistas.

Sites

Instituto Inhotim
<www.inhotim.org.br>

Localizado na cidade de Brumadinho, Minas Gerais, o Centro de Arte Contemporânea Inhotim reúne meio ambiente e arte, pois fica localizado em uma extensa área de Mata Atlântica. No *site*, é possível conhecer algumas das obras que fazem parte do acervo da instituição, como as criadas por Janet Cardiff e George Bures Miller.

FILE – Festival Internacional de Linguagem Eletrônica
<http://file.org.br>

Evento de arte digital e novas mídias que acontece anualmente na cidade de São Paulo desde o ano 2000. No *site* oficial, é possível acessar informações e imagens sobre as edições anteriores, além de conhecer algumas das obras que fizeram parte das exposições.

Companhia de Dança Merce Cunningham
<www.mercecunningham.org>

O *site* preserva a história e a produção da companhia de dança criada por Merce Cunningham e John Cage em 1953 e disponibiliza trechos de algumas de suas coreografias.

São Paulo Fashion Week
<http://ffw.com.br/spfw/>

Na página da São Paulo Fashion Week, evento criado em 1995 e um dos mais importantes da moda internacional, são oferecidas informações sobre a história do evento, a cultura da moda e galeria de imagens e vídeos das últimas edições.

Jum Nakao
<www.jumnakao.com>

Página oficial do *designer* Jum Nakao que disponibiliza portfólio de projetos realizados em diversas áreas criativas, tais como as artes plásticas, o *design* e a moda.

Histórias em quadrinhos
<www.universohq.com>

O Universo HQ é um *site* especializado em histórias em quadrinhos e nas diversas linguagens da animação. Disponibiliza informações, imagens e possibilita trocas entre os fãs da animação de todo o mundo.

Acessos em: 6 mar. 2016.

Lista de faixas do CD de áudio e ficha técnica

TEMA 1

Faixa 1: "Oração". Música de Leo Fressato. Vozes: Caê Lacerda, Louise Ribeiro, Joana Mariz e Marcos Pantaleoni. Instrumentos virtuais (teclados, sopros e percussão) e arranjo: Marcos Pantaleoni.

Faixa 2: Harmonia em "Oração". Sequência de acordes repetida por toda a música. Instrumentos virtuais: Marcos Pantaleoni.

Faixa 3: Ritmo em "Oração". Marcação rítmica aplicada à harmonia. Instrumentos virtuais: Marcos Pantaleoni.

Faixa 4: Propriedades do som. Variedade de timbres: guitarra elétrica, piano elétrico, acordeão, baixo elétrico, saxofone e flauta transversal. Instrumentos virtuais: Marcos Pantaleoni.

Faixa 5: Propriedades do som. Altura sonora. O som grave do baixo elétrico. Das notas graves às agudas na flauta transversal. Das graves às agudas no piano elétrico. Instrumentos virtuais: Marcos Pantaleoni.

Faixa 6: Propriedades do som. Intensidade sonora. Dos sons mais fracos aos mais fortes no piano. Instrumentos virtuais: Marcos Pantaleoni.

Faixa 7: Propriedades do som. Duração. Sons curtos e longos no saxofone. Instrumentos virtuais: Marcos Pantaleoni.

TEMA 2

Faixa 8: Escala de dó maior. Escala musical de dó maior ascendente e descendente ao som de órgão de tubos. Instrumentos virtuais: Marcos Pantaleoni.

Faixa 9: "Jesus Alegria dos Homens", melodia de Johann Sebastian Bach ao som do órgão de tubos. Melodia sobre escala de dó maior. Vozes: Joana Mariz e Marcos Pantaleoni.

Faixa 10: Escala cromática. Escala de 12 notas ascendente e descendente ao som do órgão de tubos. Instrumentos virtuais: Marcos Pantaleoni.

Faixa 11: Série dodecafônica. Série de 12 notas (utilizam-se as 12 notas da escala cromática). Instrumentos virtuais: Marcos Pantaleoni.

Faixa 12: Melodia sobre série dodecafônica. Doze primeiras notas da melodia "Jesus Alegria dos Homens", de Johann Sebastian Bach, sobre uma série dodecafônica. Instrumentos virtuais: Marcos Pantaleoni.

Faixa 13: "Danúbio Azul", música de Johann Strauss Filho, exemplo de música tonal. Intérpretes: Vienna Volksoper Orchestra. Regência: Peter Falk. Fonograma original licenciado.

Faixa 14: "Clara Crocodilo", música de Arrigo Barnabé, exemplo de música atonal. Intérpretes: Arrigo Barnabé e banda. Fonograma original licenciado.

TEMA 4

Faixa 15: "Tava durumindo", música tradicional do Jongo. Voz: Joana Mariz. Percussão: André Piruka. Palmas: André Piruka e Marcos Pantaleoni.

Faixa 16: Ritmo em "Tava durumindo". Padrão rítmico comum no jongo, com alternância entre palmas e tambor. Percussão: André Piruka. Palmas: André Piruka e Marcos Pantaleoni.

Faixa 17: "Ariri Vaqueiro", música tradicional do samba de roda do Recôncavo Baiano. Voz: Joana Mariz e Marcos Pantaleoni. Viola: João Paulo Nascimento. Percussão: André Piruka. Palmas: André Piruka, João Paulo Nascimento e Marcos Pantaleoni.

Faixa 18: Ritmo em "Ariri Vaqueiro". Padrão rítmico de palmas no samba de roda, com acompanhamento de percussão. Percussão: André Piruka. Palmas: André Piruka, João Paulo Nascimento e Marcos Pantaleoni.

Faixa 19: Ritmo com acento a cada 4 tempos. Exercício de rítmica. Aprendendo rítmica com os ritmos populares brasileiros. Instrumentos virtuais: Marcos Pantaleoni.

Faixa 20: Ritmo com acento a cada 2 tempos. Exercício de rítmica. Aprendendo rítmica com os ritmos populares brasileiros. Instrumentos virtuais: Marcos Pantaleoni.

Faixa 21: Ritmo com acento a cada 3 tempos. Exercício de rítmica. Aprendendo rítmica com os ritmos populares brasileiros. Instrumentos virtuais: Marcos Pantaleoni.

Faixa 22: Ritmo do samba de roda. Exercício de rítmica. Aprendendo rítmica com os ritmos populares brasileiros. Instrumentos virtuais: Marcos Pantaleoni.

Faixa 23: Ritmo do jongo. Exercício de rítmica. Aprendendo rítmica com os ritmos populares brasileiros. Instrumentos virtuais: Marcos Pantaleoni.

Faixa 24: "Marinheiro só", arranjo musical de tema tradicional do samba de roda do Recôncavo Baiano. Voz: Joana Mariz. Instrumento virtual (piano): Marcos Pantaleoni.

Faixa 25: "As coisas", arranjo musical da canção de Arnaldo Antunes e Gilberto Gil. Voz: Caê Lacerda. Instrumentos virtuais: Marcos Pantaleoni.

TEMA 5

Faixa 26: "Chico Mineiro" (Tonico e Tinoco). Moda de viola. Intérpretes: Tonico e Tinoco. Fonograma original licenciado.

Faixa 27: "Tocando em frente". Arranjo musical da canção de Almir Sater, Vozes: João Paulo Nascimento e Marília Marra. Viola e violão: João Paulo Nascimento. Arranjo: João Paulo Nascimento.

Faixa 28: Melodia simples e dobrada em terças (segunda voz). Exemplo do canto a duas vozes, muito recorrente na música caipira e sertaneja. Vozes: Joana Mariz e Marcos Pantaleoni.

TEMA 6

Faixa 29: "Foi um rio que passou em minha vida". Arranjo musical do samba de Paulinho da Viola. Voz: Joana Mariz. Instrumento virtual (piano): Marcos Pantaleoni.

Faixa 30: "Purificar o Subaé". Arranjo musical da canção de Caetano Veloso. Voz: Joana Mariz. Instrumento virtual (piano elétrico) e arranjo: Marcos Pantaleoni.

Faixa 31: "Ojalá que llueva café". Arranjo musical do merengue de Juan Luis Guerra. Voz: Vicky Castrillón e Marcos Pantaleoni. Percussão: Franklin Santos. Guitarra e baixo elétrico (virtual): João Paulo Nascimento. Arranjo: João Paulo Nascimento.

TEMA 7

Faixa 32: "Chega de saudade". Arranjo musical da canção de Antonio Carlos Jobim e Vinicius de Morais. Voz: Joana Mariz. Instrumentos virtuais e arranjo: Marcos Pantaleoni.

Faixa 33: "Nervos de aço". Arranjo musical do samba-canção de Lupicínio Rodrigues. Voz: Joana Mariz. Instrumentos virtuais e arranjo: Marcos Pantaleoni.

TEMA 8

Faixa 34: "Tropicália". Arranjo musical da canção de Caetano Veloso e Gilberto Gil. Voz: Joana Mariz. Instrumentos virtuais e arranjo: Marcos Pantaleoni.

Faixa 35: "A praieira". Arranjo da música de Chico Science. Voz: Caê Lacerda. Instrumentos virtuais e arranjo: Marcos Pantaleoni.

No universo da arte e da cultura

A seguir, dicas de atividades ligadas à arte e à cultura e uma lista de filmes e livros que vão aumentar seus conhecimentos e inspirá-lo em seu caminho acadêmico e profissional.

Cursos

Antropologia

O antropólogo é o profissional que estuda as culturas humanas antigas e contemporâneas. Seu foco de interesse são as crenças, os costumes, as linguagens, a organização social e a cultura material de civilizações antigas, sociedades indígenas, tradicionais ou grupos urbanos.

A graduação em Antropologia dura em média quatro anos. Entre as disciplinas do currículo estão as que exploram as diversas abordagens e métodos antropológicos, os estudos culturais e sociológicos, a História, a Arqueologia. Muitas universidades oferecem Antropologia como uma especialização do curso de Ciências Sociais.

O profissional formado nessa área atuará principalmente em investigações acadêmicas, no diagnóstico e no planejamento de políticas públicas, como é o caso das ações de demarcação de terras indígenas e quilombolas, e também em centros de pesquisa, ONGs, fundações e museus.

Arquitetura e Urbanismo

A graduação em Arquitetura e Urbanismo dura cinco anos e visa formar o profissional que projetará construções e espaços internos e externos que devem aliar funcionalidade, conforto e senso estético. Tendo como ponto de partida o desenho da planta, o arquiteto dispõe os elementos no espaço, define os materiais mais apropriados à obra e acompanha o processo de construção, que contará com a participação de um engenheiro civil.

Enquanto o arquiteto se concentra principalmente na criação de casas e prédios, o urbanista procura colaborar na organização das cidades e dos bairros, criando condições urbanas mais favoráveis às pessoas que vivem em determinados locais, como obras de infraestrutura, de mobilidade e de habitação.

Entre as disciplinas presentes no curso estão História da Arte e das Cidades, Estética, Matemática, Desenho Arquitetônico, Construção de Edifícios, Conforto Ambiental e Sistemas Estruturais. Além do trabalho como arquiteto de interiores ou como urbanista, o profissional também poderá atuar no paisagismo, no restauro de edifícios, em institutos do patrimônio artístico e cultural e na criação de políticas públicas voltadas para as cidades.

Artes Cênicas

O curso prepara o estudante para a atuação em teatro ou em outras áreas de interpretação. É oferecido em duas modalidades: o bacharelado, que privilegia a formação prática e teórica do artista, e a licenciatura, que forma o profissional para o exercício da docência de nível fundamental e médio. O curso dura em média quatro anos e é composto de disciplinas como Interpretação Teatral, Expressão Corporal e Vocal, História do Teatro, Antropologia, Maquiagem, Evolução do Teatro e das Artes.

Além de formar o intérprete, alguns cursos oferecem habilitações diversas, como a de Direção Teatral, Cenografia, Indumentária e Produção. O curso de Artes Cênicas é encontrado em instituições públicas e privadas em todas as regiões do Brasil.

Artes Visuais

As Artes Visuais privilegiam a criação de imagens com o uso de diversas modalidades artísticas, como a pintura, a gravura, a escultura, a fotografia, a instalação, a colagem, o vídeo e outras ferramentas tecnológicas. Ao longo do curso, o aluno será incentivado a experimentar diferentes processos de criação e de reflexão sobre o universo das Artes Visuais. O curso tem duração média de quatro anos e é oferecido nas habilitações bacharelado e licenciatura, essa última obrigatória para os que desejam ministrar aulas no ensino formal.

Suryara Bernardi

O mercado de trabalho é bastante amplo e, além de exercer a atividade de artista visual, o profissional pode utilizar os conhecimentos adquiridos ao longo do curso na direção de arte cinematográfica ou publicitária ou, ainda, na área de moda. Os mercados editorial, de mídia impressa ou eletrônica também são campos muito propícios aos egressos do curso de Artes Visuais.

Cinema e Audiovisual

O bacharelado em Cinema e Audiovisual prepara o aluno para a produção, a elaboração e a direção de filmes e vídeos. A grande maioria abrange as duas áreas, mas há os que direcionam suas atividades para uma delas.

Nos cursos voltados para o Cinema, há disciplinas práticas e teóricas que priorizam todos os elementos necessários para a criação de uma obra cinematográfica, como a Criação de Roteiros, Preparação de Elenco, Direção, Edição, Técnicas de Filmagem, entre outras. Já naqueles voltados para o Audiovisual, é possível aprender a criar produtos para outras mídias, como o rádio, a televisão e a internet.

Os cursos são oferecidos em instituições públicas e privadas e duram quatro anos. Muitas escolas também disponibilizam cursos tecnológicos de dois anos que abrangem as diversas áreas do cinema e do audiovisual. Entre os cursos estão o de Produção Audiovisual, o de Técnico em Comunicação Visual, o de Radialista e o de Animação.

O principal campo de atuação dos profissionais formados em Cinema e Audiovisual são as produtoras de cinema e de vídeo, as redes de televisão e de rádio, as empresas voltadas à produção de conteúdo para internet e as agências de publicidade.

Dança

A graduação em Dança pode ser cursada nas modalidades de bacharelado e de licenciatura. A grande maioria dos cursos oferece as duas habilitações; enquanto o bacharelado prepara o aluno para o exercício profissional como intérprete ou coreógrafo, a licenciatura propicia a formação de professores de dança.

O curso dura em média quatro anos, com disciplinas práticas e teóricas que abrangem as diversas técnicas e modalidades da dança, como a clássica, a moderna e a contemporânea. Em muitas escolas, as danças populares também são exploradas. No conjunto das disciplinas teóricas, estão a História e a Evolução da Dança, a Cinesiologia, que é o estudo do movimento, a Anatomia, além da História da Arte e da Cultura Brasileiras.

Os que concluem o curso podem atuar como bailarinos ou coreógrafos de companhias de dança, como preparadores corporais de espetáculos diversos, na produção de espetáculos e na educação formal e não formal. Entretanto, para exercer a docência nas escolas de Ensino Fundamental é obrigatório ter habilitação em licenciatura.

Design

O campo do *design* é amplo e integra diversas áreas. Em comum, há o desenvolvimento de projetos de comunicação visual ou de produtos que serão distribuídos em larga escala. O curso é oferecido nas modalidades bacharelado ou tecnológico. O primeiro dura de três a quatro anos e inclui formação mais ampla nas áreas de teoria e criação, enquanto o segundo, com duração de dois anos, concentra-se principalmente nas necessidades do mercado de trabalho.

Entre as diversas áreas, há o *design* gráfico, voltado para a criação publicitária e o mercado editorial; o *design* digital, que possibilita desenvolver produtos e aplicativos para *sites*, jogos e dispositivos móveis; e o *design* industrial, que privilegia a criação de produtos de consumo, como mobiliários, eletrodomésticos, joias ou peças para a construção civil ou tecnológica.

Cabe ao *designer* criar peças que integrem a função, a forma e a mensagem que o cliente quer transmitir com seu produto. O *design* é hoje uma das profissões mais valorizadas no mercado de trabalho. Muitas são as oportunidades e os campos de atuação para esse profissional, como a indústria têxtil e a de calçados, a eletrônica, além dos mercados publicitário e editorial.

Design de Moda

O bacharelado em Moda forma profissionais para a criação e a produção de itens de vestuário, assim como para a atuação em diversos campos do mercado têxtil. Com duração de quatro anos, oferece disciplinas como História da Moda e do Vestuário, Comunicação Visual, *Marketing*, História da Arte e da Cultura, Sociologia, Teoria das Cores, Técnicas de Desenho de Moda, Tratamento de Tecidos, Costura e Estamparia.

Atualmente, cursos tecnológicos de moda são oferecidos em diversas instituições e abrangem desde áreas operacionais e industriais até as criativas. O mercado de moda brasileiro cresceu muito nos últimos anos, o que faz com que o profissional seja aproveitado em muitos espaços, como na indústria têxtil, na gestão de negócios de moda e de pesquisa de mercado, no departamento criativo e de compras de grandes lojas e marcas, na produção de eventos e desfiles, na criação de projetos de vitrines.

Filosofia

A graduação em Filosofia oferece as habilitações de bacharelado e licenciatura, esta última obrigatória caso o aluno deseje ministrar aulas no Ensino Fundamental e Médio. O curso é voltado para o estudo das grandes correntes do pensamento e das obras dos grandes filósofos da humanidade, para que o aluno possa tanto compreender as transformações históricas das ideias quanto perceber a maneira pela qual elas podem colaborar para a reflexão sobre o mundo contemporâneo.

Entre as diversas disciplinas constam História da Filosofia, Teoria do Conhecimento, Lógica, Ética, Filosofia da Linguagem e da Ciência, Estética e Métodos de Pesquisa. No caso da licenciatura, incluem-se aquelas voltadas para a teoria e a prática pedagógica.

Além de atuar em escolas, universidades e centros de pesquisa, os egressos do curso podem exercer atividades em museus e centros culturais ou no mercado editorial, na produção de conteúdo ou exercendo o papel de críticos de arte.

História

O curso de História é oferecido em diversas instituições públicas e privadas e dura em média quatro anos. Entretanto, na rede particular, é comum ele ser oferecido apenas na modalidade de licenciatura, visando à formação de professores. O bacharelado se diferencia da licenciatura por privilegiar disciplinas voltadas ao campo teórico e prático da História, visando a formação de pesquisadores que atuarão em universidades e centros de pesquisa.

No decorrer do curso, os alunos estudarão as diversas sociedades, as culturas e as transformações humanas ao longo da História, procurando identificar características

Suryara Bernardi

sociais, políticas e filosóficas que motivaram as ações dos indivíduos em determinado tempo histórico. As culturas materiais e artísticas são exploradas em diversas disciplinas, mas é possível se especializar em História da Arte após o término do curso, já que poucas instituições oferecem essa graduação específica.

Música

O bacharelado em Música prioriza, na maioria dos cursos, a formação do instrumentista ou do cantor. Entretanto, é possível encontrar outras habilitações, como a de compositor ou de regente de orquestra. Na licenciatura, além de desenvolver as diversas aptidões musicais, o aluno cursa disciplinas voltadas à pedagogia e aos métodos de ensino da música.

A maioria dos cursos realiza provas de aptidão no momento do vestibular para verificar os conhecimentos dos candidatos a respeito do campo musical. Algumas instituições privilegiam a formação erudita e a música orquestral, enquanto outras enfatizam o canto e a música popular. Disciplinas como Percepção Musical, História da Música e da Arte, Composição, Técnica Vocal e de Instrumentos estão presentes no currículo do bacharelado.

O mercado de atuação do formado em Música abrange o ensino formal, no caso dos licenciados, os cursos livres e de conservatórios, o trabalho em orquestras, os grupos musicais ou a carreira solo, além da possibilidade de participar de espetáculos cênicos, na preparação de elencos teatrais, na criação publicitária ou de trilhas musicais para cinema, teatro, balé ou televisão.

Musicoterapia

O objetivo do curso é formar profissionais que se apropriem dos elementos da música para ajudar na reabilitação física, social ou mental de indivíduos. A graduação em Musicoterapia acontece em quatro anos e agrega disciplinas voltadas para a linguagem musical, como Percepção, Ritmo, Melodia, Harmonia, Canto, Instrumentos, História da Música a outras direcionadas à Psicologia e à Neurolinguística, ciência que estuda como o cérebro elabora a linguagem.

Escolas, ONGs, hospitais, clínicas de reabilitação, consultórios psicológicos voltados para o atendimento de idosos e crianças são os espaços que privilegiam a atuação dos musicoterapeutas. Muitas empresas e indústrias contratam este profissional para criar projetos de sonorização que visam reduzir os ruídos no ambiente e promover o bem-estar de seus funcionários.

Publicidade e Propaganda

O bacharelado em Publicidade e Propaganda forma profissionais que atuarão na criação e na coordenação de campanhas publicitárias e de comunicação para TV, internet, rádio e mídias impressas. Além da área criativa, o profissional poderá desempenhar as funções de assessor de comunicação ou ser responsável por criar estratégias de relacionamento eficazes entre as empresas e seus clientes, algo muito explorado com o crescimento das redes sociais.

A graduação dura em média quatro anos e abrange disciplinas que envolvem a Psicologia, a Antropologia, a Arte, a Sociologia, assim como conhecimentos voltados aos processos criativos, de gestão e de *marketing*. A área de atuação desse profissional é bastante ampla e envolve agências de publicidade e de comunicação, departamentos de *marketing*, institutos de pesquisa, produtoras de som e imagem, além de empresas jornalísticas e de *web*.

Filmes

História da Arte

Caverna dos sonhos esquecidos
França, Estados Unidos, Inglaterra, Canadá e Alemanha, 2010.
Direção: Werner Herzog. Duração: 90 min.
Documenta as imagens rupestres da caverna de Chauvet Pont D'Arc, no sudoeste da França.

Renoir
França, 2012. Direção: Gilles Bourdos. Duração: 111 min.
Aborda a vida e a obra do pintor impressionista Pierre-Auguste Renoir.

Os amores de Picasso
Estados Unidos, 1996. Direção: James Ivory. Duração: 125 min.
Adaptação livre sobre a vida e a obra do pintor espanhol Pablo Picasso.

Marina Abramović: artista presente
Estados Unidos, 2012. Direção: Matthew Akers e Jeff Dupre. Duração: 106 min.
Documenta a exposição retrospectiva no MoMa, Museu de Arte Moderna de Nova York, dos 40 anos de carreira da artista Marina Abramović.

Ouvir o rio: uma escultura sonora de Cildo Meireles
Brasil, 2012. Direção: Marcela Lordy. Duração: 79 min.
Acompanha o artista Cildo Meireles durante a viagem que fez por diferentes rios brasileiros visando captar o som das bacias hidrográficas do país para a exposição *Rio Oir*.

Basquiat: traços de uma vida
Estados Unidos, 1996. Direção: Julian Schnabel. Duração: 108 min.
Aborda a vida e a obra de Jean-Michel Basquiat, artista que marcou a história do grafite e da arte na Nova York das décadas de 1980 e 1990.

Pollock
Estados Unidos, 2000. Direção: Ed Harris. Duração: 122 min.
Trata da vida e da obra do estadunidense Jackson Pollock, artista que é referência na arte contemporânea.

Camille Claudel
França, 1988. Direção: Bruno Nuytten. Duração: 166 min.
Mostra a conturbada relação amorosa e criativa dos escultores Camille Claudel e Auguste Rodin no final do século XIX, na França.

Camille Claudel 1915
França, 2013. Direção: Bruno Dumont. Duração: 95 min.
Em 1915, a artista francesa Camille Claudel é internada à força pela família numa clínica para tratamento psiquiátrico, onde permaneceu até sua morte, em 1943.

Frida
Estados Unidos, Canadá e México, 2002. Direção: Julie Taymor. Ficção. Duração: 123 min.
Trata da carreira e da conturbada vida pessoal da pintora mexicana Frida Kahlo, uma das mais importantes figuras da arte do século XX.

Moça com brinco de pérola
Reino Unido, Luxemburgo, Estados Unidos e França, 2003. Direção: Peter Webber. Duração: 100 min.
Aborda a carreira do artista holandês Johannes Vermeer, um dos maiores nomes da arte barroca europeia.

O Aleijadinho: paixão, glória e suplício
Brasil, 2000. Direção: Geraldo Santos Pereira. Duração: 100 min.
Narra a vida do artista símbolo do barroco mineiro do século XVIII, Antônio Francisco Lisboa, o Aleijadinho.

Poucas cinzas: Salvador Dalí
Reino Unido e Espanha, 2008. Direção: Paul Morrison. Duração: 112 min.
Retrata o período de formação e a juventude do artista espanhol Salvador Dalí e sua amizade com o poeta Federico García Lorca e o cineasta Luis Buñuel.

Modigliani: a paixão pela vida
França, 2004. Direção: Mick Davis. Duração: 128 min.
Retrata a vida do pintor italiano Amedeo Modigliani em Paris durante a década de 1920, período em que viveu uma história de rivalidade com o também artista moderno Pablo Picasso.

Cultura

Um método perigoso
Reino Unido, Alemanha, Canadá e Suíça, 2012. Direção: David Cronenberg. Duração: 109 min.
Mostra o surgimento da psicanálise e as divergências intelectuais entre Sigmund Freud e Carl Gustav Jung.

Criação
Reino Unido, 2009. Direção: Jon Amiel. Ficção. Duração: 108 min.
Aborda os conflitos vivenciados pelo naturalista Charles Darwin ao escrever o livro *A origem das espécies.*

Meia-noite em Paris
Estados Unidos, 2011. Direção: Woody Allen. Ficção. Duração: 94 min.
Retrata o universo cultural e artístico parisiense no início do século XX, numa história que mistura presente e passado.

Cidade cinza
Reino Unido e Brasil, 2013. Direção: Marcelo Mesquita e Guilherme Valiengo. Duração: 85 min.
Discute o grafite na arte urbana da cidade de São Paulo.

Mestre Bimba: a capoeira iluminada
Brasil, 2007. Direção: Luiz Fernando Goulart. Duração: 78 min.
O filme narra a trajetória de Mestre Bimba, importante referência da história da capoeira.

O povo brasileiro
Brasil, 2000. Direção: Isa Grinspum Ferraz. Duração: 260 min.
Adaptação da obra do antropólogo Darcy Ribeiro, que discute a formação cultural do Brasil. Dividido em 10 episódios, apresenta as diversas matrizes formadoras do país.

A antropóloga
Brasil, 2011. Direção: Zeca Nunes Pires. Duração: 87 min.
Em Florianópolis, Santa Catarina, uma jovem antropóloga desenvolve uma pesquisa acadêmica. Durante a investigação, ela se aproxima das histórias místicas e de origem açoriana que marcam a região.

O porto
Finlândia, Alemanha e França, 2011. Direção: Aki Kaurismaki. Duração: 92 min.
Um escritor boêmio que vive na cidade portuária de Le Havre, na França, tem sua rotina alterada quando decide ajudar Idrissa, um menino imigrante africano, a chegar à Inglaterra.

Atabaque Nzinga
Brasil, 2007. Direção: Octávio Bezerra. Duração: 83 min.
Filme que aborda a cultura afro-brasileira numa mistura de documentário e ficção. Percorrendo locações de Pernambuco, Bahia e Rio de Janeiro, resgata diversos ritmos, danças e mitos da cultura de origem negra no Brasil.

Abdias Nascimento: memória negra
Brasil, 2008. Direção: Antonio Olavo. Duração: 90 min.
Narra a trajetória de Abdias do Nascimento, histórico artista e militante do movimento negro brasileiro.

Pierre Verger: mensageiro entre dois mundos
Brasil, 1998. Direção: Lula Buarque de Hollanda. Duração: 83 min.
Registra a trajetória do etnólogo francês Pierre Verger e suas pesquisas sobre as culturas africana e afro-brasileira.

As hipermulheres
Brasil, 2011. Direção: Carlos Fausto, Leonardo Sette, Takumã Kuikuro. Duração: 80 min.
Registra o Jamurikumalu, o maior ritual de canto feminino realizado pelos indígenas do Alto Xingu, no Mato Grosso.

Xingu
Brasil, 2012. Direção: Cao Hamburger. Duração: 102 min.
Narra o esforço dos irmãos Orlando, Cláudio e Leonardo Villas Bôas para criar o Parque Nacional do Xingu e modificar a política indigenista brasileira.

Yndio do Brasil
Brasil, 1995. Direção: Sylvio Back. Duração: 70 min.

O documentário utiliza trechos de diversas obras cinematográficas para questionar a representação histórica dos indígenas na cultura brasileira.

Terra vermelha
Brasil, 2008. Direção: Marco Bechis. Duração: 108 min.

Retrata o processo de aculturação dos índios guarani-kaiowá no Mato Grosso do Sul. Confinados em uma reserva da Funai, eles veem o território à sua volta ser devastado por fazendeiros para a criação de gado e para a monocultura.

Moda

O diabo veste Prada
Estados Unidos. 2006. Direção: David Frankel. Duração: 109 min.

Adaptação do *best-seller* homônimo, escrito em 2003 por Lauren Weisberger, que detalha o cotidiano de uma famosa revista de moda.

Dior e eu
França, 2014. Direção: Frédéric Tcheng. Duração: 86 min.

Registra os bastidores de uma das mais importantes *maisons* da moda parisiense e a primeira coleção do estilista Raf Simons para a marca Dior.

Zuzu Angel
Brasil, 2006. Direção: Sergio Rezende. Duração: 108 min.

Narra a carreira e a vida da estilista brasileira Zuzu Angel e sua luta durante o regime militar brasileiro para recuperar o corpo do filho torturado e morto pelos militares.

Coco antes de Chanel
França, 2009. Direção: Anne Fontaine. Duração: 105 min.

Conta a história da estilista francesa Coco Chanel antes da fama e do reconhecimento como um dos maiores nomes da moda mundial.

Yves Saint Laurent
França, 2014. Direção: Jalil Lespert. Duração: 106 min.

Conta a história do estilista francês Yves Saint Laurent, um dos grandes ícones da moda, e o processo de criação de sua grife internacional.

Adaptações cinematográficas de peças e textos literários

Ó paí, ó
Brasil, 2007. Direção: Monique Gardenberg. Duração: 98 min.

Baseado na peça de Marcio Meirelles, narra o cotidiano de moradores da região do Pelourinho, na cidade de Salvador.

Hamlet

Estados Unidos, França e Reino Unido, 1990. Direção: Franco Zeffirelli. Duração: 135 min.

Versão enxuta do texto dramático escrito pelo dramaturgo inglês William Shakespeare.

Romeu + Julieta

Estados Unidos, 1996. Direção: Baz Luhrmann. Duração: 120 min.

Adaptação da obra *Romeu e Julieta*, de William Shakespeare.

Romeu e Julieta

Reino Unido e Itália, 2013. Direção: Carlo Carlei. Duração: 118 min.

Versão realizada especialmente para a televisão, que adapta a história de Shakespeare para os dias atuais.

Memórias póstumas

Brasil, 2001. Direção: André Klotzel. Duração: 101 min.

Baseado na obra *Memórias póstumas de Brás Cubas*, de Machado de Assis.

Eles não usam black-tie

Brasil, 1981. Direção: Leon Hirszman. Duração: 123 min.

Adaptado da peça homônima de Gianfrancesco Guarnieri que mostra o início da luta sindical no Brasil.

Capitães da areia

Brasil, 2001. Direção: Cecília Amado. Duração: 96 min.

Adaptação cinematográfica da obra homônima de Jorge Amado, que narra a trajetória de um grupo de meninos abandonados, na década de 1930, na cidade de Salvador, na Bahia.

O auto da compadecida

Brasil, 2000. Direção: Guel Arraes. Duração: 104 min.

Adaptação cinematográfica da peça homônima de Ariano Suassuna, de 1955.

A hora da estrela

Brasil, 1985. Direção: Suzana Amaral. Duração: 96 min.

Adaptação cinematográfica do romance escrito por Clarice Lispector, um dos nomes centrais da literatura brasileira.

O vento lá fora

Brasil, 2014. Direção: Marcio Debellian. Duração: 64 min.

Apresenta um retrato do poeta português Fernando Pessoa com base na leitura de poemas realizada pela professora Cleonice Berardinelli e pela cantora Maria Bethânia.

Pedalando com Molière
França, 2013. Direção: Philippe Le Guay. Duração: 105 min.
Um ator prestes a se aposentar recebe de um famoso artista de televisão o convite para estrelar *O misantropo*, de Molière, o que dá início a uma história de poder e manipulação que dialoga com o enredo da peça.

As aventuras de Molière
França, 2008. Direção: Laurent Tirard e Ariane Mnouchkine. Duração: 121 min.
Retrata a carreira do dramaturgo francês Molière e a ascensão das peças cômicas e críticas produzidas por ele na França do século XVII.

As meninas
Brasil, 1995. Direção: Emiliano Ribeiro. Duração: 92 min.
Adaptado da obra homônima de Lygia Fagundes Telles, o filme narra o cotidiano e os conflitos de três amigas universitárias de origens diferentes que dividem o mesmo pensionato durante o período do regime militar.

Mutum
Brasil, 2007. Direção: Sandra Kogut. Duração: 90 min.
Baseado em "Campo geral", narrativa que faz parte do livro *Manuelzão e Miguilim*, obra de João Guimarães Rosa, publicada em 1964. Conta a história do menino Thiago e de sua família, que moram no sertão de Minas Gerais. Pelo olhar infantil, são apresentados temas como a morte, a fragilidade das relações, a falta de comunicação e as dores da passagem da infância para o mundo adulto.

Animações

Rio
Estados Unidos, 2011. Direção: Carlos Saldanha. Duração: 96 min.
A animação em 3D narra as aventuras da arara-azul macho Blu, que é raptada na cidade do Rio de Janeiro e levada para os Estados Unidos.

Rio 2
Estados Unidos, 2014. Direção: Carlos Saldanha. Duração: 105 min.
Dá continuidade à história de Blu, agora chefe de família, que decide aceitar o convite para levar o clã para conhecer a Amazônia.

A viagem de Chihiro
Japão, 2001. Direção: Hayao Miyazaki. Duração: 124 min.
Animação japonesa que conta a história de Chihiro, uma menina de 10 anos que, com a família, vive surpreendentes histórias de descobertas e superações.

Persépolis
Estados Unidos e França, 2007. Direção: Marjane Satrapi. Duração: 95 min.
Adaptado da série em quadrinhos, o filme narra as memórias da escritora e desenhista Marjane Satrapi após a chegada do Aiatolá Ruhollah Khomeini ao poder no Irã em 1978 e as mudanças ocorridas na cultura daquele país.

Minhocas
Brasil, 2013. Direção: Paolo Conti e Arthur Nunes. Duração: 82 min.
A animação brasileira conta a história de Júnior, uma minhoca que decide mostrar a todos que se tornou adulta e corajosa.

Uma história de amor e fúria
Brasil, 2013. Direção: Luiz Bolognesi. Duração: 98 min.
Animação brasileira que percorre a história do Brasil desde o período da chegada dos portugueses até o fictício ano de 2096.

Mary & Max: uma amizade diferente
Austrália, 2009. Direção: Adam Elliot. Duração: 92 min.
O filme usa a *claymation*, técnica de animação na qual as personagens são feitas de massa de modelar. Conta a história da amizade de Mary Daisy Dinkle, uma menina solitária de 8 anos, que vive em Melbourne, na Austrália, e Max Jerry Horovitz, estadunidense de 44 anos que tem síndrome de Asperger e mora em Nova York.

As bicicletas de Belleville
França, Bélgica, Canadá, Letônia e Reino Unido, 2002. Direção: Sylvain Chomet. Duração: 80 min.
O filme mostra Champion, um menino tímido que adora andar de bicicleta. Incentivado pela avó, ele inicia um treinamento intensivo para participar da Volta da França, importante competição ciclística europeia.

Dança

Sonhos em movimento
Alemanha, 2010. Direção: Anne Linsel e Rainer Hoffmann. Duração: 92 min.
Apresenta o processo de remontagem da obra *Kontakthof*, da coreógrafa alemã Pina Bausch, com elenco de adolescentes que estreavam na dança.

Pina
França, Reino Unido e Alemanha, 2011. Direção: Wim Wenders. Duração: 103 min.
Documentário em 3D que narra elementos da vida e da obra de Pina Bausch usando trechos de balés e coreografias criadas por integrantes de sua companhia de dança.

A alma da gente
Brasil, 2013. Direção: Helena Solberg e David Meyer. Duração: 83 min.
Em 2002, o coreógrafo brasileiro Ivaldo Bertazzo coordenou um projeto de dança com adolescentes moradores da favela da Maré, no Rio de Janeiro, que resultou no

espetáculo *Dança das marés*. O documentário mostra a rotina dos ensaios e como os jovens do elenco estão dez anos depois da experiência.

A chorus line: em busca da fama
Estados Unidos, 1985. Direção: Richard Attenborough. Duração: 112 min.
Musical que narra a seleção e a preparação de um grupo de bailarinos para uma nova montagem da Broadway, em Nova York. Mostra os bastidores e os conflitos pessoais do corpo de bailarinos.

Maré, nossa história de amor
Brasil, França e Uruguai, 2007. Direção: Lucia Murat. Duração: 95 min.
Passado na favela da Maré, no Rio de Janeiro, o filme narra a história de amor entre Jonatha e Analídia, jovens que se conhecem no grupo de dança da comunidade e que, para ficarem juntos, terão de enfrentar a rixa que há entre suas famílias.

No balanço do amor
Estados Unidos, 2001. Direção: Thomas Carter. Duração: 112 min.
Filme que explora a dança *hip-hop* por meio da história de amor entre Sarah e Derek. A paixão que os dois têm pela dança os une, mas para isso terão de superar diversos problemas e preconceitos.

Honey: no ritmo dos seus sonhos
Estados Unidos, 2003. Direção: Bille Woodruff. Duração: 94 min.
A professora de dança e dançarina de *hip-hop* Honey Daniels vê sua vida mudar quando se torna coreógrafa de videoclipes e alcança grande popularidade nos Estados Unidos.

Billy Elliot
Inglaterra, 2000. Direção: Stephen Daldry. Duração: 111 min.
O filme conta a história de Billy Elliot, menino que vive no interior da Inglaterra e, incentivado por uma professora de balé, enfrenta a resistência da família para alcançar o sonho de se tornar bailarino profissional.

O último dançarino de Mao
Austrália, Estados Unidos e China, 2009. Direção: Bruce Beresford. Duração: 117 min.
Baseado na autobiografia do bailarino Li Cunxin, o filme conta a vida de um jovem chinês que, desde a infância, lutou por sua paixão pela dança tradicional chinesa, mas, ao ganhar uma bolsa de estudos e ir para os Estados Unidos, apaixona-se pela dança ocidental, o que causará profundas transformações em sua vida.

O dançarino do deserto
Reino Unido, 2014. Direção: Richard Raymond. Duração: 98 min.
Conta a vida do iraniano Afshin Ghaffarian e da companhia de dança clandestina – dançar em público é proibido no país – criada por ele e seus amigos. A companhia se inspira assistindo a vídeos dos trabalhos de Pina Bausch, Michael Jackson e a musicais estadunidenses na internet.

Hair

Estados Unidos, 1979. Direção: Milos Forman. Duração: 121 min.

Musical que recria o ambiente contestador e turbulento das décadas de 1960 e 1970, tendo como referência a luta dos jovens por liberdade civil e paz em detrimento do conservadorismo e da Guerra do Vietnã. As coreografias foram criadas pela coreógrafa Twyla Tharp.

Interdisciplinaridade

Lixo extraordinário

Reino Unido e Brasil, 2009. Direção: Lucy Walker. Duração: 100 min.

Narra o trabalho do artista plástico Vik Muniz com os catadores de materiais recicláveis do antigo Jardim Gramacho, na Baixada Fluminense (RJ), na criação da série *Imagens do Lixo*.

Ilha das Flores

Brasil, 1989. Direção: Jorge Furtado. Duração: 13 min.

Retrata de forma crítica o ciclo do consumo e do desperdício na Ilha das Flores, em Porto Alegre.

O sorriso de Mona Lisa

Estados Unidos, 2003. Direção: Mike Newell. Duração: 125 min.

Incomodada com o conservadorismo da sociedade da década de 1950, uma professora de História da Arte numa famosa escola dedicada a mulheres começa a questionar as regras institucionais e as expectativas de vida de suas alunas.

Edifício Master

Brasil, 2002. Direção: Eduardo Coutinho. Duração: 110 min.

Narra a vida de alguns moradores do Edifício Master, localizado no bairro de Copacabana, no Rio de Janeiro. Do interior de seus apartamentos, eles narram momentos íntimos e as relações com o bairro em que moram.

Brilho eterno de uma mente sem lembranças

Estados Unidos, 2004. Direção: Michel Gondry. Duração: 108 min.

Para esquecer a história de amor que viveram, Joel e Clementine utilizam um serviço que propõe apagar as memórias e as lembranças desse amor.

Guerra de Canudos

Brasil, 1997. Direção: Sergio Rezende. Duração: 180 min.

O filme apresenta os conflitos entre Antônio Conselheiro e a República brasileira no evento conhecido como Guerra de Canudos (1896 e 1897).

A missão

Estados Unidos e Reino Unido, 1986. Direção: Roland Joffé. Duração: 125 min.

O filme se passa na região dos Sete Povos das Missões, atual Rio Grande do Sul, onde jesuítas, espanhóis e portugueses disputavam o controle das terras e da catequização indígena.

A família Bélier

França e Bélgica, 2014. Direção: Eric Lartigau. Duração: 106 min.

A adolescente Paula é a única ouvinte numa família de deficientes auditivos. É ela quem administra a fazenda familiar e que traduz a língua de sinais nas conversas com os vizinhos. Entretanto, uma oportunidade de estudar música em Paris faz com que tenha de decidir entre ficar com a família ou seguir sua vocação.

Colegas

Brasil, 2013. Direção: Marcelo Galvão. Duração: 98 min.

Amigos portadores de síndrome de Down resolvem fugir do instituto em que vivem para realizar seus sonhos e viver grandes aventuras.

Doutores da Alegria: o filme

Brasil, 2004. Direção: Mara Mourão. Duração: 97 min.

Narra de forma bem-humorada e sensível o trabalho dos Doutores da Alegria, palhaços que com a arte alegram a vida de crianças hospitalizadas.

Pelo Malo

Venezuela, Argentina, Peru e Alemanha, 2013. Direção: Mariana Rondón. Duração: 93 min.

Júnior, um menino de nove anos, não se sente confortável com sua autoimagem e deseja alisar o cabelo para ficar parecido com um famoso cantor cujos cabelos são lisos e compridos. O comportamento do menino gera conflitos com a mãe e também a reflexão sobre estereótipos culturais.

7 caixas

Paraguai, 2012. Direção: Juan Carlos Maneglia e Tana Schémbori. Duração: 105 min.

Filme que marca a retomada da produção cinematográfica do Paraguai. Uma história de ação passada em Assunção, onde o jovem carreteiro Victor, que sonha alcançar sucesso na televisão, envolve-se numa enrascada ao aceitar transportar sete caixas com conteúdo desconhecido.

Medianeras: Buenos Aires na era do amor virtual

Argentina, Espanha e Alemanha, 2011. Direção: Gustavo Taretto. Duração: 95 min.

Trata de encontros e desencontros amorosos estabelecidos por meio das redes sociais. A história centra-se na relação entre os jovens Martín e Mariana.

O mercado de notícias

Brasil, 2014. Direção: Jorge Furtado. Duração: 94 min.

Discute o papel da mídia e a sua influência na sociedade desde o surgimento da imprensa no século XVII até a atualidade.

Música

Somos tão jovens

Brasil, 2013. Direção: Antonio Carlos de Fontoura. Duração: 99 min.

O filme narra a vida de Renato Russo, em Brasília, na década de 1970, destacando a formação da banda Legião Urbana, ícone do *rock* nacional.

Cazuza: o tempo não para
Brasil, 2004. Direção: Sandra Werneck e Walter Carvalho. Duração: 98 min.
Conta a vida do cantor carioca Cazuza, incluindo a formação da banda Barão Vermelho, até a sua morte em 1990, motivada pela aids.

Os desafinados
Brasil, 2008. Direção: Walter Lima Jr. Duração: 131 min.
Uma viagem ao tempo da bossa nova: na década de 1960, cinco amigos formam uma banda dedicada ao novo estilo musical surgido no Rio de Janeiro.

Tropicália
Brasil, 2012. Direção: Marcelo Machado. Duração: 87 min.
O filme narra a partir de depoimentos e imagens de arquivo o movimento musical brasileiro ocorrido entre 1967 e 1968 conhecido como Tropicália ou Tropicalismo.

As canções
Brasil, 2011. Direção: Eduardo Coutinho. Duração: 91 min.
A partir da pergunta "Qual é a música que marcou a sua vida?", o cineasta registra diversas pessoas com perfis diferentes que contam para a câmera as memórias suscitadas pelas músicas escolhidas.

Uma noite em 67
Brasil, 2010. Direção: Ricardo Calil e Renato Terra. Duração: 93 min.
Registra a final do III Festival da Música Popular Brasileira da TV Record em 21 de outubro de 1967. Utiliza imagens históricas e atuais para desenhar o cenário político e cultural brasileiro do período.

Amadeus
Estados Unidos, 1984. Direção: Milos Forman. Duração: 180 min.
Mostra a conturbada relação de disputa entre os compositores Antonio Salieri e Wolfgang Amadeus Mozart na Corte austríaca do século XVIII.

O concerto
Rússia, França, Bélgica, Itália e Romênia, 2009. Direção: Radu Mihaileanu. Duração: 120 min.
Demitido após 30 anos de serviços na orquestra do balé Bolshoi, um famoso maestro russo se torna auxiliar de limpeza. Ao descobrir que a orquestra atual recebeu um convite para tocar em Paris, resolve reunir os antigos músicos para tocar no lugar da orquestra oficial.

Paulinho da Viola: meu tempo é hoje
Brasil, 2003. Direção: Izabel Jaguaribe. Duração: 83 min.
O filme percorre a história do samba e da música popular brasileira tendo por fio condutor a carreira do compositor e cantor Paulinho da Viola e as influências musicais que recebeu.

Cartola: música para os olhos
Brasil, 2006. Direção: Lírio Ferreira e Hilton Lacerda. Duração: 85 min.

Conta por meio de imagens de arquivo e depoimentos a vida de um dos sambistas e compositores mais admirados da música brasileira, Angenor da Silva, o Cartola.

Cinema

O encouraçado Potemkin
URSS, 1925. Direção: Sergei Eisenstein. Duração: 75 min.
Obra clássica do cinema soviético, parte da rebelião do encouraçado *Potemkin*, ocorrida em 1905, na cidade de Odessa, para prestar homenagem ao povo russo e à Revolução de 1917.

Cantando na chuva
Estados Unidos, 1952. Direção: Stanley Donen e Gene Kelly. Duração: 103 min.
Famoso musical hollywoodiano que narra a passagem do cinema mudo para o sonoro.

A rosa púrpura do Cairo
Estados Unidos, 1985. Direção: Woody Allen. Duração: 82 min.
Uma humilde garçonete desiludida com o casamento e com a Grande Depressão americana passa as tardes no cinema. Até que um dia os personagens dos filmes a que assiste começam a se relacionar com ela, misturando realidade e ficção.

Rebobine, por favor
Estados Unidos, 2008. Direção: Michel Gondry. Duração: 94 min.
Narra a história de dois amigos que acidentalmente apagam todo o acervo da videolocadora em que um deles trabalha. Para resolver a situação, resolvem refilmar alguns clássicos do cinema com os poucos recursos que possuem.

A invenção de Hugo Cabret
Estados Unidos, 2011. Direção: Martin Scorsese. Duração: 128 min.
Ao contar a história do órfão Hugo Cabret, que vive numa estação de trem de Paris na década de 1930, o filme faz uma homenagem à história do cinema.

O artista
França, 2011. Direção: Michel Hazanavicius. Duração: 100 min.
No fim da década de 1920, a chegada do cinema falado gera grande alvoroço em Hollywood, causando medo em grandes estrelas do cinema mudo, como George Valentin, que se sente ameaçado pela nova tecnologia.

Saneamento básico: o filme
Brasil, 2007. Direção: Jorge Furtado. Duração: 112 min.
Os moradores de uma pequena vila na Serra Gaúcha se reúnem para fazer um filme que tratará do problema de saneamento básico da vila. Com poucos recursos e sem experiência cinematográfica, os moradores criam situações cômicas e que ao mesmo tempo criticam a utilização dos recursos públicos.

Livros

Arte

AGUIAR, Ronaldo Conde. *Almanaque da Rádio Nacional*. São Paulo: Casa da Palavra, 2007.

ANDRIOLO, Arley. *Modernidade e modernismo*: transformações culturais e artísticas no Brasil do início do século XX. São Paulo: Saraiva, 2001.

AZEVEDO, Wilton. *O que é* design. São Paulo: Brasiliense, 2008. (Coleção Primeiros Passos.)

BENNETT, Roy. *Uma breve história da música*. Rio de Janeiro, Jorge Zahar, 1986.

BOGÉA, Inês. *O livro da dança*. São Paulo: Companhia das Letras, 2002. (Coleção Profissões.)

BOSI, Alfredo. *Reflexões sobre a arte*. São Paulo: Ática, 1986.

BOURCIER, Paul. *História da dança no Ocidente*. São Paulo: Martins Fontes, 2001.

CÂMARA CASCUDO. *Dicionário do folclore brasileiro*. 9. ed. Rio de Janeiro: Ediouro, 2001.

CANTON, Katia. *Novíssima arte brasileira*: um guia de tendências. São Paulo: Iluminuras, 2001.

COLI, Jorge. *O que é arte*. Brasiliense: São Paulo, 1995. (Coleção Primeiros Passos.)

CORTES, Gustavo. *Dança Brasil*: Festas e danças populares. Belo Horizonte: Leitura Editora, 2000.

DINIZ, André. *Almanaque do samba*: a história do samba, o que ouvir, o que ler, onde curtir. Rio de Janeiro: Zahar, 2012.

DUNCAN, Isadora. *Minha vida*. Rio de Janeiro: José Olympio, 2012.

FARGANZ, Nicholas. *O mundo do grafite*: arte urbana dos cinco continentes. São Paulo: WMF, 2008.

FARIAS, Agnaldo. *Arte brasileira hoje*. São Paulo: Publifolha, 2008. (Coleção Folha Explica.)

GASPAR, Madu. *A arte rupestre no Brasil*. Rio de Janeiro: Jorge Zahar, 2003. (Coleção Descobrindo o Brasil.)

GITAHY, Celso. *O que é* graffiti. Brasiliense: São Paulo, 1999. (Coleção Primeiros Passos.)

GOMPERTZ, Will. *Isso é arte?*: 150 anos de arte moderna do impressionismo até hoje. Trad. Maria Luiza X. de A. Borges. Rio de Janeiro: Zahar, 2013.

GRIFFITHS, Paul. *A música moderna*: uma história concisa e ilustrada de Debussy a Boulez. São Paulo: Jorge Zahar, 1998.

KLEIN, Jacky; KLEIN, Susy. *O que é arte contemporânea?* São Paulo: Claro Enigma, 2013.

LEIVAS, Antero. *Almanaque do* rock *& filosofia*: os ídolos que fizeram história. São Paulo: Discovery Publicações, 2013.

LIPOVETSKY, Gilles. *O império do efêmero*: a moda e seu destino nas sociedades modernas. Trad. Maria Lucia Machado. São Paulo: Companhia das Letras, 2009.

MAGALDI, Sábato. *Iniciação ao teatro*. São Paulo: Ática, 2004. (Série Fundamentos.)

MANTOVANI, Anna. *Cenografia*. São Paulo: Ática, 1989.

PALLOTTINI, Renata. *O que é dramaturgia*. São Paulo: Brasiliense, 2005. (Coleção Primeiros Passos.)

PEIXOTO, Fernando (Org.). *O que é teatro*. São Paulo: Brasiliense, 1986. (Coleção Primeiros Passos.)

POLLINI, Denise. *Breve história da moda*. São Paulo: Claridade, 2007. (Coleção Saber de Tudo.)

RAMOS, Paulo. A *leitura dos quadrinhos*. São Paulo: Contexto, 2009. (Coleção Linguagem & Ensino.)

REIS, Joari. *Breve história do cinema*. Pelotas: Educat, 2002.

REIS, Sérgio Rodrigo. *Rodrigo Pederneiras e o Grupo Corpo*: dança universal. São Paulo: Imprensa Oficial, 2008. (Coleção Aplauso Dança.)

REZENDE, Neide. *A Semana de Arte Moderna*. São Paulo: Ática, 1992. (Série Princípios.)

RIBEIRO, Darcy. *O povo brasileiro*: a formação e o sentido do Brasil. São Paulo: Companhia das Letras, 1995.

RUSSEL, Jamie. *Zumbi*: o livro dos mortos. São Paulo: Leya, 2010.

SANTOS, José Luiz dos. *O que é cultura*. São Paulo: Brasiliense, 2006. (Coleção Primeiros Passos.)

______. *O que é cultura popular*. São Paulo: Brasiliense, 2006. (Coleção Primeiros Passos.)

SILVA, Dilma de Melo; CALAÇA, Maria Cecília Felix. *Arte africana e afro-brasileira*. São Paulo: Terceira Margem, 2006.

TIRAPELI, Percival. *Arte brasileira*: arte colonial – barroco e rococó. São Paulo: Editora Nacional, 2006.

WILLIAMS, Robin. Design *para quem não é* designer: noções básicas de planejamento visual. São Paulo: Callis, 2005.

Literatura

ACHEBE, Chinua. *O mundo se despedaça*. São Paulo: Companhia das Letras, 2009.

AGUALUSA, José Eduardo. *Nação crioula*. Rio de Janeiro: Gryphus, 1998.

AMADO, Jorge. *Capitães de areia*. São Paulo: Companhia das Letras, 2008.

ANDRADE, Mário. *Macunaíma*. Rio de Janeiro: Nova Fronteira, 2015.

ANDRADE, Oswald de. *Pau Brasil*. Rio de Janeiro: Globo, 2003.

______. *Serafim Ponte Grande*. Rio de Janeiro: Globo, 2007.

BANDEIRA, Manuel. *Guia de Ouro Preto*. Rio de Janeiro: Ediouro, 2000.

BARROS, Manoel de. *Poesia completa*. São Paulo: Leya, 2013.

BAUDELAIRE, Charles. *O pintor da vida moderna*. Belo Horizonte: Autêntica, 2010.

BOPP, Raul. *Cobra Norato*. São Paulo: José Olympio, 2001.

BRECHT, Bertolt. *Bertolt Brecht fundamental*: o maior dramaturgo do século XX. 6 v. São Paulo: Paz e Terra, 2012.

CALVINO, Ítalo. *As cidades invisíveis*. São Paulo: Companhia das Letras, 1990.

CHIZIANE, Paulina. *Niketche*: uma história de poligamia. Companhia das Letras, 2004.

CORALINA, Cora. *Estórias da casa velha da ponte*. São Paulo: Global, 2012.

COUTO, Mia. *Terra sonâmbula*. São Paulo: Companhia das Letras, 2007.

______. *Contos do nascer da Terra*. São Paulo: Companhia das Letras, 2014.

CUNHA, Euclides da. *Os sertões*. Rio de Janeiro: Record, 2000. (Coleção Descobrindo os Clássicos.)

D'SALETE, Marcelo. *Cumbe*. São Paulo: Veneta, 2014.

EISNER, Will. *Avenida Dropsie*: a vizinhança. 2. ed. São Paulo: Devir Livraria, 2009.

GALEANO, Eduardo. *O livro dos abraços*. Porto Alegre: L&PM, 2005. (Coleção L&PM Pocket.)

GATTAI, Zélia. *Anarquistas, graças a Deus*. Companhia das Letras, 2009.

GONÇALVES, Ana Maria. *Um defeito de cor*. São Paulo: Record, 2009.

JARRY, Alfred. *Ubu Rei*. São Paulo: Peixoto Neto, 2007. (Coleção Os Grandes Dramaturgos.)

LEMINSKI, Paulo. *Toda poesia*. São Paulo: Companhia das Letras, 2013.

MÁRQUEZ, Gabriel García. *Cem anos de solidão*. Rio de Janeiro: Record, 2011.

MONTEIRO, Teresa (Org.). *Clarice na cabeceira*. Rio de Janeiro: Rocco, 2009.

MONTES, Raphael. *O vilarejo*. Rio de Janeiro: Suma de Letras Brasil, 2015.

MUNDURUKU, Daniel. *Contos indígenas brasileiros*. São Paulo: Global, 2004.

MUTARELLI, Lourenço. *O rei do ponto*. São Paulo: Devir, 2000.

NERUDA, Pablo. *Livro das perguntas*. Porto Alegre: L&PM, 2004. (Coleção L&PM Pocket.)

PRADO, Adélia. *O coração disparado*. Rio de Janeiro: Record, 2015.

QUINTANA, Mário. *Espelho mágico*. São Paulo: Globo, 2005.

ROSA, Guimarães. *Grande Sertão*: veredas. Rio de Janeiro: Nova Fronteira, 2001.

______. *Primeiras estórias*. Rio de Janeiro: Nova Fronteira, 2001.

______. *Sagarana*. Rio de Janeiro: Nova Fronteira, 1984.

SHAKESPEARE, William. *Hamlet*. Trad. Millôr Fernandes. São Paulo: Peixoto Neto, 2004. (Coleção Os Grandes Dramaturgos.)

______. *Romeu e Julieta*. São Paulo: Saraiva, 2011. (Coleção Saraiva de Bolso.)

SÓFOCLES. *Rei Édipo*. São Paulo: Peixoto Neto, 2004. (Coleção Os Grandes Dramaturgos.)

SOYINKA, Wole. *O leão e a joia*. São Paulo: Geração Editorial, 2012.

Bibliografia

ADORNO, Theodor W. *Indústria Cultural e sociedade*. São Paulo: Paz e Terra, 2002.

AGUIAR, Ronaldo Conde. *Almanaque da Rádio Nacional*. São Paulo: Casa da Palavra, 2007.

ANDRADE, Mário. *Macunaíma*: o herói sem nenhum caráter. Rio de Janeiro: Nova Fronteira, 2013.

ANDREATO, Elifas; ROCHA, João (Org.). *Brasil*: almanaque de cultura popular: todo dia é dia. São Paulo: Ediouro, 2009.

ANDRIOLO, Arley. *Modernidade e modernismo*: transformações culturais e artísticas no Brasil do início do século XX. São Paulo: Saraiva, 2001.

ARANTES, Antônio Augusto. *O que é cultura popular*. São Paulo: Brasiliense, 2006. (Coleção Primeiros Passos.)

ARAÚJO, Emanuel. *A mão afro-brasileira*: significado da construção artística e histórica. São Paulo: Tenege, 2010.

ARNHEIM, Rudolf. *Arte e percepção visual*: uma psicologia da visão criadora. Tradução de Ivonne Terezinha de Faria. São Paulo: Thomson Learning, 2006.

AZEVEDO, Wilton. *O que é* design. São Paulo: Brasiliense, 2008. (Coleção Primeiros Passos.)

BARROS, Manoel. *Memórias inventadas*: a infância. São Paulo: Planeta, 2003.

______. *Poesia completa*. São Paulo: LeYa, 2013.

BAUDELAIRE, Charles. *O pintor da vida moderna*. Belo Horizonte: Autêntica, 2010.

BAUMAN, Zygmunt. *Modernidade líquida*. Tradução de Plínio Dentzien. Rio de Janeiro: Jorge Zahar, 2003.

BENNETT, Roy. *Uma breve história da música*. Rio de Janeiro: Jorge Zahar, 1986.

BEVILACQUA, Juliana Ribeiro da Silva; SILVA, Renato Araújo da. *África em Artes*. São Paulo: Museu Afro Brasil, 2015.

BOAL, Augusto. *Jogos para atores e não atores*. Rio de Janeiro: Civilização Brasileira, 2005.

______. *Teatro do Oprimido e outras poéticas políticas*. Rio de Janeiro: Civilização Brasileira, 1991.

BOGÉA, Inês. *O livro da dança*. São Paulo: Companhia das Letras, 2002.

BOSI, Alfredo. *Reflexões sobre a arte*. São Paulo: Ática, 1986.

BOURCIER, Paul. *História da dança no Ocidente*. São Paulo: Martins Fontes, 2001.

BRAGA, João. *Reflexões sobre moda*. São Paulo: Ed. da Anhembi Morumbi, 2005.

BRASIL. Ministério da Educação. Secretaria de Educação Continuada, Alfabetização e Diversidade. *O índio brasileiro*: o que você precisa saber sobre os povos indígenas no Brasil de hoje. Brasília, 2006.

BRECHT, Bertolt. *Teatro Completo*. 6 volumes. vol. 1 São Paulo: Paz e Terra, 2012.

CALVINO, Ítalo. *As cidades invisíveis*. São Paulo: Companhia das Letras, 1990.

CANTON, Katia. *Novíssima arte brasileira*: um guia de tendências. São Paulo: Iluminuras, 2001.

CASCUDO, Câmara. *Dicionário do folclore brasileiro*. 9. ed. Rio de Janeiro: Ediouro, 2001.

COELHO, Teixeira. *A cultura e seu contrário*: cultura, arte e política pós-2001. São Paulo: Iluminuras/Itaú Cultural, 2008.

COLI, Jorge. *O que é arte*. São Paulo: Brasiliense, 1995. (Coleção Primeiros Passos.)

CONDURU, Roberto. *Pérolas Negras*: primeiros fios: experiências artísticas e culturais nos fluxos entre África e Brasil. Rio de Janeiro: Ed. da Uerj, 2013.

CORTES, Gustavo. *Dança Brasil*: festas e danças populares. Belo Horizonte: Leitura, 2000.

CUNHA, Euclides da. *Os Sertões*. Rio de Janeiro: Record, 2000.

DELEUZE, Gilles. GUATTARI, Félix. Introdução: Rizoma. In: *Mil Platôs*: capitalismo e esquizofrenia v. I. Rio de Janeiro: 34, 1995.

DESGRANGES, Flávio. *O avesso do figurino*: projeto por trás da cena. São Paulo: Rizoma Cultural, 2010.

DEWEY, John. *Arte como experiência*. São Paulo: Martins Fontes, 2010.

DINIZ, André. *Almanaque do samba*. Rio de Janeiro: Jorge Zahar, 2012.

DUNCAN, Isadora. *Minha vida*. Rio de Janeiro: José Olympio, 2012.

FARGANZ, Nicholas. *O mundo do grafite*: arte urbana dos cinco continentes. São Paulo: WMF, 2008.

FARIA, Alessandra Ancona. *Contar histórias com o jogo teatral*. São Paulo: Perspectiva, 2011.

FARIAS, Agnaldo. *Folha Explica*: arte brasileira hoje. São Paulo: Publifolha, 2008.

GALEANO, Eduardo. *O livro do abraço*. Porto Alegre: L&PM, 2005.

GASPAR, Maria Dulce. *A arte rupestre no Brasil*. Rio de Janeiro: Jorge Zahar, 2003.

GEHL, Jan. *Cidades Para Pessoas*. São Paulo: Perspectiva, 2013.

GITAHY, Celso. *O que é grafite*. São Paulo: Brasiliense, 1999. (Coleção Primeiros Passos.)

GLUSBERG, Jorge. *A arte da* performance. São Paulo: Perspectiva, 1987.

GOIDANICH, Hiron Cardoso. *Enciclopédia dos quadrinhos*. Porto Alegre: L&PM, 2014.

GOMBRICH, E. H. *A História da Arte*. São Paulo: LTC, 2000.

GOMPERTZ, Will. *Isso é arte?*: 150 anos de arte moderna do impressionismo até hoje. Tradução de Maria Luiza X. de A. Borges. Rio de Janeiro: Jorge Zahar, 2013.

GRAU, Oliver. *Arte Virtual*: da ilusão à imersão. São Paulo: Senac, 2007.

GRIFFITHS, Paul. *A música moderna*: uma história concisa e ilustrada de Debussy a Boulez. São Paulo: Jorge Zahar, 1998.

HOLLIS, Richard. Design *Gráfico*: uma história concisa. São Paulo: Martins Fontes, 2000.

JARY, Alfred. *Ubu Rei*. São Paulo: Peixoto Neto, 2007.

KLEIN, Jack; KLEIN, Susy. *O que é arte contemporânea?*. São Paulo: Claro Enigma, 2013.

KOGUISHI, Rosane Satie; OLIVEIRA, Ronaldo Alexandre. *Percepção, cidade e ensino de Arte*: ressignificando olhares e o espaço vivido. Anais do 18º Encontro da Associação Nacional de Pesquisadores em Artes Plásticas, Salvador, 2009. Disponível em: <www.anpap.org.br/anais/2009/pdf/ceav/rosane_satie_koguishi.pdf>. Acesso em: 3 mar. 2016.

KOUDELA, Ingrid Dormien. *Jogos teatrais*. São Paulo: Perspectiva, 1998.

LABAN, Rudolf von. *Dança educativa moderna*. São Paulo: Ícone, 1990.

______. *Domínio do movimento*. São Paulo: Summus, 1978.

LAGROU, Els. *Arte indígena no Brasil*: agência, alteridade, relação. Belo Horizonte: C/ Arte, 2009.

LEIVAS, Antero. *Almanaque do* rock *& filosofia*. São Paulo: Discovery Publicações, 2013.

LIPOVESTSKY, Gilles. *O império do efêmero*: a moda e seu destino nas sociedades modernas. Tradução de Maria Lucia Machado. São Paulo: Companhia das Letras, 2009.

LISPECTOR, Clarice; MONTEIRO, Teresa (Org.). *Clarice na cabeceira*. Rio de Janeiro: Rocco, 2009.

LUCIE-SMITH, Edward. *Os movimentos artísticos a partir de 1945*. São Paulo: Martins Fontes, 2006.

MAGALDI, Sábato. *Iniciação ao Teatro*. São Paulo: Ática, 2004.

MANGUEL, Alberto. *Lendo imagens*. São Paulo: Companhia das Letras, 2001.

MANTOVANI, Anna. *Cenografia*. São Paulo: Ática, 1989.

MARCONDES, Mariana Mazzini et al. (Org.). *Dossiê mulheres negras*: retrato das condições de vida das mulheres negras no Brasil. Brasília: Ipea, 2013.

MARICATO, Ermínia et al. *Cidades rebeldes*: passe livre e as manifestações que tomaram as ruas do Brasil. São Paulo: Boitempo/ Carta Maior, 2013.

MARTINS, Miriam Celeste; PICOSQUE, Gisa; GUERRA, M. Terezinha Telles. Didática do Ensino de Arte. *A língua do mundo*: poetizar, fruir e conhecer arte. São Paulo: FTD, 1998.

MATEIRO, Teresa. ILARI, Beatriz (Org.). *Pedagogias em educação musical*. Curitiba: Intersaberes, 2012.

MATHARU, Gurmit. *O que é* design *de moda?*. Porto Alegre: Bookman, 2011.

MOSQUERA, Juan. *Psicologia da arte*. Porto Alegre: Sulina, 1976.

MOTTA, Gabriela Kremer. *Entre olhares e leituras*: uma abordagem da Bienal do Mercosul. Porto Alegre: Zouk, 2007.

MUNDURUKU, Daniel. *Contos indígenas brasileiros*. São Paulo: Global, 2004.

NERUDA, Pablo. *Livro das perguntas*. Porto Alegre: L&PM, 2004.

NORA, Sigrid (Org.). *Temas para a dança brasileira*. São Paulo: Edições Sesc, 2010.

OITICICA FILHO, Cesar (Org.). *Hélio Oiticica*: museu é o mundo. Rio de Janeiro: Azougue Editorial, 2011.

PALLOTTINI, Renata. *O que é dramaturgia*. São Paulo: Brasiliense, 2005. (Coleção Primeiros Passos.)

PAVIS, Patrice. *Dicionário de Teatro*. São Paulo: Perspectiva, 2003.

PEIXOTO, Fernando. *O que é teatro*. São Paulo: Brasiliense, 1986. (Coleção Primeiros Passos.)

POLLINI, Denise. *Breve história da moda*. São Paulo: Claridade, 2007. (Coleção Saber de Tudo.)

PORTINARI, Maribel. *História da dança*. Rio de Janeiro: Paz e Terra, 1989.

QUINTANA, Mário. *Espelho mágico*. São Paulo: Globo, 2005.

RAMOS, Paulo. *A leitura dos quadrinhos*. São Paulo: Contexto, 2009.

REIS, Joari. *Breve história do cinema*. Pelotas: Educat, 2002.

REIS, Sérgio Rodrigo. *Rodrigo Pederneiras e o Grupo Corpo*. São Paulo: Imprensa Oficial, 2008.

REZENDE, Neide. *A Semana de Arte Moderna*. São Paulo: Ática, 1992.

RIBEIRO, Darcy. *O povo brasileiro*: a formação e o sentido do Brasil. São Paulo: Companhia das Letras, 1995.

ROSA, João Guimarães. *Sagarana*. Rio de Janeiro: Nova Fronteira, 2015.

ROSENFELD, Anatol. *A arte do teatro*: aulas de Anatol Rosenfeld. São Paulo: Publifolha, 2009.

RUSSEL, Jamie. *Zumbi*: livro dos mortos. São Paulo: LeYa, 2010.

SAMAIN, Etienne (Org.). *Como pensam as imagens*. Campinas: Ed. da Unicamp, 2012.

SANTOS, José Luiz dos. *O que é cultura*. São Paulo: Brasiliense, 2006. (Coleção Primeiros Passos.)

SCHAFER, Murray. *A afinação do mundo*. São Paulo: Ed. da Unesp, 2001.

______. *O ouvido pensante*. São Paulo: Ed. da Unesp, 1991.

SCHWARTZ, Lilia. PEDROSA, Adriano (Org.). *Histórias mestiças*: antologia de textos. Rio de Janeiro: Cobogó, 2014.

SEVCENKO, Nicolau. *Literatura como missão*: tensões sociais e criação cultural na Primeira República. São Paulo: Companhia das Letras, 2003.

SHAKESPEARE, William. *Hamlet*. São Paulo: Peixoto Neto, 2004.

______. *Romeu e Julieta*. São Paulo: Saraiva, 2011.

SILVA, Armando. *Atmosferas urbanas*: grafite, arte pública, nichos estéticos. São Paulo: Edições Sesc São Paulo, 2014.

______. *Imaginários*: estranhamentos urbanos. São Paulo: Edições Sesc São Paulo, 2014.

SILVA, Dilma de Melo; CALAÇA, Maria Cecília Felix. *Arte africana e afro-brasileira*. São Paulo: Terceira Margem, 2006.

SIMIONI, Ana Paula. *Profissão artista*: pintoras e escultoras acadêmicas brasileiras. São Paulo: Edusp, 2008.

SÓFOCLES. *Édipo Rei*. São Paulo: Peixoto Neto, 2004.

SPOLIN, Viola. *Improvisação para o teatro*. São Paulo: Perspectiva, 2005.

TIRAPELI, Percival. Arte brasileira. *Arte colonial*: barroco e rococó. São Paulo: Companhia das Letras, 2006.

WILLIAMS, Robin. Design *para quem não é* designer: noções básicas de planejamento visual. São Paulo: Callis, 2005.